はじめに

本仕様書は、設計者にとっては設計のつど、仕様書を作成する手間と経費を削減し、また建築主にとっては、工事を安心して施工者に任せることができるよう、フラット35技術基準のほか、標準的な仕様をまとめ、広く皆様にお使いいただけるように作成したものです。なお、本仕様書は、2023年1月1日現在の関係規格等を勘案して作成しています。本仕様書に掲載されている事項のうち、建築基準法等関係法令に規定される事項は、必要に応じて、現行の運用等をご確認のうえ、ご活用ください。

①工事請負契約書に添付する仕様書として

発注者(建築主)と請負業者(施工者)間の工事請負契約時には、配置図、平面図、立面図等の設計図面のほかに、仕様書を契約図書として用意することが必要です。

本仕様書は、さまざまな標準的仕様を列挙しているものですので、ご自分の工事内容にあわせて採用する仕様項目を選択し、あるいは、適宜添削してご利用ください(3頁参照)。

本仕様書を工事請負契約等に添付して使用する場合には、氏名欄に記入した名前の右横にそれぞれ押印してください。

②フラット35の設計検査提出書類の一部として

フラット35を利用し、適合証明検査機関に設計検査を申請する場合には、申請住宅がフラット35技術基準に適合していることを確認できる設計図書の提出が必要です。

本仕様書には、フラット35技術基準に関係する仕様について整理した「フラット35技術基準適合仕様確認書」が添付されており、この確認書を活用することにより、ご自分の設計仕様がフラット35技術基準に適合しているかどうかを確認できるとともに、設計検査のための申請書類としてもご活用いただけるものとなっています。

また、フラット35S及びフラット35維持保全型の申請の際にもご利用いただけるように、「フラット35S(金利Bプラン)技術基準適合仕様確認書」、「フラット35S(金利Aプラン)技術基準適合仕様確認書」、「フラット35S(ZEH)技術基準適合仕様確認書」及び「フラット35維持保全型技術基準適合仕様確認書」が添付されています。設計検査申請の際に、ご自身の設計仕様が各基準に適合しているかどうかをご確認いただけるとともに、設計検査のための申請書類としてもご活用いただけるものとなっています。

さらに、機構財形住宅融資に係る技術基準にも対応していますので、同融資の設計検査のための申請書類としてもご活用いただけます。

なお、設計検査申請書類として、本仕様書にほかの独自の特記仕様書を添付することや、本仕様書以外の別の仕様書を用いることも可能です。

本仕様書の構成及びフラット35技術基準との関係

本仕様書は、建築基準法に基づく告示等及びフラット35技術基準に基づく仕様を掲載しています。

本仕様書に掲載されている事項のうち、建築基準法に関連する部分は、原則として告示等により示された仕様を記載しています。構造計算による場合及び国土交通大臣の認定を受けた仕様による場合は、本仕様書によらないことができますので、違法建築物とならないことをよくお確かめのうえ、該当部分を添削してご利用ください。

フラット35技術基準に該当する箇所は、次表のとおりアンダーラインを付して表現しています。

本仕様書の本文中アンダーライン「〰〰」「＿＿＿」の部分は、フラット35技術基準に該当する仕様ですので、訂正（添削）するとフラット35がご利用いただけない場合があります。「〰〰」の部分は、フラット35を利用するすべての住宅に適用となる事項です。「＿＿＿」の部分は、住宅の構造、フラット35Sやフラット35維持保全型の利用の有無に応じて適用となる事項です。

基　準	記　載　内　容	表記方法
フラット35技術基準	すべての住宅に適用となる事項	該当箇所を〰〰で表示
	住宅の構造、フラット35Sやフラット35維持保全型の利用の有無に応じて適用となる事項＊	該当箇所を＿＿＿で表示

＊具体的に適用する事項については、4～18頁の「フラット35技術基準適合仕様確認書」、「フラット35S技術基準適合仕様確認書」、「フラット35維持保全型技術基準適合仕様確認書」によりご確認ください。

【仕様書本文の工事内容にあわせた使用例】

①本仕様書の内容から選択する場合

選択できる項目には、□(チェックボックス)が付いていますので、選択した項目に☑(チェック)を入れてください。

3.3 基礎工事

3.3.1 一般事項

1. 基礎は、1階の外周部耐力壁及び内部耐力壁の直下に設ける。
2. 基礎の構造は、地盤の長期許容応力度に応じて、次のいずれかとする。
   イ. □布基礎(長期許容応力度　30kN/m²以上)
   ロ. □腰壁と一体になった布基礎(長期許容応力度　30kN/m²以上)
   ハ. ☑べた基礎(長期許容応力度　20kN/m²以上)
   ニ. □基礎ぐいを用いた構造(長期許容応力度　20kN/m²未満)

②本仕様書の内容によらず、図面へ記載または独自の特記仕様書を用いる場合

□(チェックボックス)が付いている場合

「～特記による。」と記載されている項目に☑(チェック)を入れ、図面へ記載するか、または独自の特記仕様書を添付してください。

5.8.2 床束

床束は、次のいずれかによる。

1. □木製床束とする場合は、次による。
   イ. 断面寸法は、90mm×90mm以上とする。
   ロ. 上部仕口は、次のいずれかによる。
   ハ. 下部は、束石に突付けとし、根がらみを床束に添え付けくぎ打ちとする。
2. ☑プラスチック束とする場合は、特記による。
3. □鋼製束とする場合は、特記による。

□(チェックボックス)が付いていない場合

その項目を削除し、「特記による。」と記載したうえで、図面へ記載するか、または独自の特記仕様書を添付してください。

6.3 金属板ぶき

6.3.1 材料

1. 金属板の品質は、次のいずれかの規格に適合するもの、又はこれらと同等以上の性能を有するものとする。
   イ. □JIS G 3312(塗装溶融亜鉛めっき鋼板及び鋼帯)の屋根用
   ロ. □JIS G 3318(塗装溶融亜鉛－5%アルミニウム合金めっき鋼板及び鋼帯)の屋根用
   ハ. □JIS G 3321(溶融55%アルミニウム－亜鉛合金めっき鋼板及び鋼帯)の屋根用
   ニ. □JIS G 3322(塗装溶融55%アルミニウム－亜鉛合金めっき鋼板及び鋼帯)の屋根用
   ホ. □JIS G 3320(塗装ステンレス鋼板及び鋼帯)の屋根用
   へ. □JIS K 6744(ポリ塩化ビニル被覆金属板及び金属帯)の屋根用
   ト. □JIS H 3100(銅及び銅合金の板並びに条)の屋根用

特記による。

フラット35技術基準適合仕様確認書

【本確認書の使い方】

- 本確認書は、本仕様書の内容のうち、フラット35技術基準に該当する仕様項目を整理した表です。
- 「住宅の構造」欄には、構造ごとに実施しなければならない仕様項目について、○印で示してあります。つまり、○印を付した該当項目について、仕様書本文中にあるアンダーライン「～～～」「＿＿＿」部分が、遵守しなければならない基準となります。
- 選択した住宅の構造に☑（チェック）を入れてください。
- フラット35技術基準に適合していることをこの確認書の仕様項目に基づき確認し、実施する仕様の「適合確認欄」のチェックボックスに☑（チェック）を記入してください。
- 仕様書によらずその性能を確保する場合、「特記欄」に「特記」と記入し、その内容について特記仕様書等を作成してください。
- ☑（チェック）を記入した仕様項目について、仕様書の該当部分を添削した場合には、「特記欄」に「添削」と記入してください。また、添削をした場合には、その箇所がアンダーライン「～～～」「＿＿＿」部分でないことを確認してください。アンダーライン部分を訂正すると、フラット35がご利用いただけない場合があります。

基準項目		仕様書		住宅の構造		適合確認欄 ☑	特記欄
		仕様項目	ページ	木造（耐久性）□	準耐火・耐火□		
基礎の高さ		Ⅱ－3.3.2、3.3.3	32	○		□	
床下換気[1]	いずれかを選択	Ⅱ－3.3.11	35	○		□	
基礎断熱工法[2]	いずれかを選択	Ⅱ－3.4	36	○		□	
床下防湿		Ⅱ－3.3.15	35	○		□	
土台の防腐・防蟻措置		Ⅱ－4.3.1	40	○	○	□	
土台以外の木部の防腐・防蟻措置		Ⅱ－4.3.2	40	○		□	
床下地面の防蟻措置		Ⅱ－4.4	41	○		□	
浴室等の防水措置		Ⅱ－4.5	42	○		□	
住戸間の界壁（連続建てに限る）		Ⅱ－5.11	58	○	○	□	
断熱工事[3)4)]	計算により仕様を決定	Ⅱ－7-1.1.2の2	70	○	○	□	
	施工部位	Ⅱ－7-1.2	71	○	○	□	
	躯体の断熱性能	Ⅱ－7-1.3	72	○	○	□	
	防湿材の施工	Ⅱ－7-1.4.3の2	79	○	○	□	
	外壁通気	Ⅱ－7-1.4.7の5、6	81	○	○	□	
	屋根通気（屋根断熱とする場合）	Ⅱ－7-1.4.9の2、3	81	○	○	□	
	開口部の断熱性能	Ⅱ－7-1.7.1	87	○	○	□	
	日射遮蔽措置	Ⅱ－7-1.8	87	○	○	□	
省エネ設備工事[3)4)]	計算により仕様を決定	Ⅱ－7-2.1.2の1	89	○	○	□	
	暖房設備	Ⅱ－7-2.2	89	○	○	□	
	冷房設備	Ⅱ－7-2.3	90	○	○	□	
	換気設備	Ⅱ－7-2.4	90	○	○	□	
	給湯設備	Ⅱ－7-2.5	90	○	○	□	
	照明設備	Ⅱ－7-2.6	91	○	○	□	

フラット35技術基準適合仕様確認書

建築物エネルギー消費性能基準3)4)	外皮性能	Ⅱ－7-3.1.2の2	92	○	○	□	
	一次エネルギー消費量	Ⅱ－7-3.1.2の2	92	○	○	□	
	防湿材の施工	Ⅱ－7-3.2	92	○	○	□	
小屋裏換気（または屋根断熱）		Ⅱ－8.9.1	97	○		□	
点検口の設置（給排水設備）		Ⅱ－13.1.1の3	120	○	○	□	
換気設備の設置（浴室等）		Ⅱ－16.4.1	123	○	○	□	
省令準耐火構造5)		Ⅱ－18	135		○	□	
45分準耐火構造5)		Ⅱ－17.1	125			□	
1時間準耐火構造5)		Ⅱ－17.2	130				
耐火構造		Ⅱ－19	141			□	

注1）玄関周りなど一部が土間コンクリート床の場合、その他の部分に床下換気孔が適切に設置されている必要があります。
2）基礎断熱工法とは、床に断熱材を施工せず、住宅全周の基礎の外側、内側または両側に地面に垂直に断熱材を施工し、床下換気孔を設けない工法をいいます。
3）地域の区分については、仕様書の付録3を参照してください。
4）「断熱工事」及び「省エネ設備工事」か、または「建築物エネルギー消費性能基準」のいずれかを選択してください。
5）「住宅の構造」を準耐火とする場合は、仕様書のⅡ－17.1（45分準耐火構造の住宅の仕様）、Ⅱ－17.2（1時間準耐火構造の住宅の仕様）またはⅡ－18（省令準耐火構造の住宅の仕様）のいずれかの仕様とする必要があります。

フラット35S(金利Bプラン)技術基準適合仕様確認書

フラット35Sとは、フラット35をお申込みのお客様が、省エネルギー性、耐震性などに優れた住宅を取得される場合に、フラット35のお借入金利を一定期間引き下げる制度です。

フラット35Sは、お申込みの受付期間及び募集枠に制限があります。詳細は「フラット35サイト（www.flat35.com)」にてご確認ください。

フラット35S(金利Bプラン)をご利用いただく場合は、フラット35の技術基準に加えて、次表の1～4のいずれか1つ以上の基準を満たす住宅であることが必要です。

フラット35S(金利Bプラン)の技術基準(※1)

1 省エネルギー性	断熱等性能等級5以上の住宅 または 一次エネルギー消費性能等級6の住宅
2 耐　震　性	耐震等級(構造躯体の倒壊等防止)2以上の住宅
3 バリアフリー性	高齢者等配慮対策等級3以上の住宅
4 耐久性・可変性	劣化対策等級3の住宅、かつ、維持管理対策等級2以上の住宅 (共同住宅等の場合は、一定の更新対策(※2)が必要)

※1 各技術基準(建築物エネルギー消費性能基準に適合する住宅を除く。)は、「住宅の品質確保の促進等に関する法律」に基づく住宅性能表示制度の性能等級等と同じです。なお、住宅性能評価書を取得しなくても、所定の物件検査に合格すれば、フラット35S(金利Bプラン)をご利用いただけます。

※2 一定の更新対策とは、躯体天井高の確保(2.5m以上)及び間取り変更の障害となる壁または柱がないことです。

注) 以下のいずれかに該当する場合は、フラット35S及びフラット35維持保全型を利用できません。

- 住宅の全部または一部が土砂災害特別警戒区域(通称：レッドゾーン)内に含まれる場合
- 都市再生特別措置法(平成14年法律第22号)第88条第1項に基づく届出を行った場合において、同条第5項に基づく市町村長による公表の措置を受けたとき

【本確認書の使い方】

- 本確認書は、本仕様書の内容のうち、フラット35S（金利Bプラン）の各基準に該当する仕様項目を整理した表です。
- フラット35Sをご利用される場合は、本確認書を「フラット35技術基準適合仕様確認書」とあわせてお使いください。
- 各仕様項目において、仕様書本文中にあるアンダーライン「_____」部分が、遵守しなければならない基準となります。
- フラット35Sの技術基準に適合していることを、この確認書の仕様項目に基づき確認し、実施する仕様の「適合確認欄」のチェックボックスに☑(チェック)を記入してください。
- 仕様書によらずその性能を確保する場合、「特記欄」に「特記」と記入し、その内容について特記仕様書等を作成してください。
- ☑（チェック）を記入した仕様項目について、仕様書の該当部分を添削した場合には、「特記欄」に「添削」と記入してください。また、添削をした場合には、その箇所がアンダーライン「_____」部分でないことを確認してください。アンダーライン部分を訂正すると、フラット35Sがご利用いただけない場合があります。
- 表中の「評価方法基準項目番号」欄には、住宅の品質確保の促進等に関する法律（平成11年法律第81号）に基づく評価方法基準(平成13年国土交通省告示第1347号)の項目番号を記載しています。

フラット35S（金利Bプラン）技術基準適合仕様確認書

1. 省エネルギー性に関する基準（断熱等性能等級5）

<table>
<tr><th colspan="3" rowspan="2">項　　目</th><th rowspan="2">評価方法
基準項目番号</th><th colspan="2">仕　様　書</th><th rowspan="2">適合
確認欄
☑</th><th rowspan="2">特記欄</th></tr>
<tr><th>仕　様　項　目</th><th>ページ</th></tr>
<tr><td colspan="3">性能基準による場合</td><td>5-1(3)イ(等級5)、ロ(等級5)、ハ③</td><td>Ⅲ−1.1.2(適用)の2</td><td>145</td><td>□</td><td></td></tr>
<tr><td rowspan="8">仕様基準による場合</td><td colspan="2">断熱構造とする部分</td><td>5-1(3)ただし書き</td><td>Ⅲ−1.2(施工部位)</td><td>146</td><td>□</td><td></td></tr>
<tr><td rowspan="5">躯体の断熱性能等</td><td>断熱材の熱抵抗値又は厚さ</td><td>5-1(3)ただし書き</td><td>Ⅲ−1.3(断熱性能)</td><td>147</td><td>□</td><td></td></tr>
<tr><td>防湿材の施工</td><td>5-1(3)ハ②a</td><td>Ⅲ−1.4.3(防湿材の施工)の2</td><td>154</td><td>□</td><td></td></tr>
<tr><td>屋根通気</td><td>5-1(3)ハ③b</td><td>〈屋根を断熱構造とする場合〉
Ⅲ−1.4.9(屋根の施工)の2、3</td><td>156</td><td>□</td><td></td></tr>
<tr><td>外壁通気</td><td>5-1(3)ハ③b</td><td>Ⅲ−1.4.7(壁の施工)の5、6</td><td>155</td><td>□</td><td></td></tr>
<tr><td colspan="5"></td></tr>
<tr><td rowspan="2">開口部の断熱性能等</td><td>断熱性能</td><td>5-1(3)ただし書き</td><td>Ⅲ−1.7(開口部の断熱性能)</td><td>161</td><td>□</td><td></td></tr>
<tr><td>日射遮蔽措置</td><td>5-1(3)ただし書き</td><td>Ⅲ−1.8(開口部の日射遮蔽措置)</td><td>162</td><td>□</td><td></td></tr>
</table>

2. 省エネルギー性に関する基準（一次エネルギー消費量等級6）

<table>
<tr><th colspan="2" rowspan="2">項　　目</th><th rowspan="2">評価方法
基準項目番号</th><th colspan="2">仕　様　書</th><th rowspan="2">適合
確認欄
☑</th><th rowspan="2">特記欄</th></tr>
<tr><th>仕　様　項　目</th><th>ページ</th></tr>
<tr><td colspan="2">性能基準による場合</td><td>5-2(3)イ①</td><td>Ⅲ−2.1.2(適用)の1</td><td>163</td><td>□</td><td></td></tr>
<tr><td rowspan="6">仕様基準による場合</td><td>暖房設備</td><td>5-2(3)イ②</td><td>Ⅲ−2.2(暖房設備)</td><td>163</td><td>□</td><td></td></tr>
<tr><td>冷房設備</td><td>5-2(3)イ②</td><td>Ⅲ−2.3(冷房設備)</td><td>164</td><td>□</td><td></td></tr>
<tr><td>換気設備</td><td>5-2(3)イ②</td><td>Ⅲ−2.4(換気設備)</td><td>164</td><td>□</td><td></td></tr>
<tr><td>給湯設備</td><td>5-2(3)イ②</td><td>Ⅲ−2.5(給湯設備)</td><td>164</td><td>□</td><td></td></tr>
<tr><td>照明設備</td><td>5-2(3)イ②</td><td>Ⅲ−2.6(照明設備)</td><td>164</td><td>□</td><td></td></tr>
<tr><td>躯体の断熱性能</td><td>5-2(3)イ②</td><td>Ⅲ−2.7(躯体の断熱性能)</td><td>164</td><td>□</td><td></td></tr>
</table>

注）一次エネルギー消費量等級6を仕様基準で適合させる場合は、断熱等性能等級が5以上であることが必要であるため、仕様書のⅣ−1（省エネルギー性に関する基準（断熱等性能等級5かつ一次エネルギー消費量等級6）に係る仕様）が適用となります。

3. 耐震住宅に関する基準（耐震等級（構造躯体の倒壊等防止）2）

〈使い方〉

- 「保有水平耐力計算等」や「階数が2以下の木造の建築物における基準」等により、住宅性能表示制度「耐震等級（構造躯体の倒壊等防止）2」以上の耐力が確保できることを確認したうえで、その設計内容をもとに必要事項を記入してください。
- 記入内容が複数ある場合は、カッコ内にそれぞれ併記してください。

項　　目	内　　容
計算方法	□ 壁量計算　　※階数が2階以下の場合のみ →「壁量計算による場合の確認項目」に記入してください。 □ 許容応力度計算 □ その他（　　　　　　　　　　　　）

フラット35S（金利Bプラン）技術基準適合仕様確認書

壁量計算による場合の確認項目

項目		評価方法基準項目番号	仕様項目	適合確認欄☑	特記欄
耐力壁	筋かい耐力壁	1-1(3)ホ①	・種類（　　） 倍率（　　）	☐	
			・種類（　　） 倍率（　　）	☐	
	木ずり耐力壁		種類（　　） 倍率（　　）	☐	
	面材耐力壁		種類（　　） 厚さ（　　mm）	☐	
			くぎ種類（　　） くぎ間隔（　　mm） 倍率（　　）	☐	
準耐力壁等	木ずり準耐力壁・腰壁等	1-1(3)ホ①	・種類（　　） 倍率（　　）	☐	
			・種類（　　） 倍率（　　）	☐	
	面材準耐力壁・腰壁等		種類（　　） 厚さ（　　mm）	☐	
			くぎ種類（　　） くぎ間隔（　　mm） 倍率（　　）	☐	
壁量		1-1(3)ホ① 表1	1階(cm)　2階(cm)　準耐力壁算入	☐	
	性能表示で定める存在壁量		X軸方向　　　☐ 算入あり	☐	
			Y軸方向	☐	
	性能表示で定める必要壁量		X軸方向	☐	
			Y軸方向	☐	
床組・屋根面等	火打ち構面	1-1(3)ホ③	種類（　　） 寸法（　　）	☐	
			火打ちの隅長（　　mm） 取り合う梁せい（　　mm）	☐	
			構面の位置（　　） 倍率（　　）	☐	
	2階床面		面材の種類（　　） 厚さ（　　mm）	☐	
			根太間隔（　　mm） 工法（　　）	☐	
			くぎ種類（　　） くぎ間隔（　　mm） 倍率（　　）	☐	
	小屋床面		面材の種類（　　） 厚さ（　　mm）	☐	
			根太間隔（　　mm） 工法（　　）	☐	
			くぎ種類（　　） くぎ間隔（　　mm） 倍率（　　）	☐	
	屋根面		勾配（　　寸）	☐	
			面材の種類（　　） 厚さ（　　mm）	☐	
			たる木間隔（　　mm） 工法（　　）	☐	
			くぎ種類（　　） くぎ間隔（　　mm） 倍率（　　）	☐	
	確認方法	1-1(3)ホ③式1・式2	☐ 存在床倍率≧地震に対する等級2の必要床倍率	☐	
接合部	下屋等の横架材の接合部	1-1(3)ホ④b	金物（　　）	☐	
			仕口等（　　）	☐	
	胴差しと通し柱の接合部	1-1(3)ホ④a	金物（　　）	☐	
			仕口等（　　）	☐	
	確認方法	1-1(3)ホ④b	下屋等横架材：1階小屋組等の端部等 ☐ 存在接合部倍率≧必要接合部倍率	☐	
			下屋等横架材：その他の部分 ☐ 存在接合部倍率≧0.7	☐	
		1-1(3)ホ④a	胴差しと通し柱：☐ 評価方法基準による構造方法	☐	
基礎	根入れ深さ	1-1(3)ホ⑤	深さ（　　mm）	☐	
	基礎の各部寸法		立上り部分　高さ（　　mm） 厚さ（　　mm）	☐	
			底盤の寸法　厚さ（　　mm） 幅（　　mm）	☐	
	基礎の配筋		主筋（径　　mm）	☐	
			標準部の補助筋（径　　mm）	☐	
			開口直下の補助筋（径　　mm）	☐	
	確認方法	1-1(3)ホ⑤	☐ スパン表　（種類　日本住宅・木材技術センター）	☐	
			☐ 許容応力度計算	☐	
			☐ その他（　　）	☐	
横架材	横架材の断面寸法（最小～最大）	1-1(3)ホ⑤	・床大梁（　　mm×　　mm　間隔　　）	☐	
			・床小梁（　　mm×　　mm　間隔　　）	☐	
			・小屋梁（　　mm×　　mm　間隔　　）	☐	
			・胴差（　　mm×　　mm　間隔　　）	☐	
			・根太（　　mm×　　mm　間隔　　）	☐	
			・垂木（　　mm×　　mm　間隔　　）	☐	
	確認方法	1-1(3)ホ⑤	☐ スパン表　（種類　日本住宅・木材技術センター）	☐	
			☐ 許容応力度計算	☐	
			☐ その他（　　）	☐	
その他	確認事項	1-1(3)ホ⑥	☐ 建築基準法施行令第3章第1節から第3節まで（令第39条及び第48条を除く。）の規定に適合	☐	

フラット35S（金利Bプラン）技術基準適合仕様確認書

4. バリアフリー性に関する基準（高齢者等配慮対策等級3）

項目	評価方法基準項目番号	仕様書 仕様項目	ページ	適合確認欄 ☑	特記欄
部屋の配置	9-1(3)ハ①	Ⅲ−4.2.1（部屋の配置）	171	☐	
段差	9-1(3)ハ②	Ⅲ−4.3.1（段差の解消）	171	☐	
階段	9-1(3)ハ③	Ⅲ−4.4.1（住戸内階段の勾配）	172	☐	
		Ⅲ−4.4.2（住戸内階段の構造）の2	172	☐	
手すり	9-1(3)ハ④	Ⅲ−4.5.1（手すりの設置箇所）（2のロにおいては（イ）に限る。）	173	☐	
通路及び出入口の幅員	9-1(3)ハ⑤	Ⅲ−4.6.1（廊下及び出入口の幅員の確保）	174	☐	
寝室、便所及び浴室の規模	9-1(3)ハ⑥a	Ⅲ−4.7.1（寝室、便所及び浴室の規模）の1	175	☐	
	9-1(3)ハ⑥b	Ⅲ−4.7.1（寝室、便所及び浴室の規模）の2	175	☐	
	9-1(3)ハ⑥c	Ⅲ−4.7.1（寝室、便所及び浴室の規模）の3	175	☐	

5. 耐久性・可変性に関する基準（劣化対策等級3及び維持管理対策等級2など）

項目		評価方法基準項目番号	仕様書 仕様項目	ページ	適合確認欄 ☑	特記欄
外壁の軸組等		3-1(3)イ①a	Ⅲ−5.5.2（外壁の軸組の防腐・防蟻措置）	177	☐	
			Ⅲ−5.5.3（外壁下地材の防腐・防蟻措置）	178	☐	
土台		3-1(3)イ①b	Ⅲ−5.5.1（土台の防腐・防蟻措置）	177	☐	
浴室及び脱衣室		3-1(3)イ①c	Ⅲ−5.7（浴室等の防水措置）	178	☐	
地盤		3-1(3)イ①d	Ⅲ−5.6（床下地面の防蟻措置）	178	☐	
基礎		3-1(3)イ①e	Ⅲ−5.2（基礎工事）	177	☐	
床下		3-1(3)イ①f	Ⅲ−5.3（床下換気）	177	☐	
			Ⅲ−5.4（床下防湿）	177	☐	
小屋裏		3-1(3)イ①g	Ⅲ−5.8（小屋裏換気）	179	☐	
専用配管	コンクリート内への埋込み禁止	4-1(3)イ①	Ⅲ−5.9（専用配管）の1	179	☐	
	地中埋設管	4-1(3)イ②	Ⅲ−5.9（専用配管）の2	179	☐	
	排水管の内面	4-1(3)イ④	Ⅲ−5.9（専用配管）の3	179	☐	
共用配管等	コンクリート内への埋込み禁止	4-2(3)イ①	Ⅲ−5.10（共用配管等）の1	179	☐	
	地中埋設管	4-2(3)イ②	Ⅲ−5.10（共用配管等）の2	179	☐	
	掃除口	4-2(3)イ③	Ⅲ−5.10（共用配管等）の3	179	☐	
	開口	4-2(3)イ④	Ⅲ−5.10（共用配管等）の4	179	☐	
	排水管の内面	4-2(3)イ⑤	Ⅲ−5.10（共用配管等）の5	179	☐	
	他の住戸専用部内設置禁止	4-2(3)イ⑦	Ⅲ−5.10（共用配管等）の6	179	☐	
更新対策	躯体天井高	4-4(3)イ	Ⅲ−5.11（更新対策（住戸専用部））の1	180	☐	
	住戸専用部の構造躯体	4-4(3)ロ	Ⅲ−5.11（更新対策（住戸専用部））の2	180	☐	

フラット35S（金利Aプラン）技術基準適合仕様確認書

フラット35Sとは、フラット35をお申込みのお客様が、省エネルギー性、耐震性などに特に優れた住宅を取得される場合に、フラット35のお借入金利を一定期間引き下げる制度です。

フラット35Sは、お申込みの受付期間及び募集枠に制限があります。詳細は「フラット35サイト（www.flat35.com）」にてご確認ください。

フラット35S（金利Aプラン）をご利用いただく場合は、フラット35の技術基準に加えて、次表の1～4のいずれか1つ以上の基準を満たす住宅であることが必要です。

フラット35S（金利Aプラン）の技術基準（※1）

1 省エネルギー性	次のいずれかの住宅に適合すること ・断熱等性能等級5以上の住宅、かつ、一次エネルギー消費量等級6の住宅 ・認定低炭素住宅（※2） ・性能向上計画認定住宅（※3）
2 耐震性	耐震等級（構造躯体の倒壊等防止）3の住宅 または 免震住宅（※4）
3 バリアフリー性	高齢者等配慮対策等級4以上の住宅
4 耐久性・可変性	長期優良住宅（※5）（※6）

※1 各技術基準（長期優良住宅を除く。）は、「住宅の品質確保の促進等に関する法律」に基づく住宅性能表示制度の性能等級と同じです。なお、住宅性能評価書を取得しなくても、所定の物件検査に合格すれば、フラット35S（金利Aプラン）をご利用いただけます。

※2 都市の低炭素化の促進に関する法律（平成24年法律第84号）の規定により低炭素建築物新築等計画が認定された住宅または、同法の規定により集約都市開発事業計画が認定された住宅です。

※3 建築物のエネルギー消費性能の向上に関する法律（平成27年法律第53号）（通称 建築物省エネ法）の規定により建築物エネルギー消費性能向上計画が認定された住宅です。

※4 免震住宅は、評価方法基準第5の1-3に適合しているものを対象とします。

※5 長期優良住宅の普及の促進に関する法律（平成20年法律第87号）の規定により長期優良住宅建築等計画が認定された住宅です。

※6 長期優良住宅の場合は、フラット35S（金利Aプラン）とフラット35維持保全型の基準に適合します。

注） 以下のいずれかに該当する場合は、フラット35S及びフラット35維持保全型を利用できません。
・住宅の全部または一部が土砂災害特別警戒区域（通称：レッドゾーン）内に含まれる場合
・都市再生特別措置法（平成14年法律第22号）第88条第1項に基づく届出を行った場合において、同条第5項に基づく市町村長による公表の措置を受けたとき

【本確認書の使い方】

・本確認書は、本仕様書の内容のうち、フラット35S（金利Aプラン）の各基準に該当する仕様項目を整理した表です。

・フラット35Sをご利用される場合は、本確認書を「フラット35技術基準適合仕様確認書」とあわせてお使いください。

・各仕様項目において、仕様書本文中にあるアンダーライン「＿＿＿」部分が、遵守しなければならない基準となります。

・フラット35Sの技術基準に適合していることを、この確認書の仕様項目に基づき確認し、実施する仕様の「適合確認欄」のチェックボックスに☑（チェック）を記入してください。

・仕様書によらずその性能を確保する場合、「特記欄」に「特記」と記入し、その内容について特記仕様書等を作成してください。

・☑（チェック）を記入した仕様項目について、仕様書の該当部分を添削した場合には、「特記欄」に「添削」と記入してください。また、添削をした場合には、その箇所がアンダーライン「＿＿＿」部分でないことを確認してください。アンダーライン部分を訂正すると、フラット35Sがご利用いただけない場合があります。

・表中の「評価方法基準項目番号」欄には、住宅の品質確保の促進等に関する法律（平成11年法律第81号）に基づく評価方法基準（平成13年国土交通省告示第1347号）の項目番号を記載しています。

フラット35S（金利Aプラン）技術基準適合仕様確認書

1. 省エネルギー性に関する基準（断熱等性能等級5以上かつ一次エネルギー消費量等級6）

フラット35S（金利Aプラン）の省エネルギー性（断熱等性能等級5以上かつ一次エネルギー消費量等級6）をご利用いただく場合は、「1-1. 省エネルギー性に関する基準①（断熱等性能等級5以上）」かつ「1-2. 省エネルギー性に関する基準②（一次エネルギー消費量等級6）」を満たす住宅であることが必要です。

1-1. 省エネルギー性に関する基準①（断熱等性能等級5以上）

<table>
<tr><th colspan="3" rowspan="2">項　　目</th><th rowspan="2">評価方法
基準項目番号</th><th colspan="2">仕　様　書</th><th rowspan="2">適合
確認欄
☑</th><th rowspan="2">特
記
欄</th></tr>
<tr><th>仕　様　項　目</th><th>ページ</th></tr>
<tr><td colspan="3">性能基準による場合</td><td>5-1(3)イ（等級5）、ロ（等級5）、ハ③</td><td>Ⅲ−1.1.2（適用）の2</td><td>145</td><td>☐</td><td></td></tr>
<tr><td rowspan="8">仕様基準による場合</td><td colspan="2">断熱構造とする部分</td><td>5-1(3)ただし書き</td><td>Ⅲ−1.2（施工部位）</td><td>146</td><td>☐</td><td></td></tr>
<tr><td rowspan="4">躯体の
断熱性能等</td><td>断熱材の熱抵抗値又は厚さ</td><td>5-1(3)ただし書き</td><td>Ⅲ−1.3（断熱性能）</td><td>147</td><td>☐</td><td></td></tr>
<tr><td>防湿材の施工</td><td>5-1(3)ハ②a</td><td>Ⅲ−1.4.3（防湿材の施工）の2</td><td>154</td><td>☐</td><td></td></tr>
<tr><td>屋根通気</td><td>5-1(3)ハ③b</td><td>〈屋根を断熱構造とする場合〉
Ⅲ−1.4.9（屋根の施工）の2、3</td><td>156</td><td>☐</td><td></td></tr>
<tr><td>外壁通気</td><td>5-1(3)ハ③b</td><td>Ⅲ−1.4.7（壁の施工）の5、6</td><td>155</td><td>☐</td><td></td></tr>
<tr><td rowspan="2">開口部の
断熱性能等</td><td>断熱性能</td><td>5-1(3)ただし書き</td><td>Ⅲ−1.7（開口部の断熱性能）</td><td>161</td><td>☐</td><td></td></tr>
<tr><td>日射遮蔽措置</td><td>5-1(3)ただし書き</td><td>Ⅲ−1.8（開口部の日射遮蔽措置）</td><td>162</td><td>☐</td><td></td></tr>
</table>

1-2. 省エネルギー性に関する基準②（一次エネルギー消費量等級6）

<table>
<tr><th colspan="2" rowspan="2">項　　目</th><th rowspan="2">評価方法
基準項目番号</th><th colspan="2">仕　様　書</th><th rowspan="2">適合
確認欄
☑</th><th rowspan="2">特
記
欄</th></tr>
<tr><th>仕　様　項　目</th><th>ページ</th></tr>
<tr><td colspan="2">性能基準による場合</td><td>5-2(3)イ①</td><td>Ⅲ−2.1.2（適用）の1</td><td>163</td><td>☐</td><td></td></tr>
<tr><td rowspan="5">仕様基準による場合</td><td>暖房設備</td><td>5-2(3)イ②</td><td>Ⅲ−2.2（暖房設備）</td><td>163</td><td>☐</td><td></td></tr>
<tr><td>冷房設備</td><td>5-2(3)イ②</td><td>Ⅲ−2.3（冷房設備）</td><td>164</td><td>☐</td><td></td></tr>
<tr><td>換気設備</td><td>5-2(3)イ②</td><td>Ⅲ−2.4（換気設備）</td><td>164</td><td>☐</td><td></td></tr>
<tr><td>給湯設備</td><td>5-2(3)イ②</td><td>Ⅲ−2.5（給湯設備）</td><td>164</td><td>☐</td><td></td></tr>
<tr><td>照明設備</td><td>5-2(3)イ②</td><td>Ⅲ−2.6（照明設備）</td><td>164</td><td>☐</td><td></td></tr>
</table>

2. 省エネルギー性に関する基準（認定低炭素住宅）

仕　様　項　目	仕様書ページ	適合確認欄 ☑	特記欄
都市の低炭素化の促進に関する法律（平成24年法律第84号）の規定に基づく低炭素建築物新築等計画に係る認定書を取得（予定を含む。）	186	☐	

フラット35S(金利Aプラン)技術基準適合仕様確認書

3. 省エネルギー性に関する基準(性能向上計画認定住宅(建築物省エネ法))

仕　様　項　目	仕様書ページ	適合確認欄 ☑	特記欄
建築物のエネルギー消費性能の向上に関する法律（平成27年法律第53号）の規定により建築物エネルギー消費性能向上計画に関する認定書を取得(予定を含む。)	187	□	

ZEH水準等※の木造住宅に関する注意事項

●ZEH水準等の木造住宅については、他の住宅よりも、断熱材の増加や太陽光パネルの設置によって建物荷重が増える傾向があります。そのため、国土交通省において「壁量等の基準の見直し」が検討されており、2022年10月28日に「木造建築物における省エネ化等による建築物の重量化に対応するための必要な壁量等の基準(案)の概要」が公表されました。

●国土交通省によると、ZEH水準等の木造住宅の多くに用いられている「構造計算」の方法により構造安全性を確認する場合は、「壁量等の基準の見直し」による影響はありません。
壁量等の基準の見直しに関する詳細は、国土交通省のホームページをご覧ください。
(国土交通省ホームページ)
https://www.mlit.go.jp/jutakukentiku/build/jutakukentiku_house_tk_000166.html

●「壁量等の基準の見直し」を含む建築基準法施行令等の改正が2025年４月に施行予定であることを踏まえ、住宅金融支援機構は、2024年4月から新築住宅で、壁量計算により耐震性を確認するもので、【フラット35】S(ZEH)または【フラット35】S(金利Aプラン)省エネルギー性をご利用する場合は、先行して見直し後の壁量等の基準を融資の要件とすることを予定しています。

なお、壁量等の基準の見直しに伴う変更後の融資要件の詳細については、改めて住宅金融支援機構のホームページ等でお知らせいたします。

※強化外皮基準(住宅の品質確保の促進等に関する法律第3条の2第1項に規定する評価方法基準における断熱等性能等級5以上の基準(結露の発生を防止する対策に関する基準を除く。))を満たし、かつ再生可能エネルギーを除いた一次エネルギー消費量が省エネ基準の基準値から20％削減(一次エネルギー消費量等級6の基準)となる省エネ性能の水準(ZEH水準)のほか、同基準(案)ではZEH-M水準等を含みます。

4. 耐震性に関する基準(耐震等級(構造躯体の倒壊等防止)3)

〈使い方〉

・「保有水平耐力計算等」や「階数が2以下の木造の建築物における基準」等により、住宅性能表示制度「耐震等級（構造躯体の倒壊等防止）3」の耐力を確保することを確認したうえで、その設計内容をもとに必要事項を記入してください。

・記入内容が複数ある場合は、カッコ内にそれぞれ併記してください。

項　目	内　容
計算方法	□ 壁量計算　※階数が2階以下の場合のみ →「壁量計算による場合の確認項目」に記入してください。 □ 許容応力度計算 □ その他（　　　　　　　　）

フラット35S(金利Aプラン)技術基準適合仕様確認書

壁量計算による場合の確認項目

項目		評価方法 基準項目番号	仕様項目	適合 確認欄 ☑	特記欄
耐力壁	筋かい耐力壁	1-1(3)ホ①	・種類（　　　）倍率（　　　）	☐	
			・種類（　　　）倍率（　　　）	☐	
	木ずり耐力壁		種類（　　　）倍率（　　　）	☐	
	面材耐力壁		種類（　　　）厚さ（　　　mm）	☐	
			くぎ種類（　　　）くぎ間隔（　　　mm）倍率（　　　）	☐	
準耐力壁等	木ずり準耐力壁・腰壁等	1-1(3)ホ①	・種類（　　　）倍率（　　　）	☐	
			・種類（　　　）倍率（　　　）	☐	
	面材準耐力壁・腰壁等		種類（　　　）厚さ（　　　mm）	☐	
			くぎ種類（　　　）くぎ間隔（　　　mm）倍率（　　　）	☐	
壁量		1-1(3)ホ① 表1	1階(cm)／2階(cm)／準耐力壁算入	☐	
	性能表示で定める存在壁量		X軸方向　　　☐算入あり	☐	
			Y軸方向	☐	
	性能表示で定める必要壁量		X軸方向	☐	
			Y軸方向	☐	
床組・屋根面等	火打ち構面	1-1(3)ホ③	種類（　　　）寸法（　　　）	☐	
			火打ちの隅長（　　　mm）取り合う梁せい（　　　mm）	☐	
			構面の位置（　　　）倍率（　　　）	☐	
	2階床面		面材の種類（　　　）厚さ（　　　mm）	☐	
			根太間隔（　　　mm）工法（　　　）	☐	
			くぎ種類（　　　）くぎ間隔（　　　mm）倍率（　　　）	☐	
	小屋床面		面材の種類（　　　）厚さ（　　　mm）	☐	
			根太間隔（　　　mm）工法（　　　）	☐	
			くぎ種類（　　　）くぎ間隔（　　　mm）倍率（　　　）	☐	
	屋根面		勾配（　　　寸）	☐	
			面材の種類（　　　）厚さ（　　　mm）	☐	
			たる木間隔（　　　mm）工法（　　　）	☐	
			くぎ種類（　　　）くぎ間隔（　　　mm）倍率（　　　）	☐	
	確認方法	1-1(3)ホ③式1･式2	☐ 存在床倍率≧地震に対する等級3の必要床倍率	☐	
接合部	下屋等の横架材の接合部	1-1(3)ホ④b	金物（　　　）	☐	
			仕口等（　　　）	☐	
	胴差しと通し柱の接合部	1-1(3)ホ④a	金物（　　　）	☐	
			仕口等（　　　）	☐	
	確認方法	1-1(3)ホ④b	下屋等横架材：1階小屋組等の端部等 ☐ 存在接合部倍率≧必要接合部倍率	☐	
			下屋等横架材：その他の部分 ☐ 存在接合部倍率≧0.7	☐	
		1-1(3)ホ④a	胴差しと通し柱：☐ 評価方法基準による構造方法	☐	
基礎	根入れ深さ	1-1(3)ホ⑤	深さ（　　　mm）	☐	
	基礎の各部寸法		立上り部分　高さ（　　　mm）厚さ（　　　mm）	☐	
			底盤の寸法　厚さ（　　　mm）幅（　　　mm）	☐	
	基礎の配筋		主筋　（　径　　　mm）	☐	
			標準部の補助筋　（　径　　　mm）	☐	
			開口直下の補助筋　（　径　　　mm）	☐	
	確認方法	1-1(3)ホ⑤	☐ スパン表　（種類　日本住宅・木材技術センター）	☐	
			☐ 許容応力度計算	☐	
			☐ その他（　　　）	☐	
横架材	横架材の断面寸法(最小～最大)	1-1(3)ホ⑤	・床大梁（　　　mm×　　　mm　間隔　　　）	☐	
			・床小梁（　　　mm×　　　mm　間隔　　　）	☐	
			・小屋梁（　　　mm×　　　mm　間隔　　　）	☐	
			・胴差（　　　mm×　　　mm　間隔　　　）	☐	
			・根太（　　　mm×　　　mm　間隔　　　）	☐	
			・垂木（　　　mm×　　　mm　間隔　　　）	☐	
	確認方法	1-1(3)ホ⑤	☐ スパン表　（種類　日本住宅・木材技術センター）	☐	
			☐ 許容応力度計算	☐	
			☐ その他（　　　）	☐	
その他	確認事項	1-1(3)ホ⑥	☐ 建築基準法施行令第3章第1節から第3節まで（令第39条及び第48条を除く。）の規定に適合	☐	

フラット35S（金利Aプラン）技術基準適合仕様確認書

5. 免震住宅に関する基準（地震に対する構造躯体の倒壊等防止及び損傷防止）

項目	評価方法基準項目番号	仕様書 仕様項目	ページ	適合確認欄 ☑	特記欄
平成12年建設省告示第2009号第2に規定された免震建築物	1-3(3)イ	Ⅳ-5.2（基礎）	190	□	
		Ⅳ-5.3（免震層）	191	□	
		Ⅳ-5.4（上部構造）	191	□	
		Ⅳ-5.5（下部構造）	191	□	
免震層及び免震材料の維持管理	1-3(3)ロ	Ⅳ-5.6（維持管理等に関する事項）	192	□	

6. バリアフリー性に関する基準（高齢者等配慮対策等級4）

項目	評価方法基準項目番号	仕様書 仕様項目	ページ	適合確認欄 ☑	特記欄
部屋の配置	9-1(3)ロ①	Ⅳ-6.2.1（部屋の配置）	193	□	
段差	9-1(3)ロ②	Ⅳ-6.3.1（段差の解消）	193	□	
階段	9-1(3)ロ③	Ⅳ-6.4.1（住戸内階段の勾配）	194	□	
		Ⅳ-6.4.2（住戸内階段の構造）の2、3	195	□	
手すり	9-1(3)ロ④	Ⅳ-6.5.1（手すりの設置箇所）	195	□	
通路及び出入口の幅員	9-1(3)ロ⑤	Ⅳ-6.6.1（廊下及び出入口の幅員の確保）	196	□	
寝室、便所及び浴室の規模	9-1(3)ロ⑥a	Ⅳ-6.7.1（寝室、便所及び浴室の規模）の1、3	196	□	
	9-1(3)ロ⑥b	Ⅳ-6.7.1（寝室、便所及び浴室の規模）の2	196	□	

7. 耐久性・可変性に関する基準（長期優良住宅）

仕様項目	仕様書ページ	適合確認欄 ☑	特記欄
長期優良住宅の普及の促進に関する法律（平成20年法律第87号）に基づく長期優良住宅建築等計画に係る認定通知書を取得（予定を含む。）	198	□	

注）長期優良住宅の場合は、フラット35S（金利Aプラン）とフラット35維持保全型の基準に適合します。

フラット35S(ZEH)技術基準適合仕様確認書

フラット35Sとは、フラット35をお申込みのお客様が、省エネルギー性、耐震性などに特に優れた住宅を取得される場合に、フラット35のお借入金利を一定期間引き下げる制度です。

フラット35Sは、お申込みの受付期間及び募集枠に制限があります。詳細は「フラット35サイト(www.flat35.com)」にてご確認ください。

フラット35S(ZEH)をご利用いただく場合は、フラット35の技術基準に加えて、次に掲げる建て方に応じて次表のいずれかの区分の基準及び適用条件を満たす住宅であることが必要です。

フラット35S(ZEH)の技術基準

■一戸建ての住宅の場合の基準

	区　分	断熱等性能	一次エネルギー消費量(対省エネ基準)		適用条件
			再生可能エネルギーを除く	再生可能エネルギーを含む	
一戸建ての住宅	『ZEH』	強化外皮基準【断熱等性能等級5】相当	▲20%以上	▲100%以上	−
	Nearly ZEH			▲75%以上▲100%未満	寒冷地 低日射地域 多雪地域
	ZEH Oriented			(再生可能エネルギーの導入は必要ない)	都市部狭小地(※) 多雪地域

＊Nearly ZEH及びZEH Orientedの住宅については、上表の各区分における適用条件に合致し、それぞれの区分における断熱等性能及び一次エネルギー消費量の基準を満たす場合にフラット35S(ZEH)の対象となります。フラット35S(ZEH)を利用する場合は、原則として、適合証明検査においてBELS評価書を提出していただきます。ただし、ZEH Orientedを利用する場合は、BELS評価書によらず設計内容説明書、計算書等の提出も可能です(その場合、設計検査を受けていただくことが必須になります)。

※都市部狭小地の場合であっても、Nearly ZEHの断熱等性能及び一次エネルギー消費量の基準に適合するときは、Nearly ZEHの対象になります。

■一戸建ての住宅以外(共同建て、重ね建てまたは連続建て)の場合の基準

	区　分	断熱等性能	一次エネルギー消費量(対省エネ基準)		適用条件(住宅用途の階層数)
		全住戸で以下を達成	共用部を含む住棟全体で以下を達成		
			再生可能エネルギーを除く	再生可能エネルギーを含む	
一戸建ての住宅以外	『ZEH-M』	強化外皮基準【断熱等性能等級5】相当	▲20%以上	▲100%以上	−
	Nearly ZEH-M			▲75%以上▲100%未満	
	ZEH-M Ready			▲50%以上▲75%未満	4層以上
	ZEH-M Oriented			(再生可能エネルギーの導入は必要ない)	6層以上

＊ZEH-M Ready及びZEH-M Orientedの住宅については、上表の各区分における適用条件に合致し、それぞれの区分における断熱等性能及び一次エネルギー消費量の基準を満たす場合にフラット35S(ZEH)の対象となります。フラット35S(ZEH)を利用する場合は、原則として、適合証明検査においてBELS評価書を提出していただきます。ただし、ZEH-M Orientedを利用する場合は、BELS評価書によらず設計内容説明書、計算書等の提出も可能です(その場合、設計検査を受けていただくことが必須になります)。

フラット35S(ZEH)技術基準適合仕様確認書

■適用条件

寒冷地	地域区分※1が1または2の地域の住宅
低日射地域	年間の日射地域区分※2がA1またはA2の地域の住宅
多雪地域	建築基準法施行令第86条第1項に規定する垂直積雪量が100cm以上に該当する地域の住宅
都市部狭小地	北側斜線制限の対象となる用途地域等(第一種及び第二種低層住居専用地域、第一種及び第二種中高層住居専用地域並びに地方自治体の条例において北側斜線制限が定められている地域)であって、敷地面積が85m²未満の土地にある住宅(住宅が平屋建ての場合を除く。)
住宅用途の階層数	住宅用途部分が床面積の半分以上を占める階層の数(地階を含む。)

※1 付録3に定める地域区分

※2 一次エネルギー消費量の計算において用いられる、水平面全天日射量の年間積算値を指標として日本全国を日射の少ない地域から多い地域まで5地域に分類した地域区分

注)以下のいずれかに該当する場合は、フラット35S及びフラット35維持保全型を利用できません。
- 住宅の全部または一部が土砂災害特別警戒区域(通称：レッドゾーン)内に含まれる場合
- 都市再生特別措置法(平成14年法律第22号)第88条第1項に基づく届出を行った場合において、同条第5項に基づく市町村長による公表の措置を受けたとき

【本確認書の使い方】

- 本確認書は、本仕様書の内容のうち、フラット35S(ZEH)の各基準に該当する仕様項目を整理した表です。
- フラット35Sをご利用される場合は、本確認書を「フラット35技術基準適合仕様確認書」とあわせてお使いください。
- 各仕様項目において、仕様書本文中にあるアンダーライン「＿＿＿」部分が、遵守しなければならない基準となります。
- フラット35Sの技術基準に適合していることを、この確認書の仕様項目に基づき確認し、実施する仕様の「適合確認欄」のチェックボックスに☑(チェック)を記入してください。
- 仕様書によらずその性能を確保する場合、「特記欄」に「特記」と記入し、その内容について特記仕様書等を作成してください。
- ☑(チェック)を記入した仕様項目について、仕様書の該当部分を添削した場合には、「特記欄」に「添削」と記入してください。また、添削をした場合には、その箇所がアンダーライン「＿＿＿」部分でないことを確認してください。アンダーライン部分を訂正すると、フラット35Sがご利用いただけない場合があります。

ZEH水準等※の木造住宅に関する注意事項

●ZEH水準等の木造住宅については、他の住宅よりも、断熱材の増加や太陽光パネルの設置によって建物荷重が増える傾向があります。そのため、国土交通省において「壁量等の基準の見直し」が検討されており、2022年10月28日に「木造建築物における省エネ化等による建築物の重量化に対応するための必要な壁量等の基準(案)の概要」が公表されました。

●国土交通省によると、ZEH水準等の木造住宅の多くに用いられている「構造計算」の方法により構造安全性を確認する場合は、「壁量等の基準の見直し」による影響はありません。
壁量等の基準の見直しに関する詳細は、国土交通省のホームページをご覧ください。
(国土交通省ホームページ)
https://www.mlit.go.jp/jutakukentiku/build/jutakukentiku_house_tk_000166.html

●「壁量等の基準の見直し」を含む建築基準法施行令等の改正が2025年4月に施行予定であることを踏まえ、住宅金融支援機構は、2024年4月から新築住宅で、壁量計算により耐震性を確認するもので、【フラット35】S(ZEH)または【フラット35】S(金利Aプラン)省エネルギー性をご利用する場合は、先行して見直し後の壁量等の基準を融資の要件とすることを予定しています。

なお、壁量等の基準の見直しに伴う変更後の融資要件の詳細については、改めて住宅金融支援機構のホームページ等でお知らせいたします。

※強化外皮基準(住宅の品質確保の促進等に関する法律第3条の2第1項に規定する評価方法基準における断熱等性能等級5以上の基準(結露の発生を防止する対策に関する基準を除く。))を満たし、かつ再生可能エネルギーを除いた一次エネルギー消費量が省エネ基準の基準値から20%削減(一次エネルギー消費量等級6の基準)となる省エネ性能の水準(ZEH水準)のほか、同基準(案)ではZEH-M水準等を含みます。

フラット35S(ZEH)技術基準適合仕様確認書

1. 省エネルギー性に関する基準(ZEH)

(一戸建ての住宅の場合)

項目	仕様書		適合確認欄 ☑	特記欄
	仕様項目	ページ		
外皮平均熱貫流率	V-1.1.2(適用)の1のイ(イ)	208	☐	
平均日射熱取得率	V-1.1.2(適用)の1のイ(イ)	208	☐	
一次エネルギー消費量 (再生可能エネルギーを除く)	V-1.1.2(適用)の1のイ(ロ)	208	☐	
一次エネルギー消費量 (再生可能エネルギーを含む)	V-1.1.2(適用)の1のイ(ハ)(『ZEH』) V-1.1.2(適用)の1のロ　(Nearly ZEH)	208	☐	

(一戸建ての住宅以外の場合)

項目	仕様書		適合確認欄 ☑	特記欄
	仕様項目	ページ		
外皮平均熱貫流率	V-1.1.2(適用)の2のイ(イ)	208	☐	
平均日射熱取得率	V-1.1.2(適用)の2のイ(イ)	208	☐	
一次エネルギー消費量 (再生可能エネルギーを除く)	V-1.1.2(適用)の2のイ(ロ)	209	☐	
一次エネルギー消費量 (再生可能エネルギーを含む)	V-1.1.2(適用)の2のイ(ハ)(『ZEH-M』) V-1.1.2(適用)の2のロ　(Nearly ZEH-M)	209	☐	

フラット35維持保全型技術基準適合仕様確認書

フラット35維持保全型とは、フラット35をお申込みのお客様が、維持保全・維持管理に配慮した住宅や既存住宅の流通に資する住宅を取得する場合に、フラット35のお借入金利を一定期間引き下げる制度です。

フラット35維持保全型は、お申込みの受付期間及び募集枠に制限があります。詳細は「フラット35サイト(www.flat35.com)」にてご確認ください。

フラット35維持保全型をご利用いただく場合は、フラット35の技術基準に加えて、次表に掲げる基準(長期優良住宅)を満たす住宅であることが必要です。

フラット35維持保全型の技術基準

長期優良住宅(※1)(※2)

※1 長期優良住宅の普及の促進に関する法律(平成20年法律第87号)の規定により長期優良住宅建築等計画が認定された住宅です。

※2 長期優良住宅の場合は、フラット35S(金利Aプラン)とフラット35維持保全型の基準に適合します。

注) 以下のいずれかに該当する場合は、フラット35S及びフラット35維持保全型を利用できません。
- ・住宅の全部または一部が土砂災害特別警戒区域(通称:レッドゾーン)内に含まれる場合
- ・都市再生特別措置法(平成14年法律第22号)第88条第1項に基づく届出を行った場合において、同条第5項に基づく市町村長による公表の措置を受けたとき

【本確認書の使い方】

フラット35維持保全型(長期優良住宅)をご利用される場合は、「フラット35S(金利Aプラン)技術基準適合仕様確認書」の「7.耐久性･可変性に関する基準(長期優良住宅)」を「フラット35技術基準適合仕様確認書」とあわせてお使いください。

〔第I章〕 工　事　概　要

（設計図面に記載した場合は、ここに記入する必要はありません。）

1. 工事内容

(1) 構　　　　造：（耐火構造、準耐火構造、その他＿＿＿＿＿＿＿＿＿＿＿＿）
(2) 階　　　　数：（平屋建、2階建、3階建）
(3) 床　面　積：1階＿＿＿m^2、2階＿＿＿m^2、3階＿＿＿m^2、計＿＿＿m^2
(4) 戸 建 型 式：（一戸建て、連続建て、重ね建て）
(5) 付帯設備工事：（電気、給排水、衛生、ガス、その他＿＿＿＿＿＿＿＿＿＿＿＿）
(6) 別 途 工 事：＿＿＿＿＿＿＿＿＿＿＿＿＿＿＿＿＿＿＿＿＿＿＿＿

2. 外部仕上表

各部名称	仕上げ	備考
基礎		
外壁		
屋根		
軒裏		
ひさし		
とい		
塗装 木部 鉄部		

3. 内部仕上表

室名	床	幅木	壁	天井	備考
玄関					
居住室					
押入					
台所					
便所					
洗面所・脱衣室					
浴室					
廊下					
階段					

注1）塗装仕上げは、それぞれの欄に記入すること。
2）備考欄には、設計に含まれているもの(システムキッチン、浴槽、便器、手洗い器、洗面台など)を記入すること。

4. 建築設備表

室名	電灯	スイッチ	コンセント	水栓	ガス栓	電話用配管	電話
玄関	灯	個	個			個	個
居住室	灯	個	個		個	個	個
	灯	個	個		個	個	個
	灯	個	個		個	個	個
	灯	個	個		個	個	個
	灯	個	個		個	個	個
	灯	個	個		個	個	個
	灯	個	個		個	個	個
	灯	個	個		個	個	個
台所	灯	個	個	個	個	個	個
便所	灯	個	個	個			
洗面所・脱衣室	灯	個	個	個	個	個	個
浴室	灯			個	個		
廊下	灯	個	個			個	個
階段	灯	個	個				
	灯	個	個	個	個	個	個
	灯	個	個	個	個	個	個

注）電灯欄は、直付け、埋込み、コード吊り、ブラケットなど、それぞれ記入のこと。

〔第Ⅱ章〕 工 事 仕 様 書

〔第Ⅲ章〕 フラット35S(金利Bプラン)工事仕様書

〔第Ⅳ章〕 フラット35S(金利Aプラン)工事仕様書

〔第V章〕　フラット35S(ZEH)工事仕様書

1. 一般事項

1.1 総則

1.1.1 基本原則

設計者、工事施工者及び工事監理者は、相互の協力のもと、住宅を長期にわたり良好な状態で使用するための措置を、その構造及び設備に講じるよう努める。

1.1.2 工事範囲

工事範囲は、本仕様書及び図面の示す範囲とし、特記のない限り、電気設備工事については引込み口までの工事、給水・ガス工事については本管接続までの工事、排水工事については流末接続までの工事とする。

1.1.3 関連法令の遵守

施工にあたっては、建築基準法及びその他関連法令等に従い、遺漏のないように計画・実施する。

1.1.4 用語の定義

1. 「設計図書」とは、設計図、仕様書(特記仕様書を含む。)をいう。
2. 「工事監理者」とは、工事請負契約書に監理者として記名捺印した者又はその代理人をいう。
3. 「施工者」とは、工事請負契約書に施工者として記名捺印した者又はその代理人をいう。
4. 「特記」とは、仕様書以外の設計図書に指定された事項をいう。

1.1.5 疑義

図面と仕様書との記載内容が相違する場合、明記のない場合又は疑義の生じた場合は、建築主又は工事監理者と協議する。

1.1.6 軽微な設計変更

現場のおさまり、取合せその他の関係で、材料の取付け位置又は取付け工法を多少変えるなどの軽微な変更は、建築主又は工事監理者の指示により行う。

1.1.7 別契約の関連工事

別契約の関連工事については、関係者は相互に協議のうえ、工事完成に支障のないように処理する。ただし、工事監理者がいる場合は、その指示による。

1.2 施工一般

1.2.1 材料等

1. 各工事に使用する材料等で、日本産業規格(JIS)又は日本農林規格(JAS)の制定されている品目については、その規格に適合するもの又はこれらと同等以上の性能を有するものを使用する。また、優良木質建材等認証(AQ)の対象となっている品目については、AQマーク表示品又はこれと同等以上の性能を有するものを使用する。
2. 各工事に使用する材料等について品質又は等級の明記のないものは、それぞれ中等品とする。
3. クロルピリホスを添加した材料は使用しない。
4. 内装仕上材、下地材等の室内空気への影響が高い部分には、ホルムアルデヒド及び揮発性の有害化学物質を放散しない材料若しくは放散量の少ない材料を使用することとし、特記による。なお、特記のない場合は、F☆☆☆☆の材料を使用することとする。
5. 建築部品、仕上材の材質、色柄などで、建築主又は工事監理者と打合せを要するものは、見本を提出し、十分打合せを行うものとする。

1.2.2 養生

工事中に汚染や損傷のおそれのある材料及び箇所は、適当な方法で養生する。

1.2.3 解体材、発生材等の処理

1. 解体材及び発生材等の処理は、資源の有効な利用の促進に関する法律、建設工事に係る資材の再資源化等に関する法律、廃棄物の処理及び清掃に関する法律等の関連法令に従って適正に処理する。
2. 解体材のうち、耐久年限を考慮したうえで現場において再利用を図るものは、特記による。
3. 解体材、発生材のうち、耐久年限を考慮したうえで再生資源としての利用を図るものは、分別を行い、所定の再資源化施設等に搬入する。
4. 2及び3以外の解体材、発生材については、場外処分とする。

1.2.4 注意事項

1. 工事の施工に必要な諸届·諸手続きで請負者が処理すべき事項は、速やかに処理する。
2. 工事現場の管理は関係法令等に従い、危険防止、災害防止に努め、特に火災には十分注意する。また、石綿を含む建材の解体作業にあたっては、法令等に従い、石綿ばく露防止対策等を徹底する。
3. 工事現場はつねに整理し、清潔を保ち、床張り前には床下を清掃する。なお、工事完了に際しては、建物内外を清掃する。
4. 工程表及び工事チェックリストを作成し、各段階ごとに検査を行う。

2. 仮設工事

2.1 なわ張り等

2.1.1 地なわ張り

建築主又は工事監理者の立会いのもとに、敷地境界など敷地の状況を確認のうえ、図面に基づき建築位置のなわ張りを行う。

2.1.2 ベンチマーク

木ぐい、コンクリートぐいなどを用いて移動しないよう設置し、その周囲を養生する。ただし、移動のおそれのない固定物がある場合は、これを代用することができる。なお、工事監理者がいる場合は、その検査を受ける。

2.1.3 やりかた

やりかたは、適切な材料を用い、建物の隅部その他の要所に正確かつ堅固に設け、建物の位置、水平の基準その他の墨出しを行う。なお、工事監理者がいる場合は、その検査を受ける。

2.2 足場・仮囲い・設備

2.2.1 足場・仮囲い

足場及び仮囲いは、関係法令等に従い、適切な材料、構造とする。

2.2.2 設備

工事用水道、工事用電力などの関係法令等に基づく手続き及び設置は、施工業者が行う。

3. 土工事・基礎工事

3.1 土工事

3.1.1 地盤

1. 敷地地盤の状態については、工事計画上支障のないように、地盤調査を実施するか、あるいは近隣の地盤に関する情報資料等により検討する。
2. 地盤調査の結果に基づき、地盤改良を行う場合は、特記による。

3.1.2 根切り

根切りの幅及び深さは、やりかたに従い正確に行う。なお、必要がある場合は、のり面をつけるか土留めを設ける。根切り底の仕上げは、平滑に施工し、工事監理者が確認を行う。

3.2 地業

3.2.1 割栗地業

割栗地業は、次による。ただし、地盤が比較的良好な揚合は、割栗によらず砕石による地業とすることができる。また、地盤が特に良好な場合は、これらを省略できる。

イ. 割栗石は硬質なものを使用する。なお、割栗石の代用として玉石を使用する場合も同様とする。
ロ. 目つぶし砂利は、切り込み砂利、切り込み砕石又は再生砕石とする。
ハ. 割栗石は、原則として一層小端立てとし、すき間のないようにはり込み、目つぶし砂利を充填する。
ニ. 締固めは、割栗地業の場合はランマー3回突き以上、砂利地業の場合はソイルコンパクター2回締め以上又は振動ローラー締めとし、凹凸部は目つぶし砂利で上ならしする。

3.2.2 砕石地業

砕石地業は、次による。

イ. 砕石は硬質なものを使用する。
ロ. 締固めは、ソイルコンパクター2回締め以上、振動ローラー等を用いた後、凹凸部は比較的細かい砕石を使って平たんにする。

3.2.3 くい打ち地業

くい打ち地業を必要とする場合は、特記による。

3.3 基礎工事

3.3.1 一般事項

1. 基礎は、1階の外周部耐力壁及び内部耐力壁の直下に設ける。
2. 基礎の構造は、地盤の長期許容応力度に応じて、次のいずれかとする。
   イ. □布基礎（長期許容応力度　30kN/m²以上）
   ロ. □腰壁と一体になった布基礎（長期許容応力度　30kN/m²以上）
   ハ. □べた基礎（長期許容応力度　20kN/m²以上）
   ニ. □基礎ぐいを用いた構造（長期許容応力度　20kN/m²未満）

3.3.2 布基礎

布基礎の構造は、次による。

1. 布基礎の構造は、一体の鉄筋コンクリート造（部材相互を緊結したプレキャストコンクリート造を含む。）とする。
2. 地面から基礎上端まで又は地面から土台下端までの高さは、400mm以上とする。

3. 布基礎の立上りの厚さは、150mm以上とする。底盤の厚さは150mm以上、幅は450mm以上とする。また、根入れ深さは、地面より240mm以上とし、かつ、建設地域の凍結深度よりも深いもの、若しくは凍結を防止するための有効な措置を講ずるものとする。
4. 基礎の配筋は、次による。
   イ. 立上り部分の上・下主筋はD13以上とし、補助筋と緊結させる。
   ロ. 立上り部分の補助筋はD10以上とし、間隔は300mm以下とする。
   ハ. 底盤部分の主筋はD10以上、間隔は300mm以下とし、底盤の両端部のD10以上の補助筋と緊結させる。
   ニ. 換気孔を設ける場合は、その周辺にD10以上の補助筋で補強する。

3.3.3 べた基礎・基礎ぐい

べた基礎の構造又は基礎ぐいを用いた構造は、次による。

1. べた基礎の構造及び基礎ぐいを用いた場合の基礎ばりの構造は、一体の鉄筋コンクリート造（部材相互を緊結したプレキャストコンクリート造を含む。）とする。
2. 地面から基礎上端まで又は地面から土台下端までの高さは、400mm以上とする。
3. べた基礎の基礎底盤には、施工中の雨水等を排出するための水抜き孔を設置する。なお、工事完了後は、当該水抜き孔は適切にふさぐ。
4. その他の構造方法については、構造計算によるものとし、特記による。

3.3.4 腰壁

1. 1階の浴室まわり（当該浴室に浴室ユニットを使用した場合を除く。）には、鉄筋コンクリート造による腰壁を設けるか、又は壁の軸組に対して防水上有効な措置を講じるものとする。
2. 鉄筋コンクリート造腰壁の構造方法は、特記による。

3.3.5 土間コンクリート床

1. 外周部布基礎沿いには、結露防止のため厚さ25mm以上の発泡プラスチック系断熱材を、布基礎天端（基礎の内側に施工する場合は、土間コンクリートの下端）から下方底盤の上端まで施工する。ただし、温暖地等においては、断熱材を省略できる。
2. 凍上のおそれのある場合は、上記1の断熱材の厚さを50mm以上とし、凍結深度よりも深い位置から張り付ける。
3. 土間コンクリート床の下層の盛土については、地盤面より2層に分けて行い、それぞれ十分突き固める。なお、盛土に使用する土は、有機性の土、活性の粘土及びシルト類を避け、これら以外のものを使用する。
4. 盛土の上に目つぶし砂利を厚さ50mm以上敷き詰め十分突き固める。その上にJIS A 6930（住宅用プラスチック系防湿フィルム）、JIS Z 1702（包装用ポリエチレンフィルム）若しくはJIS K 6781（農業用ポリエチレンフィルム）に適合するもの、又はこれらと同等以上の効力を有する防湿フィルムで厚さ0.1mm以上のものを全面に敷く。
5. 土間コンクリート床は、厚さ120mm以上とし、その中央部にワイヤーメッシュ（径4mm以上の鉄線を縦横に間隔150mm以内に組み合わせたもの。）を配する。

3.3.6 コンクリートの調合及び強度等

基礎に用いるコンクリートの調合及び強度等は、次による。

1. コンクリートは、JIS A 5308（レディーミクストコンクリート）に規定されたレディーミクストコンクリートとする。
2. 呼び強度及びスランプは、特記による。特記がない場合のスランプは18cmとし、呼び強度は24N/mm^{2}とする。
3. 打込みに際しては、空隙の生じないよう十分な突き、たたきを行う。

3.3.7 鉄筋材料

1. 異形鉄筋は、JIS G 3112（鉄筋コンクリート用棒鋼）に適合するものとし、その種類、径などは、特記による。
2. 鉄筋の径（d）は、異形鉄筋では呼び名に用いた数値とする。

3.3.8 座金

1. 座金は、品質及び性能が明示された良質なものとする。
2. アンカーボルトに用いる座金は、必要に応じて適切な座金を選択する。

3.3.9 アンカーボルト

1. アンカーボルトは、品質及び性能が明示された良質なものとする。
2. アンカーボルトの埋設位置は、次による。
   イ. 筋かいを設けた耐力壁の部分は、その両端の柱の下部にそれぞれ近接した位置とする。ただし、ホールダウン専用アンカーボルトが取り付けられた場合は、省略することができる。
   ロ. 構造用合板等を張った耐力壁の部分は、その両端の柱の下部にそれぞれ近接した位置とする。ただし、ホールダウン専用アンカーボルトが取り付けられた場合は、省略することができる。
   ハ. 土台切れの箇所、土台継手及び土台仕口箇所の上木端部とし、当該箇所が出隅部分の場合は、できるだけ柱に近接した位置とする。
   ニ. 上記イ、ロ及びハ以外の部分においては、2階建以下の場合は間隔2.7m以内、3階建の場合は間隔2m以内とする。
3. アンカーボルトの心出しは、型板を用いて基準墨に正しく合わせ、適切な機器などで正確に行う。
4. アンカーボルトのコンクリートへの埋込み長さは250mm以上とし、アンカーボルトの先端は、土台の上端よりナットの外にねじが3山以上出るように固定する。
5. アンカーボルトの保持は、型板を用いるなどして正確に行い、移動、下部の揺れなどのないように、十分固定する。
6. アンカーボルトの保持及び埋込み工法の種別は、特記による。特記がない場合は、アンカーボルトを鉄筋などを用いて組み立て、適切な補助材で型枠の類に固定し、コンクリートの打込みを行う。
7. アンカーボルトは、衝撃などにより有害な曲がりを生じないように取り扱う。また、ねじ部の損傷、さびの発生、汚損を防止するために布、ビニルテープなどを巻いて養生を行う。

3.3.10 ホールダウン専用アンカーボルト

1. ホールダウン専用アンカーボルトで緊結する場合は、品質及び性能が明示された良質なものとする。
2. ホールダウン専用アンカーボルトの埋設方法は、次による。
   イ. 25kN以下のホールダウン金物をホールダウン専用アンカーボルトで緊結する場合、コンクリートへの埋込み長さは360mm以上とする。
   ロ. 25kNを超えるホールダウン金物をホールダウン専用アンカーボルトで緊結する場合は、特記による。
   ハ. ホールダウン金物を専用アンカーボルトで直接緊結する場合は、取り付く柱の位置に専用アンカーボルトを正確に埋め込む。
   ニ. ホールダウン金物（10kN以下）を座付きボルトで緊結する場合は、座付きボルトの心より150mm内外にアンカーボルトを埋め込む。
3. ホールダウン専用アンカーボルトの心出し・保持等は、本章3.3.9（アンカーボルト）の3、5、6及び7による。 3.3.9 ☞34頁

3.3.11 床下換気

1. 床下空間が生じる場合の床下換気措置は、次のイ、ロのいずれかによる。ただし、本章3.4（基礎断熱工事）により基礎の施工を行う場合は、床下換気孔を設置しないこととする。

   イ. □外周部の基礎には、有効換気面積300 cm^{2}以上の床下換気孔を間隔4m以内ごとに設ける。

   ロ. □ねこ土台を使用する場合は、外周部の土台の全周にわたって、1m当たり有効面積75 cm^{2}以上の換気孔を設ける。

2. 外周部の床下換気孔には、ねずみ等の侵入を防ぐため、スクリーンなどを堅固に取り付ける。
3. 外周部以外の室内の布基礎には、適切な位置に通風と点検に支障のない寸法の床下換気孔を設ける。

3.4 ☞36頁

3.3.12 配管スリーブ

1. 基礎を貫通して設ける配管用スリーブは、必要に応じて補強筋を設け、雨水が流入しない位置に設ける。
2. 基礎を貫通するスリーブと配管とのすき間には、防蟻性のある材料を充填する等、防蟻上有効な措置を施す。

3.3.13 養生

1. コンクリート打込み終了後は、直射日光、寒気、風雨などを避けるため、シートなどを用いて養生する。
2. 普通ポルトランドセメントを用いる場合の型枠の存置期間は、気温15℃以上の場合は3日以上、5℃以上15℃未満の場合は5日以上とする。なお、やむを得ず寒冷期に施工する場合は、気温に応じて適切な養生を行うとともに、工事監理者がいる場合は、その指示を受ける。
3. コンクリート打込み後1日間は、その上を歩行したり、重量物を載せてはならない。

3.3.14 天端ならし

やりかたを基準にして陸墨を出し、布基礎の天端をあらかじめ清掃、水湿し、セメント、砂の調合が容積比にして1：3のモルタルなどを水平に塗り付ける。ただし、セルフレベリング材を用いて天端ならしを行う場合は、特記による。

3.3.15 床下防湿

床下防湿措置は、次の1、2のいずれか又は両方による。ただし、基礎の構造をべた基礎とした場合は、この限りではない。

1. □防湿用のコンクリートを施工する場合

   イ. 床下地面全面に厚さ60mm以上のコンクリートを打設する。

   ロ. コンクリート打設に先立ち、床下地面は盛土し、十分突き固める。

2. □防湿フィルムを施工する場合

   イ. 床下地面全面にJIS A 6930（住宅用プラスチック系防湿フィルム）、JIS Z 1702（包装用ポリエチレンフィルム）若しくはJIS K 6781（農業用ポリエチレンフィルム）に適合するもの、又はこれらと同等以上の効力を有する防湿フィルムで厚さ0.1mm以上のものを敷き詰める。

   ロ. 防湿フィルムの重ね幅は150mm以上とし、防湿フィルムの全面を乾燥した砂、砂利又はコンクリート押えとする。

3.4 基礎断熱工事

3.4.1 一般事項

1. 基礎断熱工法に係る仕様は、この項による。
2. 本項でいう基礎断熱工法とは、床に断熱材を施工せず、基礎の外側、内側又は両側に、地面に垂直に断熱材を施工し、床下換気孔を設けない工法をいう。

3.4.2 基礎における断熱材の施工

1. 断熱材は吸水性を有しない材料を使い、基礎の底盤上端から基礎天端まで打込み工法により施工する。
2. 断熱材の継目は、すき間が生じないように施工する。型枠脱型後、すき間が生じているときは、現場発泡断熱材などで補修する。
3. 基礎の屋外側に設ける断熱材が外気に接しないよう、外装仕上げを行う。
4. 基礎天端と土台との間には、すき間が生じないようにする。
5. ポーチ、テラス、ベランダ等の取合い部分で断熱欠損が生じないよう施工する。

3.4.3 断熱材の施工位置

基礎に施工する断熱材の施工位置は、次のいずれかとする。

1. □基礎の内側
2. □基礎の外側
3. □基礎の両側(内側と外側両方)

3.4.4 断熱材の熱抵抗値又は厚さ

地域の区分
(付録3 ☞218頁)
断熱材の種類
(7-1.3.2 ☞72頁)

1. 基礎に施工する断熱材の熱抵抗値又は厚さは、地域の区分及び断熱材の種類（本章7-1（断熱工事）における地域の区分及び断熱材の種類）に応じ、次表に掲げる数値以上とする。ただし、使用する断熱材に、その断熱材の熱抵抗値が表示されている場合には、必要な熱抵抗値に適合していること。

地域の区分	必要な熱抵抗値 (m^2･K/W)	断熱材の種類・厚さ(mm)							
		A-1	A-2	B	C-1	C-2	D	E	F
1･2	1.2	65	60	55	50	50	45	35	30
3･4･5･6･7	0.6	35	30	30	25	25	25	20	15
8									

2. 1地域、2地域、3地域及び4地域において、基礎を鉄筋コンクリート造のべた基礎とし、断熱材を基礎の内側に施工する場合には、次の部分について、吸水性を有しない断熱材により断熱補強の施工（長さ450mm程度以上、厚さ20mm程度以上）を行う。
   イ. 布基礎の立上り部分とべた部分の取合い部において、住宅内部に向かう部分(水平に施工)
   ロ. 間仕切り壁下部の布基礎において、外周部から住宅内部に向かう部分の両側(垂直に施工)

3.4.5 床下防湿・防蟻措置

床下地面には、次のいずれかの措置を講ずる。ただし、床下地面の防蟻措置が必要な地域（北海道、青森県、岩手県、秋田県、宮城県、山形県、福島県、新潟県、富山県、石川県及び福井県以外の地域）に建設する住宅では、3又は4に限る。

1. □床下全面にJIS A 6930（住宅用プラスチック系防湿フィルム）、JIS Z 1702（包装用ポリエチレンフィルム）若しくはJIS K 6781（農業用ポリエチレンフィルム）に適合するもの、又はこれらと同等以上の効力を有する防湿フィルムで厚さ0.1mm以上のものを敷き詰める。なお、防湿フィルムの重ね幅は300mm以上とし、防湿フィルムの全面をコンクリート又は乾燥した砂等で押さえ、押えの厚さは50mm以上とする。

2. □床下全面に、厚さ100mm以上のコンクリートを打設する。
3. □鉄筋コンクリート造のべた基礎（厚さは100mm以上で、防湿コンクリートを兼ねる。）とする。
4. □基礎と鉄筋により一体となって基礎の内周部の地盤上に、一様に打設されたコンクリート(厚さ100mm以上で防湿コンクリートを兼ねる。)でおおう。

3.5 地下室

3.5.1 一般事項

地下室の各部の仕様は、特記による。

3.5.2 基礎壁

1. 地下室を設ける場合、その壁は基礎と一体の鉄筋コンクリート造とする。
2. 外周部基礎壁沿いには、厚さ25mm以上の発泡プラスチック系断熱材を基礎天端から貼り付ける。凍上のおそれのある場合の断熱材の厚さは50mm以上とし、凍結深度より深い位置から貼り付ける。

3.6 埋戻し・地ならし

3.6.1 埋戻し

埋戻しは、根切り土のうち良質な土を利用し、厚さ300mm以内ごとにランマーなどで突き固める。

3.6.2 地ならし

建物の周囲1mまでの部分は、水はけをよくするように地ならしをする。

4.木工事一般事項

4.1 材料

4.1.1 木材の品質

1. 素材及び製材の品質は、JASの制定がある場合は、この規格に適合するもの、又はこれと同等以上の性能を有するものとする。
2. 構造材に用いる製材の品質は、製材のJASに適合する構造用製材若しくは広葉樹製材、又はこれらと同等以上の性能を有するものとする。
3. 造作材に用いる製材の品質は、製材のJASに規定する造作用製材、又はこれらと同等以上の性能を有するものとする。

4.1.2 木材の樹種

木材の樹種は、部位ごとに特記による。

4.1.3 集成材・単板積層材・直交集成板

1. 構造用に用いる集成材の品質は、集成材のJASに適合する構造用集成材若しくは化粧ばり構造用集成柱、又はこれらと同等以上の性能を有するものとする。
2. 造作用に用いる集成材の品質は、集成材のJASに適合する造作用集成材若しくは化粧ばり造作用集成材、又はこれと同等以上の性能を有するものとする。
3. 構造用に用いる単板積層材の品質は、単板積層材のJASに適合する構造用単板積層材、又はこれと同等以上の性能を有するものとする。
4. 造作用に用いる単板積層材の品質は、単板積層材のJASに適合する造作用単板積層材、又はこれと同等以上の性能を有するものとする。
5. 構造用に用いる直交集成板(CLT)の品質は、直交集成板のJASに適合する直交集成板、又はこれと同等以上の性能を有するものとする。
6. 上記のホルムアルデヒドの発散量に関する品質については、特記による。

4.1.4 各種ボード類

1. 合板の品質は、合板のJASに適合する構造用合板若しくは普通合板、又はこれらと同等以上の性能を有するものとする。
2. 構造用パネルの品質は、構造用パネルのJASに適合するもの、又はこれと同等以上の性能を有するものとする。
3. HB(ハードファイバーボード)、硬質木片セメント板、シージングボード、せっこうボード及びラスシートの品質は、それぞれのJISに適合するもの、又はこれらと同等以上の性能を有するものとする。
4. パーティクルボード、MDF(ミディアムデンシティファイバーボード)の品質は、それぞれのJISに適合するものとする。
5. 上記のホルムアルデヒドの発散量に関する品質については、特記による。

4.1.5 くぎ

1. 構造上重要な部分に用いるくぎの品質は、JIS A 5508(くぎ)に規定するくぎの種類のうち、鉄丸くぎ、めっき鉄丸くぎ、太め鉄丸くぎ、めっき太め鉄丸くぎ、溶融亜鉛めっき太め鉄丸くぎ、せっこうボード用くぎ、ステンレス鋼くぎ又はシージングボード用くぎに適合するもの、又はこれと同等以上の性能を有するものとし、その種類と寸法は表「くぎの種類及び寸法」による。
2. 長さの表示のない場合のくぎの長さは、打ち付ける板厚の2.5倍以上を標準とする。
3. 造作材の化粧面のくぎ打ちは、使用箇所及び工事の過程に応じて、隠しくぎ、くぎ頭に埋め木、くぎ頭つぶし、くぎ頭あらわし等とする。
4. くぎ以外を用いる場合は、特記による。

くぎの種類及び寸法

（単位：mm）

くぎの種類	長さ	胴部径	頭部径	備考
N38、NZ38 N45、NZ45 N50、NZ50 N65、NZ65 N75、NZ75 N90、NZ90 N100、NZ100	38 45 50 65 75 90 100	2.15 2.45 2.75 3.05 3.40 3.75 4.20	5.1 5.8 6.6 7.3 7.9 8.8 9.8	JIS A 5508 N：鉄丸くぎ NZ：めっき鉄丸くぎ
CN45、CNZ45 CN50、CNZ50 CN55、CNZ55 CN65、CNZ65 CN70、CNZ70 CN75、CNZ75 CN85、CNZ85 CN90、CNZ90 CN100、CNZ100	44.5 50.8 57.2 63.5 69.9 76.2 82.6 88.9 101.6	2.51 2.87 2.87 3.33 3.33 3.76 3.76 4.11 4.88	6.35 6.76 6.76 7.14 7.14 7.92 7.92 8.74 10.31	JIS A 5508 CN：太め鉄丸くぎ CNZ：めっき太め鉄丸くぎ
ZN40 ZN65 ZN90	38.1 63.5 88.9	3.33 3.33 4.11	7.14 7.14 8.74	JIS A 5508 溶融亜鉛めっき太め鉄丸くぎ
GNF32 GNF40 GNF50 GNC32 GNC40	31.8 38.1 50.8 31.8 38.1	2.34 2.34 2.45 2.34 2.34	7.54 7.54 7.54 7.54 7.54	JIS A 5508 せっこうボード用くぎ
SF45	45	2.45	5.6	JIS A 5508 SF：ステンレス鋼くぎ
SN45 SN40	44.5 38.1	3.05 3.05	11.13 11.13	JIS A 5508 SN：シージングボード用くぎ

4.1.6 諸金物

諸金物（接合金物）は、品質及び性能が明示された良質なものとする。

4.2 指定寸法・仕上げ・養生

4.2.1 指定寸法

木材の断面を表示する指定寸法は、ひき立て寸法とする。ただし、寸法線が記入されているものは、仕上がり寸法とする。

4.2.2 仕上げその他

1. 構造材に丸太を使用する場合は、すべて皮はぎ材とする。
2. 見えがかりは、すべてかんな削り仕上げとする。
3. 土台、けたなどで継ぎ伸しの都合上、やむを得ず短材を使用する場合の長さは、土台にあっては1m内外、その他にあっては2m内外とする。
4. 継手及び仕口を明示していない場合は、一般慣用の工法による。ただし、工事監理者がいる場合は、その指示による。

4.2.3 養生

工事中に汚染や損傷などのおそれのある場合は、とのこ塗り、紙張り、板あて及びその他適当な方法により養生する。

4.3 木部の防腐・防蟻措置

4.3.1 土台の防腐・防蟻措置

1. 土台の防腐・防蟻措置（北海道及び青森県にあっては防腐措置のみ。以下4.3において同じ。）は、次のいずれかによる。
   イ. □ヒノキ、ヒバ、ベイヒ、ベイヒバ、クリ、ケヤキ、ベイスギ、タイワンヒノキ、コウヤマキ、サワラ、ネズコ、イチイ、カヤ、ウェスタンレッドシーダー、インセンスシーダー又はセンペルセコイヤを用いた製材、若しくはこれらの樹種を使用した構造用集成材、構造用単板積層材又は直交集成板を用いる。
   ロ. □JASに定める保存処理性能区分K3相当以上の防腐・防蟻処理材（北海道及び青森県にあっては、K2相当以上の防腐処理材。）を用いる。
2. 土台に接する外壁の下端には、水切りを設ける。

4.3.2 土台以外の木部の防腐・防蟻措置

1. 地面からの高さが１m以内の外壁の軸組（土台及び室内側に露出した部分を除く。）の防腐・防蟻措置は、次のいずれかによる。
   イ. □ヒノキ、ヒバ、ベイヒ、ケヤキ、タイワンヒノキ、スギ、カラマツ、ベイスギ、クリ、ダフリカカラマツ、ベイヒバ、コウヤマキ、サワラ、ネズコ、イチイ、カヤ、クヌギ、ミズナラ、ベイマツ（ダグラスファー）、ウェスタンレッドシーダー、アピトン、ウェスタンラーチ、カプール、ケンパス、セランガンバツ、タマラック、パシフィックコーストイエローシーダー、サイプレスパイン、ボンゴシ、イペ、ジャラ、インセンスシーダー又はセンペルセコイヤを用いた製材、若しくはこれらの樹種を使用した化粧ばり構造用集成柱、構造用集成材、構造用単板積層材又は直交集成板を用いる。
   ロ. □外壁内に通気層を設け、壁体内通気を可能とする構造とし、特記による。特記のない場合は、本章8.4.1（一般事項）の１による。 8.4.1の1 ☞95頁
   ハ. □外壁材を板張りとし、直接通気を可能とする構造とし、特記による。特記のない場合は、本章8.4.1（一般事項）の２のイ及びロによる。 8.4.1の2 ☞95頁
   ニ. □軒の出を90cm以上とし、かつ柱が直接外気に接する構造（真壁構造）とする。
   ホ. □断面寸法120mm×120mm以上の製材、化粧ばり構造用集成柱、構造用集成材、構造用単板積層材又は直交集成板を用いる。
   ヘ. □次の（イ）又は（ロ）の薬剤処理を施した製材、化粧ばり構造用集成柱、構造用集成材、構造用単板積層材又は直交集成板を用いる。
      （イ）□本章4.3.3（薬剤の品質等）の１に掲げる防腐・防蟻処理材として工場で処理したもの 4.3.3の1 ☞41頁
      （ロ）□本章4.3.3（薬剤の品質等）の２に掲げる防腐・防蟻薬剤を、現場で塗布、吹付け又は浸漬したもの 4.3.3の2 ☞41頁
2. 地面からの高さが1m以内の外壁の木質系下地材（室内側に露出した部分を除く。）の防腐・防蟻措置は、次のいずれかによる。
   イ. □ヒノキ、ヒバ、ベイヒ、ケヤキ、タイワンヒノキ、スギ、カラマツ、ベイスギ、クリ、ダフリカカラマツ、ベイヒバ、コウヤマキ、サワラ、ネズコ、イチイ、カヤ、クヌギ、ミズナラ、ベイマツ（ダグラスファー）、ウェスタンレッドシーダー、アピトン、ウェスタンラーチ、カプール、ケンパス、セランガンバツ、タマラック、パシフィックコーストイエローシーダー、サイプレスパイン、ボンゴシ、イペ、ジャラ、インセンスシーダー又はセンペルセコイヤを用いた下地材を用いる。
   ロ. □外壁内に通気層を設け、壁体内通気を可能とする構造とし、特記による。特記のない場合は、本章8.4.1（一般事項）の１による。 8.4.1の1 ☞95頁
   ハ. □外壁材を板張りとし、直接通気を可能とする構造とし、特記による。特記のない場合は、本章8.4.1（一般事項）の２のイ及びロによる。 8.4.1の2 ☞95頁
   ニ. □軒の出を90cm以上とし、かつ柱が直接外気に接する構造（真壁構造）とする。

ホ. □次の(イ)又は(ロ)の薬剤処理を施した製材、構造用集成材、構造用単板積層材、直交集成板、合板のJASに規定する構造用合板、構造用パネルのJASに規定する構造用パネル、JIS A 5908(パーティクルボード)に規定するパーティクルボード(Pタイプ)、又はJIS A 5905(繊維板)に規定するMDF(Pタイプ)を用いる。

(イ) □本章4.3.3(薬剤の品質等)の1に掲げる防腐・防蟻処理材として工場で処理したもの　4.3.3の1 ☞41頁

(ロ) □本章4.3.3(薬剤の品質等)の2に掲げる防腐・防蟻薬剤を、現場で塗布、吹付け又は浸漬したもの　4.3.3の2 ☞41頁

4.3.3 薬剤の品質等

1. 防腐・防蟻薬剤を用いて工場で処理した防腐・防蟻処理材を用いる場合は、次のいずれかによる。

イ. □製材等のJASの保存処理(K1を除く。)の規格に適合するものとする。

ロ. □JIS K 1570(木材保存剤)に定める加圧注入用木材保存剤を用いてJIS A 9002(木質材料の加圧式保存処理方法)による加圧式保存処理を行った木材とする。

ハ. □公益社団法人日本木材保存協会(以下「木材保存協会」という。)認定の加圧注入用木材防腐・防蟻剤を用いて、JIS A 9002(木質材料の加圧式保存処理方法)による加圧式保存処理を行った木材とする。

ニ. □イ、ロ又はハ以外とする場合は、防腐・防蟻に有効な薬剤が、塗布、加圧注入、浸漬、吹き付けられたもの、又は防腐・防蟻に有効な薬剤を混入した接着剤を用いた防腐・防蟻処理材とし、特記による(ただし、集成材においては接着剤に混入されたものを除く。)。

2. 薬剤による現場処理を行う場合の防腐・防蟻薬剤の品質は、次のいずれかによる。

イ. □木部の防腐措置に使用する薬剤の品質は、特記による。特記がない場合は、木材保存協会認定の薬剤又はJIS K 1571(木材保存剤－性能基準及びその試験方法)によって試験し、その性能基準に適合する表面処理用薬剤とする。

ロ. □木部の防腐措置及び防蟻措置に使用する薬剤の品質は、特記による。特記がない場合は、公益社団法人日本しろあり対策協会(以下「しろあり協会」という。)又は木材保存協会認定の防腐・防蟻剤とする。

3. 薬剤による現場処理を行う場合の木材の処理方法は、特記による。 特記がない場合は、次による。

イ. 塗布、吹付け、浸漬に使用する薬剤の量は、木材及び合板の表面積1m²につき300mℓを標準とする。

ロ. 処理むらが生じることのないようイの薬剤の範囲内の量で、十分に木材に吸収されるよう入念に処理する。

ハ. 木材の木口、仕口、継手の接合箇所、き裂部分、コンクリート及び束石などに接する部分は、特に入念な処理を行う。

4. 2のロの薬剤を使用する場合の処理方法は、特記による。特記がない場合は、しろあり協会制定の標準仕様書に準ずる。

5. 現場の加工、切断、穿孔箇所等は、3に準じて、塗布あるいは吹付け処理を行う。

4.4 床下地面の防蟻措置

4.4.1 適用

床下地面に講じる防蟻措置は、次のいずれかによる。ただし、北海道、青森県、岩手県、秋田県、宮城県、山形県、福島県、新潟県、富山県、石川県及び福井県においては、地面に講ずる防蟻措置を省略することができる。

イ. □鉄筋コンクリート造のべた基礎

ロ. □地面を一様に打設したコンクリート(布基礎と鉄筋により一体となったものに限る。)でおおう。

ハ. □本章4.4.2(薬剤による土壌処理)の1に掲げる薬剤を用い、布基礎内周部及び束石の周囲の土壌処理を行う。 4.4.2の1 ☞42頁

4.4.2 薬剤による土壌処理

1. 薬剤による土壌処理を行う場合は、次のいずれかによる。
   イ. □土壌の防蟻措置に使用する薬剤の品質は、特記による。特記がない場合は、しろあり協会又は木材保存協会認定の土壌処理剤、又はこれと同等の効力を有するものとする。
   ロ. □土壌処理と同等の効力があるものとして、防蟻効果を有するシートを床下の土壌表面に敷設する工法、樹脂皮膜を形成する方法等を採用する場合は、特記による。
2. 薬剤を使用する場合の処理方法は、特記による。特記がない場合は、しろあり協会制定の標準仕様書に準ずる。
3. 給排水用の塩化ビニル管の接する部分に防腐・防蟻措置を講ずる場合は、薬剤によって損傷しないよう管を保護する。

4.5 浴室等の防水措置

1. 浴室の壁の軸組等（木質の下地材・室内側に露出した部分を含む。）、床組（地上2階以上の階にある場合は、下地材を含む。）及び天井は、次のいずれかの防水措置を行う。ただし、1階の浴室まわりを鉄筋コンクリート造の腰壁又はコンクリートブロック造の腰壁とした部分は除く。
   イ. □浴室ユニットとする。
   ロ. □浴室の壁の軸組等、床組及び天井に対して、防水上有効な仕上げを行う。
   ハ. □浴室の壁の軸組等、床組及び天井に対して、本章4.3.2（土台以外の木部の防腐・防蟻措置）の1のイからへのいずれか及び2のイからホのいずれかによる防腐・防蟻措置を行う。 4.3.2の1·2 ☞40頁
2. 脱衣室の壁の軸組等（木質の下地材・室内側に露出した部分を含む。）及び床組（地上2階以上の階にある場合は、下地材を含む。）は、次のいずれかの防水措置を行う。
   イ. □脱衣室の壁の軸組等及び床組に対して、防水紙、ビニル壁紙、シージングせっこうボード、ビニル床シート又は耐水合板（普通合板1類、構造用合板特類又は1類）を用いる。
   ロ. □脱衣室の壁の軸組等及び床組に対して、本章4.3.2（土台以外の木部の防腐・防蟻措置）の1のイからへのいずれか及び2のイからホのいずれかによる防腐・防蟻措置を行う。 4.3.2の1·2 ☞40頁

5.木造躯体工事

5.1 軸組

5.1.1 総則

各階の張り間方向及びけた行方向に設置する耐力壁の量及び配置については、建築基準法に基づく計算によるものとし、特記による。

5.1.2 土台

1. 土台の断面寸法は、柱と同じ寸法以上かつ105mm×105mm以上とし、120mm×120mmを標準とする。
2. 継手は、柱及び床下換気孔の位置を避け、腰掛けあり継ぎ又は腰掛けかま継ぎとする。
3. 仕口は、次による。
   イ. 隅部取合い部は、大入れこねほぞ差し割りくさび締め、大入れあり掛け又は片あり掛けとする。
   ロ. T字取合い部及び十字取合い部は、大入れあり掛けとする。

5.1.3 火打土台

火打土台は、次のいずれかによる。

1. □木材の火打土台とする場合は、次による。
   イ. 断面寸法は、45mm×90mm以上とする。
   ロ. 見付け平使いとし、土台との仕口はかたぎ大入れとし、N90くぎ2本打ちとする。
2. □鋼製火打ちとする場合は、特記による。
3. □火打土台を省略する場合の床組等は、本章5.8.8(構造用面材による床組の補強方法)によるものとし、同項において、胴差し及び床ばりを土台又は大引きに読み替えるものとする。 5.8.8 ☞56頁

5.1.4 柱

1. 柱の断面寸法は、次による。
   イ. 断面寸法は、105mm×105mm以上とし、120mm×120mmを標準とする。
   ロ. 通し柱の断面寸法は、120mm×120mm以上とする。
2. 階数が2以上の住宅における通し柱であるすみ柱の断面寸法は、135mm×135mm以上とする。ただし、次のいずれかに該当する場合は、当該柱の断面寸法を120mm×120mm以上とすることができる。
   イ. □通し柱であるすみ柱に、ヒノキ、ヒバ、ベイヒ、ケヤキ、タイワンヒノキ、スギ、カラマツ、ベイスギ、クリ、ダフリカカラマツ、ベイヒバ、コウヤマキ、サワラ、ネズコ、イチイ、カヤ、クヌギ、ミズナラ、ベイマツ(ダグラスファー)、ウェスタンレッドシーダー、アピトン、ウェスタンラーチ、カプール、ケンパス、セランガンバツ、タマラック、パシフィックコーストイエローシーダー、サイプレスパイン、ボンゴシ、イペ、ジャラ、インセンスシーダー又はセンペルセコイヤを用いた製材、若しくはこれらの樹種を使用した化粧ばり構造用集成柱、構造用集成材、構造用単板積層材又は直交集成板を用いる。
   ロ. □通し柱であるすみ柱を、有効な防腐措置を講じた次のいずれかの木材とする。
      (イ) □本章4.3.3(薬剤の品質等)の1に掲げる防腐・防蟻処理材として工場で処理したもの 4.3.3の1 ☞41頁
      (ロ) □本章4.3.3(薬剤の品質等)の2に掲げる防腐・防蟻薬剤を、現場で塗布、吹付け又は浸漬したもの 4.3.3の2 ☞41頁
   ハ. □柱が直接外気に接する構造(真壁構造)とし、軒の出を90cm以上とする。
   ニ. □外壁内に通気層を設け、壁体内通気を可能とする構造とし、特記による。特記のない場合は、本章8.4.1(一般事項)の1による。 8.4.1の1 ☞95頁

ホ. □外壁材を板張りとし、直接通気を可能とする構造とし、特記による。特記のない場合は、本章8.4.1（一般事項）の2のイ及びロによる。 8.4.1の2 ☞95頁

3. 次のイ及びロによる場合は、1及び2によらず、すべての柱の断面寸法を105mm×105mm以上とすることができる。
   イ. 次の(イ)から(ハ)に掲げる部分に、ロに掲げる防腐及び防蟻（北海道及び青森県にあっては防腐のみ。）に特に有効な措置を講じたものを使用する。
      (イ) 土台
      (ロ) すみ柱
      (ハ) 最下階の外壁の柱（室内の見えがかりを除く。）
   ロ. 防腐及び防蟻に特に有効な措置を講じたものとは、次のいずれかとする。
      (イ) □工場内にて機械により継手及び仕口の加工（プレカット）を行った製材に、製材のJASの構造用製材に規定する保存処理性能区分K3相当以上の防腐・防蟻処理（以下「K3相当以上の防腐・防蟻処理」という。）を加圧注入方式により行い、その後乾燥させるための養生を行った製材
      (ロ) □加圧注入方式により、K3相当以上の防腐・防蟻処理を施したラミナ（ひき板）を積層接着した構造用集成材
      (ハ) □加圧注入方式により、K3相当以上の防腐・防蟻処理を施した単板を積層接着した構造用単板積層材
      (ニ) □加圧注入方式により、K3相当以上の防腐・防蟻処理（使用する薬剤は油剤に限る。）を施した構造用単板積層材
      (ホ) □加圧注入方式により、K3相当以上の防腐・防蟻処理を施した構造用集成材を使用したもの（ただし、加圧注入による薬剤の浸潤度が全断面積の80%未満で、加圧注入後に継手及び仕口の加工を行った場合は、当該加工部分に剤を塗布又は吹き付けたものに限る。）

5.1.5 間柱

1. 横架材との仕口は、次のいずれかとする。
   イ. □上部ほぞ差し下部突付けとし、下部はN75くぎ2本を斜め打ちする。
   ロ. □上下とも大入れ、N75くぎ2本を斜め打ちする。
   ハ. □上部大入れ、下部は突付けとし、N75くぎ2本を斜め打ちとする。
2. 筋かい当たりは、間柱を切り欠き、N75くぎ2本を平打ちする。
3. 通し貫当たりは、添え付けてN65くぎ2本を平打ちする。

5.1.6 胴差し

1. 断面寸法は、荷重の状態及びスパン等を勘案して適切なものとし、特記による。
2. 継手は、はり及び筋かいを受ける柱間を避け、柱より持ち出し、追掛け大栓継ぎ又は腰掛けかま継ぎとする。
3. 通し柱との仕口は、次のいずれかによる。
   イ. □かたぎ大入れ短ほぞ差しとし、短ざく金物当て六角ボルト締め、スクリューくぎ打ちとする。
   ロ. □かたぎ大入れ短ほぞ差しとし、かね折り金物当て六角ボルト締め、スクリューくぎ打ちとする。
   ハ. □かたぎ大入れ短ほぞ差しとし、羽子板ボルト締めとする。
   ニ. □突付け継ぎとし、はり受け金物当て角根六角ボルト締め、ドリフトピン打ちとする。

5.1.7 軒げた

1. 断面寸法は、荷重の状態及びスパン等を勘案して適切なものとし、特記による。
2. 継手は、はりを受ける柱間を避け、柱より持ち出し、追掛け大栓継ぎ、腰掛けかま継ぎ又は腰掛けあり継ぎとする。

5.1.8 間仕切りげた（頭つなぎ）

1. 継手は、はりを受ける柱間を避け、柱より持ち出し、腰掛けかま継ぎ又は腰掛けあり継ぎとする。
2. 主要な間仕切りげたとけた又は胴差しとのT字取合い部の仕口は、大入れあり掛けとし、羽子板ボルト締めとする。

5.1.9 木造筋かい

1. 断面寸法は、30mm×90mm以上とする。
2. 見付け平使いとし、上下端部の仕口は、本章5.2.1（筋かい端部の仕口）による。 5.2.1 ☞45頁
3. 筋かいが間柱と取り合う部分は、間柱を筋かいの厚さだけ欠き取って筋かいを通す。
4. 断面寸法が厚さ90mm以上で幅90mm以上の筋かいの交差部は、筋かいの一方を通し、他方は筋かい当たりかたぎ大入れ、それぞれ12mmボルト締めとし、両面からひら金物くぎ打ちとする。

5.1.10 通し貫

柱に差し通し、両面からくさび締め又はくぎ打ちとする。

5.1.11 木ずり

1. 断面寸法は、12mm×75mm以上とする。
2. 継手は、柱・間柱心で突き付け、5枚以下ごとに乱継ぎとする。
3. 柱・間柱等への留付けは、板そば20mm程度に目透し張りとし、それぞれN50くぎ2本を平打ちする。

5.2 軸組の仕口

5.2.1 筋かい端部の仕口

筋かいの端部における仕口は、筋かいの種類に応じて、次の接合方法によるか、又はこれらと同等以上の引張耐力を有する接合方法による。

イ. 厚さ30mm以上で幅90mm以上の木材による筋かいの場合
筋かいプレート（厚さ1.6mmの鋼板添え板）を、筋かいに対して六角ボルト（M12）（JIS B 1180（六角ボルト）に規定するうち、強度区分4.6に適合する径12mmのボルト又はこれと同等以上の品質を有するものをいう。以下同じ。）締め及びCN65くぎ（長さ65mmの太め鉄丸くぎ。以下同じ。）を3本平打ち、柱に対してCN65くぎを3本平打ち、横架材に対してCN65くぎを4本平打ちとしたもの。

ロ. 厚さ45mm以上で幅90mm以上の木材による筋かいの場合
筋かいプレート（厚さ2.3mmの鋼板添え板）を、筋かいに対して六角ボルト（M12）締め及び長さ50mm、径4.5mmのスクリューくぎ（以下「スクリューくぎ」という。）7本の平打ち、柱及び横架材に対して、それぞれスクリューくぎ5本の平打ちとしたもの。

ハ. 厚さ90mm以上で幅90mm以上の木材による筋かいの場合、特記による。

5.2.2 耐力壁となる軸組の柱と横架材の仕口

軸組の柱の柱脚及び柱頭の仕口は、イからルのいずれかとし、特記による。

イ. 短ほぞ差し、かすがい打ち又はこれらと同等以上の接合方法としたもの。

ロ. 長ほぞ差しこみ栓打ち若しくはかど金物（厚さ2.3mmのL字型の鋼板添え板）を、柱及び横架材に対して、それぞれCN65くぎを5本平打ちとしたもの、又はこれらと同等以上の接合方法としたもの。

ハ. かど金物（厚さ2.3mmのT字型の鋼板添え板）を用い、柱及び横架材にそれぞれCN65くぎを5本平打ちしたもの、若しくは山形プレート（厚さ2.3mmのV字型の鋼板添え板）を用い、柱及び横架材にそれぞれCN90くぎを4本平打ちとしたもの、又はこれらと同等以上の接合方法としたもの。

ニ. 羽子板ボルト（厚さ3.2mmの鋼板添え板に径12mmのボルトを溶接した金物）を用い、柱に対して六角ボルト（M12）締め、横架材に対して厚さ4.5mm、40mm角の角座金を介してナット締めをしたもの、若しくは短ざく金物（厚さ3.2mmの鋼板添え板）を用い、上下階の連続する柱に対して、それぞれ六角ボルト（M12）締めとしたもの、又はこれらと同等以上の接合方法としたもの。

ホ. 羽子板ボルト（厚さ3.2mmの鋼板添え板に径12mmのボルトを溶接した金物）を用い、柱に対して六角ボルト（M12）締め及びスクリューくぎ打ち、横架材に対して厚さ4.5mm、40mm角の角座金を介してナット締めをしたもの、又は短ざく金物（厚さ3.2mmの鋼板添え板）を用い、上下階の連続する柱に対して、それぞれ六角ボルト（M12）締め及びスクリューくぎ打ちとしたもの、又はこれらと同等以上の接合方法としたもの。

ヘ. ホールダウン金物（厚さ3.2mmの鋼板添え板）を用い、柱に対して六角ボルト（M12）2本、又はラグスクリュー（首下長さ110mm）2本、若しくはCN90くぎ10本、横架材、布基礎若しくは上下階の連続する柱に対して、当該ホールダウン金物に止め付けた六角ボルト（M16, M16W）を介して緊結したもの、又はこれと同等以上の接合方法としたもの。

ト. ホールダウン金物（厚さ3.2mmの鋼板添え板）を用い、柱に対して六角ボルト（M12）3本、又はラグスクリュー（首下長さ110mm）3本、若しくはCN90くぎ15本、横架材（土台を除く。）、布基礎若しくは上下階の連続する柱に対して、当該ホールダウン金物に止め付けた六角ボルト（M16）を介して緊結したもの、又はこれと同等以上の接合方法としたもの。

チ. ホールダウン金物（厚さ3.2mmの鋼板添え板）を用い、柱に対して六角ボルト（M12）4本、又はラグスクリュー（首下長さ110mm）4本、若しくはCN90くぎ20本、横架材（土台を除く。）、布基礎若しくは上下階の連続する柱に対して、当該ホールダウン金物に止め付けた六角ボルト（M16）を介して緊結したもの、又はこれと同等以上の接合方法としたもの。

リ. ホールダウン金物（厚さ3.2mmの鋼板添え板）を用い、柱に対して六角ボルト（M12）5本、又はラグスクリュー（首下長さ110mm）5本、若しくはCN90くぎ25本、横架材（土台を除く。）、布基礎若しくは上下階の連続する柱に対して、当該ホールダウン金物に止め付けた六角ボルト（M16）を介して緊結したもの、又はこれと同等以上の接合方法としたもの。

ヌ. トに掲げる仕口を2組用いたもの。

ル. その他の接合方法としたもの。

5.2.3 耐力壁でない軸組の柱と横架材の仕口

1. 柱の端部と横架材との仕口（すみ柱と土台の仕口は除く。）は、次のいずれかによる。
   - イ. □柱の上下端とも短ほぞ差しとし、山形プレートを当てくぎ打ちとする。
   - ロ. □柱の上下端とも短ほぞ差しとし、かど金物を当てくぎ打ちとする。
   - ハ. □柱の上下端とも長ほぞ差しとし、こみ栓打ちとする。
   - ニ. □柱の上下端とも短ほぞ差しとし、ひら金物を当てくぎ打ちとする。
   - ホ. □柱の上下端とも短ほぞ差しとし、かすがい打ちとする。
   - ヘ. □イ、ロ、ハ、ニ又はホと同等以上の緊結が保たれる方法で、特記による。
2. すみ柱と土台との仕口は、次のいずれかによる。
   - イ. □扇ほぞ差し又は短ほぞ差しとし、かど金物を当てくぎ打ちとする。
   - ロ. □長ほぞ差しとし、こみ栓打ちとする。
   - ハ. □扇ほぞ差し又は短ほぞ差しとし、かすがい打ちとする。
   - ニ. □扇ほぞ差し又は短ほぞ差しとし、ホールダウン金物を用いて緊結する。
   - ホ. □土台木口とすみ柱との取合いを落しありとする場合は、かど金物を両面に当てくぎ打ちとする。
   - ヘ. □イ、ロ、ハ、ニ又はホと同等以上の緊結が保たれる方法で、特記による。

5.3 大壁造の面材耐力壁

5.3.1 大壁耐力壁の種類等

1. 構造用合板、各種ボード類（以下「構造用面材」という。）による面材耐力壁の種類等は、下表による。

<table>
<tr><th colspan="4">耐力壁の種類</th><th rowspan="2">倍率</th></tr>
<tr><th>材料</th><th>断面</th><th>くぎ</th><th>くぎの間隔</th></tr>
<tr><td>構造用パーティクルボード
(JIS A 5908-2015に規定するもの)</td><td rowspan="2">－</td><td rowspan="2">N50
NZ50</td><td rowspan="2">外周部分7.5cm以下
その他の部分15cm以下</td><td rowspan="2">4.3</td></tr>
<tr><td>構造用MDF
(JIS A 5905-2014に規定するもの)</td></tr>
<tr><td>構造用合板
化粧ばり構造用合板
(合板のJASに規定する特類であるもの)</td><td rowspan="2">厚さ9mm以上</td><td>CN50
CNZ50</td><td rowspan="2">外周部分7.5cm以下
その他の部分15cm以下</td><td rowspan="2">3.7</td></tr>
<tr><td>構造用パネル
(構造用パネルのJASに規定するもの)</td><td>N50
NZ50</td></tr>
<tr><td>構造用合板
化粧ばり構造用合板
(合板のJASに規定する特類であるもの)</td><td>厚さ7.5mm以上</td><td rowspan="5">N50
NZ50</td><td rowspan="10">15cm以下</td><td rowspan="5">2.5</td></tr>
<tr><td>パーティクルボード
(JIS A 5908-1994に適合するもので曲げ強さによる区分が8タイプ以外のもの)</td><td>厚さ12mm以上</td></tr>
<tr><td>構造用パーティクルボード
(JIS A 5908-2015に規定するもの)</td><td rowspan="3">－</td></tr>
<tr><td>構造用MDF
(JIS A 5905-2014に規定するもの)</td></tr>
<tr><td>構造用パネル
(構造用パネルのJASに規定するもの)</td></tr>
<tr><td>ハードボード
(JIS A 5907-1977に定める450又は350のもの)</td><td>厚さ5mm以上</td><td rowspan="2">N50
NZ50</td><td rowspan="2">2.0</td></tr>
<tr><td>硬質木片セメント板
(JIS A 5417-1985に定める0.9Cであるもの)</td><td rowspan="5">厚さ12mm以上</td></tr>
<tr><td>構造用せっこうボードA種
(JIS A 6901-2005に定めるもので、屋外に面する壁以外に用いる場合に限る)</td><td rowspan="3">GNF40
GNC40</td><td>1.7</td></tr>
<tr><td>構造用せっこうボードB種
(JIS A 6901-2005に定めるもので、屋外に面する壁以外に用いる場合に限る)</td><td>1.2</td></tr>
<tr><td>せっこうボード
強化せっこうボード
(JIS A 6901-2005に定めるもので、屋外に面する壁以外に用いる場合に限る)</td><td>0.9</td></tr>
<tr><td>シージングボード
(JIS A 5905-1979に定めるシージングインシュレーションボードに限る)</td><td>SN40</td><td>外周部分10cm以下
その他の部分20cm以下</td><td rowspan="2">1.0</td></tr>
<tr><td>ラスシート
(JIS A 5524-1977に定めるもの)</td><td>角波亜鉛鉄板部分
厚さ0.4mm以上
メタルラス部分厚さ
0.6mm以上</td><td>N38</td><td>15cm以下</td></tr>
</table>

注1) 断面寸法15mm×45mm以上の胴縁を、310mm以内の間隔で、柱及び間柱並びにはり、けた、土台その他の横架材にN50くぎで打ち付け、その上に上表の構造用面材をN32くぎで間隔150mm以内に平打ちした場合の壁倍率は、すべて0.5とする。

2) 面材耐力壁、土塗り壁、木ずり又は筋かいと併用する場合は、それぞれの壁の倍率を加算することができる。ただし、加算した場合の壁の倍率は、5倍を限度とする。

2. 構造用面材のホルムアルデヒドの発散量に関する品質については、特記による。

第Ⅱ章

5 木造躯体工事

5.3.2 工法一般

1. 構造用面材は、柱、間柱及び土台、はり、けた、その他の横架材に、確実にくぎで留め付ける。
2. 1階及び2階部の上下同位置に構造用面材の耐力壁を設ける場合は、胴差し部において、構造用面材相互間に原則として、6mm以上のあきを設ける。
3. 構造用面材は横張り又は縦張りとする場合で、やむを得ずはり、柱等以外で継ぐ場合は、間柱及び胴縁等の断面は、45mm × 100mm以上とする。

5.3.3 構造用面材の張り方

1. 構造用合板及び化粧ばり構造用合板の張り方は、3' × 9'版（910mm × 2,730mm）を縦張りとする。やむを得ず3' × 6'版（910mm × 1,820mm）を用いる場合は、縦張り又は横張りとする。
2. 構造用パーティクルボード及びパーティクルボードの張り方は、3' × 9'版（910mm × 2,730mm）又は3' × 10'版（910mm × 3,030mm）を縦張りとし、胴差し部分以外の継目部分は、2～3mm の間隔をあける。
3. 構造用MDFの張り方は、パーティクルボードと同様とする。
4. 構造用パネルの張り方は、パーティクルボードと同様とする。
5. ハードボードの張り方は、パーティクルボードと同様とする。
6. 硬質木片セメント板の張り方は、壁軸組に防水テープを張るか又は壁全面に防水紙を張り、その上から3' × 9'版（910mm × 2,730mm）を縦張りとする。
7. 構造用せっこうボードA種・B種、せっこうボード及び強化せっこうボードの張り方は、3' × 8'版（910mm × 2,420mm）、又は3' × 9'版（910mm × 2,730mm）を縦張りとし、やむを得ず3' × 6'版（910mm × 1,820mm）を用いる場合は、縦張り又は横張りとする。
8. シージングボードの張り方は、構造用合板と同様とする。
9. ラスシートの張り方は、3' × 8'版（910mm × 2,420mm）又は3' × 9'版（910mm × 2,730mm）の縦張りとし、土台から壁上端部まで張り付ける。ラスシートの施工にあたっては、次の点に留意する。
   イ. 見切りの各部には、水切り、雨押えを設ける。
   ロ. 継目は、横重ね代を1山重ねとし、縦重ね代を30mm以上とする。なお、鉄板は鉄板で、ラスはラスで重ねる。
   ハ. 開口部等でラスシートを切り抜く場合は、事前に鉄板を短く、ラスを長くなるよう切断し、巻き込む。

5.3.4 床勝ちとなる大壁耐力壁の仕様

床勝ちとなる大壁耐力壁の仕様は、以下による。

1. 床勝ちとなる大壁耐力壁の種類等は、次表による。

<table>
<tr><th colspan="4">耐力壁の種類</th><th colspan="3">受け材</th><th rowspan="2">倍率</th></tr>
<tr><th>材　料</th><th>断　面</th><th>くぎ</th><th>くぎの間隔</th><th>大きさ</th><th>くぎ</th><th>くぎの間隔</th></tr>
<tr><td>構造用パーティクルボード
(JIS A 5908-2015に規定するもの)</td><td rowspan="2">–</td><td rowspan="2">N50
NZ50</td><td rowspan="4">外周部分
7.5cm以下
その他の部分
15cm以下</td><td rowspan="4">厚さ
30mm以上
幅
60mm以上</td><td rowspan="12">N75</td><td rowspan="4">12cm以下</td><td rowspan="2">4.3</td></tr>
<tr><td>構造用MDF
(JIS A 5905-2014に規定するもの)</td></tr>
<tr><td>構造用合板
化粧ばり構造用合板
(合板のJASに規定する特類であるもの)</td><td rowspan="2">厚さ
9mm以上</td><td>CN50
CNZ50</td><td rowspan="2">3.7</td></tr>
<tr><td>構造用パネル
(構造用パネルのJASに規定するもの)</td><td rowspan="6">N50
NZ50</td></tr>
<tr><td>構造用合板
化粧ばり構造用合板
(合板のJASに規定する特類であるもの)</td><td>厚さ
7.5mm以上</td><td rowspan="8">15cm以下</td><td rowspan="8">厚さ
30mm以上
幅
40mm以上</td><td rowspan="5">20cm以下</td><td rowspan="5">2.5</td></tr>
<tr><td>パーティクルボード
(JIS A 5908-1994に適合するもので曲げ強さによる区分が8タイプ以外のもの)</td><td>厚さ
12mm以上</td></tr>
<tr><td>構造用パネル
(構造用パネルのJASに規定するもの)</td><td rowspan="3">–</td></tr>
<tr><td>構造用パーティクルボード
(JIS A 5908-2015に規定するもの)</td></tr>
<tr><td>構造用MDF
(JIS A 5905-2014に規定するもの)</td></tr>
<tr><td>構造用せっこうボードA種
(JIS A 6901-2005に定めるもので、屋外に面する壁以外に用いる場合に限る)</td><td rowspan="3">厚さ
12mm以上</td><td rowspan="3">GNF40
GNC40</td><td rowspan="3">30cm以下</td><td>1.6</td></tr>
<tr><td>構造用せっこうボードB種
(JIS A 6901-2005に定めるもので、屋外に面する壁以外に用いる場合に限る)</td><td>1.0</td></tr>
<tr><td>せっこうボード
強化せっこうボード
(JIS A 6901-2005に定めるもので、屋外に面する壁以外に用いる場合に限る)</td><td>0.9</td></tr>
</table>

注）面材耐力壁、土塗り壁、木ずり又は筋かいと併用する場合は、それぞれの壁の倍率を加算することができる。ただし、加算した場合の壁の倍率は、5倍を限度とする。

2. 構造用面材のホルムアルデヒドの発散量に関する品質については、特記による。
3. 床勝ちとなる大壁耐力壁の工法は、以下による。
   イ．受け材は、1の表にある大きさの木材とし、床下地板の上から土台、はり、けた、その他の横架材に、1の表のとおり、くぎで平打ちとする。
   ロ．構造用面材は、柱、間柱及び土台、はり、けた、その他の横架材と受け材に、確実にくぎで留め付ける。その他の工法については、本章5.3.2（工法一般）の2及び3による。 5.3.2の2·3 ☞48頁
   ハ．構造用面材の張り方は、1に掲げる面材耐力壁の種類に応じて、本章5.3.3（構造用面材の張り方）による。 5.3.3 ☞48頁

5.4 真壁造の面材耐力壁

5.4.1 真壁耐力壁の種類等

1. 構造用合板、各種ボード類（以下「構造用面材」という。）による真壁造の面材耐力壁は、受け材を用いる場合（受け材タイプ）と貫を用いる場合（貫タイプ）があり、その種類等は次表による。

イ．受け材タイプ

<table>
<tr><th colspan="4">耐力壁の種類</th><th colspan="3">受け材</th><th rowspan="2">倍率</th></tr>
<tr><th>材　料</th><th>断　面</th><th>くぎ</th><th>くぎの間隔</th><th>大きさ</th><th>くぎ</th><th>くぎの間隔</th></tr>
<tr><td>構造用パーティクルボード
（JIS A 5908-2015に規定するもの）</td><td rowspan="2">－</td><td rowspan="2">N50
NZ50</td><td rowspan="4">外周部分
7.5cm以下
その他の
部分
15cm以下</td><td rowspan="13">厚さ
30mm以上
幅
40mm以上</td><td rowspan="13">N75</td><td rowspan="2">12cm以下</td><td rowspan="2">4.0</td></tr>
<tr><td>構造用MDF
（JIS A 5905-2014に規定するもの）</td></tr>
<tr><td>構造用合板
化粧ばり構造用合板
（合板のJASに規定する特類であるもの）</td><td rowspan="2">厚さ
9mm以上</td><td>CN50
CNZ50</td><td rowspan="2">20cm以下</td><td rowspan="2">3.3</td></tr>
<tr><td>構造用パネル
（構造用パネルのJASに規定するもの）</td><td rowspan="6">N50
NZ50</td></tr>
<tr><td>構造用合板
化粧ばり構造用合板
（合板のJASに規定する特類であるもの）</td><td>厚さ
7.5mm以上</td><td rowspan="9">15cm以下</td><td rowspan="9">30cm以下</td><td rowspan="5">2.5</td></tr>
<tr><td>パーティクルボード
（JIS A 5908-1994に適合するもので曲げ強さによる区分が8タイプ以外のもの）</td><td>厚さ
12mm以上</td></tr>
<tr><td>構造用パネル
（構造用パネルのJASに規定するもの）</td><td rowspan="3">－</td></tr>
<tr><td>構造用パーティクルボード
（JIS A 5908-2015に規定するもの）</td></tr>
<tr><td>構造用MDF
（JIS A5905-2014に規定するもの）</td></tr>
<tr><td>せっこうラスボード
（JIS A 6906-1983に適合するもの）</td><td>厚さ9mm以上でJIS A 6904-1976に定めるせっこうプラスターを15mm以上塗ったもの</td><td>GNF32
GNC32</td><td>1.5</td></tr>
<tr><td>構造用せっこうボードA種
（JIS A 6901-2005に定めるもので、屋外に面する壁以外に用いる場合に限る）</td><td rowspan="3">厚さ
12mm以上</td><td rowspan="3">GNF40
GNC40</td><td>1.5</td></tr>
<tr><td>構造用せっこうボードB種
（JIS A 6901-2005に定めるもので、屋外に面する壁以外に用いる場合に限る）</td><td>1.3</td></tr>
<tr><td>せっこうボード
強化せっこうボード
（JIS A 6901-2005に定めるもので、屋外に面する壁以外に用いる場合に限る）</td><td>1.0</td></tr>
</table>

注）面材耐力壁、木ずり又は筋かいと併用する場合は、それぞれの壁の倍率を加算することができる。ただし、加算した場合の壁の倍率は、5倍を限度とする。

ロ. 貫タイプ

耐力壁の種類				倍率
材　料	断　面	くぎ	くぎの間隔	
構造用合板 化粧ばり構造用合板 (合板のJASに規定する特類であるもの)	厚さ7.5mm以上	N50	15cm以下	1.5
パーティクルボード (JIS A 5908-1994に適合するもので曲げ強さによる区分が8タイプ以外のもの)	厚さ12mm以上			
構造用パネル (構造用パネルのJASに規定するもの)	−			
せっこうラスボード (JIS A 6906-1983に適合するもの)	厚さ9mm以上でJIS A 6904-1976に定めるせっこうプラスターを15mm以上塗ったもの	GNF32 GNC32		1.0
構造用せっこうボードA種 (JIS A 6901-2005に定めるもので、屋外に面する壁以外に用いる場合に限る)	厚さ12mm以上			0.8
構造用せっこうボードB種 (JIS A 6901-2005に定めるもので、屋外に面する壁以外に用いる場合に限る)				0.7
せっこうボード 強化せっこうボード (JIS A 6901-2005に定めるもので、屋外に面する壁以外に用いる場合に限る)				0.5

注）面材耐力壁、木ずり又は筋かいと併用する場合は、それぞれの壁の倍率を加算することができる。ただし、加算した場合の壁の倍率は、5倍を限度とする。

2. 構造用面材のホルムアルデヒドの発散量に関する品質については、特記による。

5.4.2 工法一般

1. 構造用面材の下地に、受け材を用いる場合は、次による。
   イ. 受け材は、本章5.4.1（真壁耐力壁の種類等）の1のイの表にある大きさの木材とする。 5.4.1の1 ☞50頁
   ロ. 受け材は、柱及び土台、はり、けた、その他横架材に、本章5.4.1（真壁耐力壁の種類等）の1のイの表のとおり、くぎで平打ちとする。 5.4.1の1 ☞50頁
   ハ. 構造用面材は、受け材並びに間柱及び胴つなぎ等に留め付ける。
   ニ. 構造用面材を受け材以外で継ぐ場合は、間柱又は胴つなぎ等の断面は、45mm×65mm以上とする。
2. 構造用面材の下地に、貫を用いる場合は、次による。
   イ. 貫は、15mm×90mm以上とする。
   ロ. 貫は、5本以上設ける。
   ハ. 最上段の貫とその直上の横架材との間隔、及び最下段の貫とその直下の横架材との間隔は、おおむね30cm以下とし、その他の貫の間隔は61cm以下とする。
   ニ. 貫を柱に差し通す場合は、両面からくさび締め又はくぎ打ちとする。
   ホ. 貫の継手は、おおむね柱心で突付けとする。
   へ. 柱との仕口は、柱の径の1/2程度差し込み、くさび締め又はくぎ打ちとする。
   ト. 構造用面材は、貫に確実にくぎで留め付ける。
   チ. 構造用面材を継ぐ場合は、貫上で行う。

5.4.3 構造用面材

1. 受け材を用いた構造用面材の張り方は、次による。
   イ. 構造用合板、化粧ばり構造用合板、構造用パーティクルボード、パーティクルボード、構造用MDF及び構造用パネルの張り方は、3'×9'版（910mm×

2,730mm）を縦張りとする。やむを得ず3'×6'版（910mm×1,820mm）を用いる場合は、縦張りまたは横張りとする。

ロ．せっこうラスボードの張り方は、3'×8'版（910mm×2,420mm）を縦張りとし、やむを得ず3'×6'版（910mm×1,820mm）を用いる場合は、縦張り又は横張りとする。その上にせっこうプラスターを塗る場合は、本章9.4（せっこうプラスター塗り）による。 9.4 ☞106頁

ハ．構造用せっこうボードA種、構造用せっこうボードB種、せっこうボード及び強化せっこうボードの張り方は、3'×8'版（910mm×2,420mm）を縦張りとし、やむを得ず3'×6'版（910mm×1,820mm）を用いる場合は、縦張り又は横張りとする。

2. 貫を用いた構造用面材の張り方は、次による。

イ．構造用合板、化粧ばり構造用合板、パーティクルボード及び構造用パネルの張り方は、原則として横張りとする。

ロ．せっこうラスボードの張り方は、原則として横張りとする。その上にせっこうプラスターを用いる場合は、本章9.4（せっこうプラスター塗り）による。 9.4 ☞106頁

ハ．構造用せっこうボードA種、構造用せっこうボードB種、せっこうボード及び強化せっこうボードの張り方は、原則として横張りとする。

5.5 小屋組

5.5.1 一般事項

小屋組は、屋根形状、屋根ふき材の種類に応じて、屋根勾配、軒の出などを考慮するものとし、次による。

1. 屋根形状は、雨仕舞のよい形状とする。
2. 屋根勾配は、屋根ふき材と流れ長さに適した勾配を確保し、かつ、1/10以上とする。
3. 軒の出及びけらばの出は、外壁を本章8.4.1（一般事項）の1による壁体内通気を可能とする構造としない場合は、次のいずれかによる。 8.4.1の1 ☞95頁

イ．□軒の出及びけらばの出を60cm以上とする。

ロ．□軒の出及びけらばの出を30cm以上とし、かつ、外壁には雨水の浸入を防止する有効な仕上げを施す。

5.5.2 小屋ばり

1. 断面寸法は、荷重の状態、スパン及びはり間隔等を勘案して適切なものとし、特記による。
2. 末口135mm以上の丸太の継手は、受け材上で台持ち継ぎとし、下木にだぼ2本を植え込み、かすがい両面打ちとするか又は六角ボルト2本締めとする。受け材当たりは渡りあごとし、手ちがいかすがい打ちとする。
3. 末口135mm未満の丸太の継手は、受け材上でやりちがいとし、六角ボルト2本締めとする。受け材当たりは渡りあごとし、手ちがいかすがい打ちとする。
4. 製材又は構造用集成材（製材等）を用いる場合の継手は、柱より持ち出し、追掛け大栓継ぎとする。又ははりせいが120mm程度のものは、大材を持ち出し腰掛けかま継ぎとし、短ざく金物両面当て、六角ボルト締めとする。
5. 軒げた又は敷げたとの仕口は、かぶとあり掛け又は渡りあごとし、いずれも羽子板ボルト締めとする。また、上端ぞろえとする場合の仕口は、大入れあり掛けとし、羽子板ボルト締めとする。

5.5.3 小屋束

1. 断面寸法は、90mm×90mmを標準とする。ただし、多雪区域においては105mm×105mmを標準とする。
2. 上部・下部の仕口は次のいずれかとする。

イ．□短ほぞ差しとし、コーナー金物CP・ZS当て、四角穴付きタッピンねじ

STS・C65打ち、又はこれらと同等以上の接合方法とする。
ロ. □建設地での基準風速及び強風の実況に配慮した接合方法とし、特記による。

5.5.4 むな木・母屋

1. 断面寸法は、次による。
   イ. 母屋の断面寸法は、90mm×90mm以上とする。ただし、多雪区域においては、105mm×105mmを標準とする。
   ロ. むな木の断面寸法は、母屋の断面寸法以上とし、たる木当たりの欠き込み等を考慮して適切なものとし、特記する。
2. 継手は、束の位置を避け、束より持ち出して、腰掛けかま継ぎ又は腰掛けあり継ぎとし、N75くぎ2本打ちとする。
3. T字部の仕口は、大入れあり掛けとし、上端よりかすがい打ちとする。

5.5.5 けた行筋かい・振止め

束に添え付け、N50くぎ2本を平打ちする。

5.5.6 たる木

1. 断面寸法は、荷重の状態、軒の出等を勘案して、適切なものとし、特記による。
2. 継手は乱に配置し、むな木、母屋及び軒げたへの留付けは、次のいずれかとする。
   イ. □むな木、母屋及び軒げたへくら金物SS当て、太めくぎZN40打ち、又はこれらと同等以上の接合方法とする。
   ロ. □建設地での基準風速及び強風の実況に配慮した接合方法とし、特記による。
3. かわら棒ぶき屋根の場合のたる木間隔は、かわら棒の留付け幅と同一とする。

5.5.7 火打ちばり

小屋組の火打ちばりは、床組の火打ちばりと同様とし、本章5.8.7（火打ちばりによる床組の補強方法）による。 5.8.7 ☞55頁

5.6 屋根野地

5.6.1 ひき板野地板

1. ひき板の厚さは、9mm以上とする。
2. 継手は、板の登り約10枚ごとに乱継ぎとし、継手はたる木心で突付けとする。
3. 取付けは、たる木に添え付け、たる木当たりN38くぎ2本を平打ちとする。なお、板そばは、見えがくれの場合は添え付け、見えがかりの場合はすべり刃又は相じゃくりとする。

5.6.2 合板野地板

1. 合板の品質は、合板のJASに適合する構造用合板で、接着の程度1類、厚さ9mm以上のもの、又はこれと同等以上の性能を有するものとする。
2. 合板のホルムアルデヒドの発散量に関する品質については、特記による。
3. 取付けは、間隔150mm内外に受け材当たりN38くぎを平打ちする。

5.6.3 パーティクルボード野地板

1. パーティクルボードの品質は、JIS A 5908（パーティクルボード）に適合するもので、曲げ強さによる区分は13タイプ以上、耐水性による区分は耐水1又は耐水2のものとし、厚さ12mm以上とする。
2. パーティクルボードのホルムアルデヒドの発散量に関する品質については、特記による。
3. 取付けは、間隔150mm内外に、受け材当たりN50くぎを平打ちとし、継目部分は2～3mmのすき間をあける。なお、軒及び妻側の部分に使用する広小舞、登りよど、

破風板等には木材を使用する。

5.6.4 構造用パネル野地板

1. 構造用パネルの品質は、構造用パネルのJASに適合するもの、又はこれと同等以上の性能を有するものとする。
2. 構造用パネルのホルムアルデヒドの発散量に関する品質については、特記による。
3. 取付けは、間隔150mm内外に、受け材当たりN50くぎを平打ちとし、継目部分はすき間をあける。なお、軒並びに妻側の部分に使用する広小舞、登りよど、破風板等には木材を使用する。

5.7 軒まわり・その他

5.7.1 鼻隠し

1. 継手の位置は、たる木心とし、次のいずれかにより、たる木当たりにくぎ打ちとする。
   イ. □突付け継ぎ又はそぎ継ぎとする。
   ロ. □厚木の場合は、隠し目違い入れとする。
2. 破風板との取合いは、突付けくぎ打ちとする。

5.7.2 破風板

継手の位置は、母屋心とし、次のいずれかにより、むな木、母屋及びけた当たりにくぎ打ちとする。

イ. □そぎ継ぎ又は突付け継ぎとする。
ロ. □厚木の場合は、隠し目違い入れとする。

5.7.3 広小舞・登りよど

1. 広小舞の継手は、鼻隠しの継手の位置を避け、たる木心で突付け継ぎとし、たる木当たりくぎ打ちとする。
2. 登りよどの継手は、破風板の継手の位置を避け、母屋心で突付け継ぎとし、受け材当たりくぎ打ちとする。
3. 広小舞と登りよどの仕口は、大留めとし、くぎ打ちとする。
4. 広小舞及び登りよどの見えがかりの野地板との取合いは、相じゃくりとし、くぎ打ちとする。

5.7.4 面戸板

たる木相互間へはめ込み、くぎ打ちとする。

5.8 床組

5.8.1 大引き

1. 断面寸法は、90mm×90mm以上とする。
2. 継手は、床束心から150mm内外持ち出し、相欠き継ぎのうえ、N75くぎ2本打ちとするか又は腰掛けあり継ぎとする。
3. 仕口は、次による。
   イ. 土台との取合いは、大入れあり掛け、腰掛け又は乗せ掛けとし、いずれもN75くぎ2本斜め打ちとする。
   ロ. 柱との取合いは、添え木を柱に取り付けたのち、乗せ掛けとするか、柱に大入れとし、いずれもN75くぎ2本を斜め打ちとする。

5.8.2 床束

床束は、次のいずれかによる。

1. □木製床束とする場合は、次による。
   イ. 断面寸法は、90mm×90mm以上とする。

ロ．上部仕口は、次のいずれかによる。

(イ) □大引きに突付けとし、N75くぎを斜め打ちのうえ、ひら金物を当て、くぎ打ち又はかすがい打ちとする。

(ロ) □大引きへ一部びんた延ばしとし、N65くぎ2本を平打ちする。

(ハ) □大引きに目違いほぞ差しとし、N75くぎ2本を斜め打ちする。

ハ．下部は、束石に突付けとし、根がらみを床束に添え付けくぎ打ちとする。

2. □プラスチック束とする場合は、特記による。
3. □鋼製束とする場合は、特記による。

5.8.3 根太掛け

1. 断面寸法は、24mm × 90mm以上とする。
2. 継手は、柱心で突付け継ぎとし、N75くぎ2本を平打ちする。
3. 留付けは、柱、間柱当たりにN75くぎ2本を平打ちする。

5.8.4 根太

1. 断面寸法は、45mm × 45mm以上とする。ただし、大引きあるいは2階床ばり間隔が900mm内外の場合は、45mm × 60mm以上とする。また、大引きあるいは2階床ばり間隔が1,800mm内外の場合は、45mm × 105mm以上とする。
2. 根太間隔は、畳床の場合は450mm内外とし、その他の場合は300mm内外とする。
3. 継手は、受け材心で突付け継ぎとし、N90くぎを平打ちする。
4. はり又は大引きとの取合いは、置渡しとし、N75くぎ2本斜め打ちとする。ただし、根太のせいが90mm以上の場合は、大入れ又は渡りあご掛けとし、N75くぎ2本を斜め打ちする。
5. 床組に根太を用いない場合は、特記による。特記によらない場合は、本章5.8.8（構造用面材による床組の補強方法）の5による。 5.8.8の5 ☞56頁

5.8.5 2階床ばり

1. 断面寸法は、荷重の状態、スパン、はり間隔等を勘案して適切なものとし、特記による。
2. 継手は、次のいずれかによる。

イ．□受け材上で大材を下にして台持ち継ぎとし、六角ボルト2本締めとする。

ロ．□上木先端部が受け材心より150mm内外になるように、下木を持ち出し、追掛け大栓継ぎとする。

ハ．□上木先端部が受け材心より150mm内外になるように、下木を持ち出し上端をそろえ、腰掛けかま継ぎとし、短ざく金物両面当て、六角ボルト締めくぎ打ちとする。

3. 仕口は、次のいずれかによる。

イ．□柱との取合いは、かたぎ大入れ短ほぞ差しとし、羽子板ボルト締め又は箱金物ボルト締めとする。

ロ．□T字取合いは大入れあり掛けとし、羽子板ボルト締めとする。

ハ．□受け材が横架材の場合は、受け材との取合いは、渡りあご掛けとする。

5.8.6 火打材

床組面(及び小屋組面)には、床組を補強する火打材を設けるものとする。火打材は、火打ちばり又は構造用面材とする。なお、構造用面材は床下地合板と兼用することができるものとする。

5.8.7 火打ちばりによる床組の補強方法

火打ちばりによる床組の補強方法は、次のいずれかによる。

1. □木製火打ちとする場合は、次による。

イ．断面寸法は、90mm × 90mm以上とする。

ロ．はり・胴差し・けた等との仕口は、かたぎ大入れとし、六角ボルト締めとする。ただし、はり・胴差し・けた等の上端又は下端に取り付ける場合は、渡りあご又はすべりあごとし、いずれも六角ボルト締めとする。

2. □鋼製火打ちとする場合は、特記による。

5.8.8 構造用面材による床組の補強方法

構造用面材による床組の補強方法は、次による。

1. 断面寸法105mm×105mm以上の床ばりを、1,820mm内外の間隔で、張り間方向又はけた行方向に配置する。
2. 床ばり、胴差しと柱の仕口、床ばりと胴差しの仕口は、金物、ボルトを用いて緊結して補強する。
3. 根太を設けた床組とし、根太と床ばり及び胴差しの上端高さが同じ場合の取合いは、次による。

イ．根太の断面寸法は、45mm×105mm以上とする。ただし、床ばりの間隔を910mm内外とする場合は、根太の断面寸法を45mm×60mm以上とする。

ロ．根太の間隔は、500mm以下とする。

ハ．根太は、床ばり・胴差しに大入れ落し込み、N75くぎ２本斜め打ちとするか、又は根太受け金物等を用いて床ばり・胴差しに留め付ける。

ニ．床下地板の品質は、次のいずれかによる。

(イ)□JASに適合する構造用合板で、種類1類、厚さ12mm以上であるもの。

(ロ)□パーティクルボードのJISに適合するもので、曲げ強さは13タイプ以上、耐水性は耐水1又は耐水2で、厚さ15mm以上であるもの。

(ハ)□JASに適合する構造用パネルであるもの。

ホ．床下地板の張り方は、床下地板の長手方向を根太と直交させ、かつ、千鳥張りとし、胴差し及び床ばりに20mm以上のせてくぎ打ちする。床下地板は、根太等の受け材上で突付け継ぎとする。

ヘ．床下地板のくぎ打ちは、床下地板をN50くぎを用い、くぎ打ち間隔150mm以下で、根太、床ばり、胴差し及び受け材に平打ちして固定する。

4. 根太を設けた床組とし、根太と床ばり及び胴差しの上端高さが異なる場合の取合いは、次による。

イ．根太の断面寸法は、45mm×105mm以上とする。ただし、床ばりの間隔を910mm内外とする場合は、根太の断面寸法を45mm×60mm以上とする。

ロ．根太の間隔は、340mm以下とする。

ハ．床ばりなどに直交する根太は渡りあごかけとし、N75くぎ２本斜め打ちとする。また、根太に直交する床ばり及び胴差しの際には、根太と同寸以上の受け材を設ける。際根太及び受け材は、床ばり又は胴差しに、N90くぎで間隔250mm以内に千鳥に平打ちする。

ニ．床下地板の品質及び張り方は、3のニ及びホによる。

ホ．床下地板のくぎ打ちは、床下地板をN50くぎを用い、くぎ打ち間隔150mm以下で、根太、際根太及び受け材に平打ちして固定する

5. 根太を用いない床組とし、直接、床下地板を床ばり又は胴差しに留め付ける場合の取合いは、次による。

イ．下地板の品質は、合板のJASに適合する構造用合板で厚さは24mm以上とする。

ロ．下地板は、その四周囲を床ばり又は胴差しに直接留め付ける。N75くぎを用い、間隔150mm以下で平打ちして固定する。

ハ．床下地板にさね加工を施した構造用合板を用いる場合は、床ばり又は胴差しに、構造用合板の短辺の外周部分に各1列、その間に1列以上になるように、N75くぎを用いて150mm以下の間隔で平打ちして固定する（はり等の横架材の間隔が1m以下の場合に限る。）。

5.9 ひさし

5.9.1 陸ひさし

1. 型板の取付けは、柱の側面を15mm程度欠き取ったのち、型板を柱にはめ込み、N65くぎ5本を平打ちする。なお、間柱へは、型板を添え付け、N65くぎ5本を平打ちする。
2. 鼻隠しの上端は、ひさし勾配に削る。継手及び取付けは、次のいずれかによる。
   イ. □化粧の場合の継手は、型板心で相欠き継ぎとし、すみは下端を見付け留め3枚に組む。留付けは、型板に添え付け、くぎ頭つぶし打ちとする。
   ロ. □見えがくれ（モルタル塗り等）の場合の継手は、型板心で突付け継ぎとする。留付けは型板に添え付け、くぎ打ちとする。
3. 広小舞を取り付ける場合は、型板心で突付け継ぎとし、型板に添え付け、くぎ打ちとする。
4. 野地板は、型板心で突付け継ぎとし、留付けは、板そばを添え付け、型板当たりくぎ打ちとする。
5. 化粧天井板継手は、乱に型板心で相欠き継ぎとし、留付けは、板そばを相じゃくりとし、型板当たりくぎ打ちとする。

5.9.2 腕木ひさし

1. 腕木と柱の仕口は、次のいずれかによる。
   イ. □柱へ下げかまほぞ差しとし、上端よりくさび締めのうえ、くさび抜け止めくぎ打ちとする。
   ロ. □柱へ短ほぞ差しとし、上端より斜めくぎ打ちとする。
2. 出しげたは　腕木に渡りあご掛け、隠しくぎ打ちとする。
3. たる木掛けは　上端をひさし勾配に削り、たる木彫りをして、柱に欠き込み、くぎ打ちとする。
4. 広小舞は　化粧野地板との取合いを板じゃくりとし、すみを大留めとする。また、たる木に添え付け、くぎ打ちとする。
5. ひさし板は、そば相じゃくりとし、たる木当たりくぎ打ちとする。

5.10 バルコニー

5.10.1 跳出しバルコニー

跳出しバルコニーの仕様は、次による。

1. 跳出しバルコニーの外壁心からの跳出し長さは、おおむね1m以下とし、これを超える場合は、特記による。
2. 跳出しばりの断面寸法は、荷重の状態、跳出し長さ、はり間隔を勘案して適切なものとし、特記による。
3. 跳出し長さは、屋内側の床ばりスパンの1/2以下とし、先端部分はつなぎばりで固定する。
4. 跳出しばりの継手、仕口は、次の方法とする。
   イ. 跳出しばりには、原則として継手は設けてはならない。
   ロ. 仕口は、屋内については、本章5.8.5（2階床ばり）による。 5.8.5 ☞55頁
   ハ. 胴差しとの取合いは、乗せ掛け又は渡りあご掛け、羽子板ボルト締めとする。
   ニ. 跳出しばりとつなぎばりのT字取合いは、羽子板ボルト締めとする。
   ホ. イからニによらない場合は、特記による。
5. 根太の断面寸法、受けばりへの取合いは、本章5.8.4（根太）の1から4により、2階根太と同じとする。 5.8.4の1～4 ☞55頁
6. FRP塗膜防水仕上げの下地板張りは、次による。
   イ. 下地板はJASに適合する普通合板の1類、構造用合板の1類若しくは特類、又は構造用パネルとする。
   ロ. 下地板を受ける根太間隔が350mm以下では、下地板は厚さ12mmを2枚張り

とする。

ハ．下地板を受ける根太間隔が500mm以下では、下地板は厚さ15mmと12mmの2枚張りとする。

ニ．専用の勾配付き断熱材を用いる場合は、下地板は厚さ12mmを1枚張りとする。

ホ．イからニによらない場合の下地板張りは、特記による。

7. 下地板は1/50以上の勾配を設け、溝部分では1/200以上の勾配を設ける。2枚以上重ねる場合は、継目が重ならないようにし、目違い、段差及び不陸が生じないようにする。

8. バルコニーの立上り壁の仕様は、両面を外壁外側の仕様とし、外壁内通気を行う場合は、本章8.4（外壁内通気措置）による。これによらない場合は、特記による。 8.4 ☞95頁

5.10.2 その他のバルコニー

方づえ式バルコニー、既製金物等によるバルコニー又はルーフバルコニー等は、特記による。

5.11 住戸間の界壁

連続建ての住戸間の界壁の仕様は、本章17.1.5（界壁）による。 17.1.5 ☞127頁

6.屋根工事

6.1 屋根工事一般

6.1.1 適用

1. 屋根の下ぶきは、本章6.2（下ぶき）による。 6.2 ☞59頁
2. 屋根ふき工事は、屋根ふき材の種類に応じて、本章6.3（金属板ぶき）以降の各項による。ただし、建築基準法に基づき構造計算を行う場合の仕様は、特記による。 6.3 ☞59頁

6.2 下ぶき

6.2.1 材料

1. アスファルトルーフィングは、改質アスファルトルーフィング又はJIS A 6005（アスファルトルーフィングフェルト）に適合するアスファルトルーフィング940以上とする。
2. 合成高分子系ルーフィングは、JIS A 6008（合成高分子系ルーフィングシート）に適合するものとし、種類は特記による。
3. 透湿ルーフィングは、JIS A 6111（透湿防水シート）に適合する屋根用透湿防水シートとし、施工方法は製造者の仕様に従う。

6.2.2 工法

1. アスファルトルーフィングのふき方は、次による。
   イ. 野地面上に軒先と平行に敷き込むものとし、上下（流れ方向）は100mm以上、左右（長手方向）は200mm以上重ね合わせる。
   ロ. 留付けは、重ね合せ部は間隔300mm内外に、その他は要所をステープルなどで留め付ける。
   ハ. むね部においては、250mm以上の左右折り掛けとし、むね頂部から左右へ一枚ものを増張りする。
   ニ. 谷部においては、谷底から左右へ一枚ものを先張りし、その上に下ぶき材を左右に重ね合わせ、谷底から250mm以上のばす。
   ホ. 軒先においては、軒先水切り金物の上に重ね、両面接着防水テープで密着させる。これらによらない場合は、特記による。
   ヘ. 壁面との取合い部においては、壁面に沿って250mm以上、かつ雨押え上端より50mm以上立ち上げる。
   ト. むね板（あおり板）、かわら棒及び桟木などは、張り包まない。
   チ. しわ又はゆるみが生じないように、十分注意して張り上げる。
2. 合成高分子系ルーフィング等のふき方は、各製造所の仕様によることとし、特記による。
3. 屋根まわりの雨漏りの発生しやすい箇所では、1のハ及びニによる増張りのほか、本章6.9（各屋根ふき材の水切り・雨押え）による適切な下ぶきの補強を行う。 6.9 ☞67頁

6.3 金属板ぶき

6.3.1 材料

1. 金属板の品質は、次のいずれかの規格に適合するもの、又はこれらと同等以上の性能を有するものとする。
   イ. □ JIS G 3312（塗装溶融亜鉛めっき鋼板及び鋼帯）の屋根用
   ロ. □ JIS G 3318（塗装溶融亜鉛－5%アルミニウム合金めっき鋼板及び鋼帯）の屋根用
   ハ. □ JIS G 3321（溶融55%アルミニウム－亜鉛合金めっき鋼板及び鋼帯）の屋根用
   ニ. □ JIS G 3322（塗装溶融55%アルミニウム－亜鉛合金めっき鋼板及び鋼帯）の

第Ⅱ章 6屋根工事

屋根用

ホ. □ JIS G 3320（塗装ステンレス鋼板及び鋼帯）の屋根用

ヘ. □ JIS K 6744（ポリ塩化ビニル被覆金属板及び金属帯）の屋根用

ト. □ JIS H 3100（銅及び銅合金の板並びに条）の屋根用

2. 金属板の板厚は、次のいずれかによる。

イ. □ ふき板の板厚は、0.35mm以上とする。塗装ステンレス鋼板及び銅及び銅合金の板及び条を用いる場合は、0.3mm以上とする。

ロ. □ 谷の部分の板厚及びそのつり子等の部分の板厚は、0.4mm以上の厚さとする。

ハ. □ その他の部分の板厚は、特記による。

3. 留付けに用いるくぎは、ふき板と同系材料のものを使用し、長さは32mm以上、つり子などの留付けに用いるくぎの長さは、45mm以上とする。

4. その他の金属板ふき材及び雪止め等の付属金具は、各製造所の仕様によるものとし、特記による。

6.3.2 加工

1. 金属板の折り曲げは、次による。

イ. 加工は、原則として機械加工とし、塗膜に損傷やはく離が生じないよう折り曲げる。

ロ. 塗膜の損傷部分の補修については、各製造所の仕様による。

2. 金属板の接合は、次による。

イ. 一重はぜ（こはぜ又は平はぜともいう。）のはぜ幅は、上はぜ12mm程度、下はぜ15mm程度とする。

ロ. 二重はぜ（巻はぜともいう。）1折り目のはぜはイと同様とし、2折り目は上下はぜ同寸とする。

ハ. リベット接合に用いるリベットは、銅又はステンレスリベットとし、径は3mm以上、間隔は30mm以下とする。

ニ. はんだ接合に用いるはんだは、JIS Z 3282（はんだ－化学成分及び形状）に定められたもの、又はこれと同等以上の性能を有するものとし、接合両面を十分に清掃し、接合後は助剤を完全に除去する。

3. 金属板の留付けは、つり子、通しつり子又は通し付け子によるものとし、次による。

イ. つり子は、幅30mm、長さ70～80mm内外とし、くぎ打ちとする。

ロ. 通しつり子の各部分の寸法は、特記による。

ハ. 通し付け子は、長さ900mm内外とし、継手は突付け、両端及びその中間を間隔200mm内外にくぎ打ちとし、通りよく取り付ける。

ニ. くぎ打ちのくぎ頭は、すべてシーリング処理を行う。

6.3.3 心木ありかわら棒ぶき

1. 銅板以外の板による屋根一般部分は、次による。

イ. かわら棒の間隔は、350mm又は450mmを標準とする。ただし、強風地域では実状に応じて間隔を狭くする。

ロ. 心木は、下ぶきの上からたる木にくぎ留めする。

ハ. 心木を留めるくぎは、たる木に40mm以上打ち込むものとする。留付け間隔は、軒先、けらば及びむね付近では300mm 以内、その他の部分は600mm以内とする。

ニ. 溝板及びかわら棒包み板（キャップともいう。）は、全長通しぶきを標準とする。ただし、溝板又はかわら棒包み板に継手を設ける場合は、二重はぜ継ぎとする。

ホ. 溝板の両耳は、かわら棒の心木の高さまで立ち上げたうえ、かわら棒包み板をかぶせ、かわら棒包み板の上から心木側面にくぎ留めとする。

ヘ. ホに用いるくぎの長さは、38mm以上とする。くぎ打ち間隔は、軒先、けらば及びむね付近では200mm以内、その他の部分は450mm以内とする。

ト．特殊工法によるものは、各製造所の仕様によるものとし、特記による。

2. 銅板による屋根一般部分は、次による。
   イ．かわら棒の間隔は、320mm及び365mmを標準とする。ただし、強風地域では実状に応じて間隔を狭くする。
   ロ．心木は、下ぶきの上からたる木にくぎ留めする。
   ハ．心木を留めるくぎは、たる木に40mm以上打ち込むものとする。留付け間隔は、軒先、けらば及びむね付近では300mm以内、その他の部分は600mm以内とする。
   ニ．溝板及びかわら棒包み板（キャップともいう。）は、全長通しぶきを標準とする。ただし、溝板又はかわら棒包み板に継手を設ける場合は、二重はぜ継ぎとする。板厚は0.35mm以上とする。
   ホ．溝板の両耳は、15mm程度のはぜを設け、かわら棒の心木の高さまで立ち上げる。
   へ．つり子は屋根と同材とし、長さ60mm、幅30mm程度のものを心木の両側に長さ32mm以上のステンレス鋼くぎで留め付ける。つり子は、溝板のはぜに確実に掛け合わせる。
   ト．つり子間隔は、軒先、けらば及びむね付近では150mm以内、その他の部分では300mm以内とする。
   チ．特殊工法によるものは、各製造所の仕様によるものとし、特記による。

6.3.4 心木なしかわら棒ぶき

銅板以外の板による屋根一般部分は、次による。
   イ．かわら棒の間隔は、350mm又は450mmを標準とする。ただし、強風地域では実状に応じて間隔を狭くする。
   ロ．溝板及びかわら棒包み板は、全長通しぶきを標準とする。
   ハ．溝板を所定の位置に並べたあと、通しつり子を溝板相互間にはめ込み、亜鉛めっき座金付きくぎで、野地板を通してたる木に留め付ける。
   ニ．ハに用いるくぎは、40mm以上打ち込める長さのものを用いる。くぎ打ち間隔は、軒先、けらば及びむね付近では200mm以内、その他の部分では400mm以内とする。
   ホ．かわら棒包み板の留付けは、通しつり子になじみよくはめ込み、通しつり子及び溝板につかみ込み、二重はぜとし、はぜ締め機などにより、均一かつ十分に締め付ける。
   へ．特殊工法によるものは、各製造所の仕様によるものとし、特記による。

6.3.5 一文字ぶき

1. 銅板以外の板による屋根一般部分は、次による。
   イ．ふき板の寸法は、224mm × 914mmの大きさに切断して使用することを標準とする。ただし、強風地域では実状に応じて、ふき板の大きさを小さくする。
   ロ．ふき板の四周は一重はぜとする。下はぜは18mm、上はぜは15mm程度とする。
   ハ．つり子は、ふき板と同じ材で、幅30mm、長さ70mmとする。
   ニ．つり子は、野地板に打ち留めとする。取付け箇所は、ふき板1枚につき2箇所以上とする。
   ホ．隣り合ったふき板は、一重はぜ継手とし、千鳥に設ける。
2. 銅板による屋根一般部分は、次による。
   イ．ふき板の寸法は、銅板を182.5mm × 606mmの大きさに切断して使用することを標準とする。ただし、強風地域では実状に応じて、ふき板の大きさを小さくする。
   ロ．ふき板の四周は重はぜとする。下はぜは18mm、上はぜは15mm程度とする。
   ハ．つり子は、ふき板と同じ材で、幅30mm、長さ70mmとする。
   ニ．つり子は、野地板にくぎ留めとする。取付け箇所は、ふき板1枚につき2箇所以上とする。

ホ. 隣り合ったふき板は、一重はぜ継手とし、千鳥に設ける。

6.3.6 段ぶき(横ぶき)

段ぶきの工法は、各製造所の仕様によるものとし、特記による。ただし、使用する工法は、公的試験機関又はそれに準ずる試験機関で、JIS A 1414-3（建築用パネルの性能試験方法－第3部：温湿度・水分に対する試験）に定められた水密試験を行った結果、異常が認められなかったものとする。

6.3.7 むね部分

1. 銅板以外の板による、心木ありかわら棒ぶきのむね部分の工法は、次による。
   イ. 溝板端部は、八千代折りとし、心木の高さまで立ち上げ、水返しをつける。
   ロ. むね板は、心木にくぎ留めとする。
   ハ. むね包み板は、むね板寸法に折り合わせて、かわら棒部分ではかわら棒上端まで、また溝板部分では、溝板底部まで折り下げる。 この場合、それぞれの先端は、あだ折りとし、20mm程度を屋根面へ沿わせて折り曲げる。
   ニ. むね包み板の継手は、一重はぜ継ぎとする。
   ホ. むね包み板は、むね板の両側面に長さ32mm以上のくぎを用いて、間隔300mm内外に留め付ける。
   ヘ. 通し付け子は、かわら棒部分ではかわら棒上端まで、また、溝板部分では溝板底部まで折り下げる。この場合、それぞれの先端は、あだ折りとし、20mm程度を屋根面へ沿わせて折り曲げる。
   ト. 通し付け子は、むね板の両側面に長さ32mm程度のくぎで、間隔300mm内外に留め付ける。
   チ. 通し付け子を用いる場合のむね包みは、通し付け子の上耳にこはぜ掛けとする。
2. 銅板による心木ありかわら棒ぶきのむね部分の工法は、次による。
   イ. 溝板端部は、八千代折りとし、心木の高さまで立ち上げ、水返しをつける。
   ロ. むね板は、心木に打ち留めとする。
   ハ. 通し付け子は、かわら棒部分ではかわら棒上端まで、また、溝板部分では溝板底部まで折り下げる。この場合、それぞれの先端は、あだ折りとし、20mm程度を屋根面に沿わせて折り曲げる。
   ニ. 通し付け子は、むね板の両側面に長さ25mm程度のくぎで、間隔300mm以下に留め付ける。
   ホ. むね包み板は、通し付け子の上耳にはぜ掛けとする。
3. 銅板以外の板による、心木なしかわら棒ぶきのむね部分の工法は、次による。
   イ. 溝板端部は、八千代折りにして、むね板受け材の高さまで立ち上げ、水返しをつける。
   ロ. むね板は、むね板受け材にくぎ留めする。
   ハ. むね包み板は、1のハ、ニ及びホによる。
   ニ. 通し付け子を用いる場合は、1のヘ、ト及びチによる。
4. 銅板以外の板による一文字ぶきのむね部分の工法は、次による。
   イ. むね板（あおり板）は、野地板を通してたる木にくぎ留めする。
   ロ. 通し付け子は、1のトによる。
   ハ. 平ぶき板の上耳は、通し付け子に沿わせてむね板（あおり板）の高さまで立ち上げる。
   ニ. むね包み板は、ふき板のはぜ通し付け子の上耳を合わせてこはぜ掛けとする。
5. 銅板による一文字ぶきのむね部分の工法は、次による。
   イ. むね板（あおり板）は、野地板を通してたる木にくぎ留めする。
   ロ. つり子は一般部分と同じものを使用し、むね板の側面に屋根一般部分と同じ間隔に、長さ25mm程度のくぎ留めとする。

ハ．むね板に接するふき板は、上端をむね板の厚さだけ立ち上げ、はぜをつける。つり子は、はぜに十分掛ける。

ニ．むね包み板は、ふき板のはぜにはぜ掛けして留める。

6.3.8 壁との取合い

1. 心木ありかわら棒ぶき及び心木なしかわら棒ぶきの壁との取合いの工法は、次による。

イ．水上部分の壁際に取り付く雨押え受け材は、かわら棒と同じ高さの部分（木材）をたる木にくぎ留めする。

ロ．水上部分の溝板端部は、八千代折りとし、心木又は雨押え受け材の高さまで立ち上げ、水返しをつける。

ハ．水上部分の壁際に取り付く雨押え板は、心木又は雨押え受け材にくぎ留めとする。

ニ．流れ方向の壁際に取り付く雨押え受け材は、かわら棒と同じ高さの部材（木材）をたる木にくぎ留めする。

ホ．流れ方向の壁際部分の溝板は、雨押え受け材の高さまで立ち上げはぜをつける。

ヘ．つり子は、ふき板と同じ板材で、長さ60mm、幅30mmとし、間隔は、銅板の場合は300mm程度、銅板以外の場合は450mm程度に、くぎ留めする。

ト．つり子を留めるくぎの長さは、銅板の場合は25mm以上、銅板以外の場合は、32mm程度とする。

チ．銅板以外の板の水上部分及び流れ方向の壁際の雨押え包み板は、上端を壁に沿って120mm以上立ち上げ、先端をあだ折りし、壁下地に450mm程度の間隔でくぎ留めとする。

リ．雨押え包み板は、雨押え板寸法に折り合わせて、かわら棒部分ではかわら棒上端まで、また、溝板部分では溝板底部まで折り下げる。この場合、それぞれの先端はあだ折りとし、20mm程度を屋根面に沿わせて折り曲げる。

ヌ．雨押え包みは、雨押え板の側面に、長さ32mm程度のくぎで、間隔450mm程度に留め付ける。

ル．銅板の水上部分及び流れ方向の壁際の雨押え包み板は、上端を壁に沿って60mm以上立ち上げ、先端をあだ折りとする。あだ折り部分は、つり子留めとする。

ヲ．つり子は、幅30mm、長さ60mmのものを、長さ25mm程度のくぎで、間隔300mm程度に留め付ける。

ワ．通し付け子は、かわら棒部分ではかわら棒上端まで、また、溝板部分では溝板底部まで折り下げる。この場合、それぞれの先端は、あだ折りとし、20mm程度屋根面に沿わせて折り曲げる。

カ．通し付け子は、雨押え板の側面に長さ25mm程度のくぎで、間隔300mm程度に留め付ける。

ヨ．雨押え包みの下端は、通し付け子の上耳にはぜ掛けとして留め付ける。

2. 一文字ぶきの壁との取合いの工法は、次による。

イ．水上部分の壁際に取り付く雨押え受け材は、40mm×40mm以上の部材（木材）を、野地板を通してたる木にくぎ留めする。

ロ．雨押え受け材に接するふき板は、雨押え受け材の高さまで立ち上げ、先端にはぜを作る。

ハ．雨押え包み板の上端部分の留め方は、1のヘ及びトによる。

ニ．雨押え包み板が銅板以外の場合は、1のチ、リ及びヌによる。

ホ．雨押え包み板が銅板の場合は、1のル、ヲ、ワ及びカによる。

6.3.9 軒先・けらば

1. 銅板による一文字ぶき以外の軒先及びけらばの工法は、次による。

イ．唐草は、広小舞または登りよどの端部にくぎ留めとする。くぎの長さは32mm

以上とし、間隔は300mm程度とする。

ロ. 唐草は、捨て部分を80mm以上とし、下げ部分の下端は、広小舞または登りよどの下端より10mm以上あける。

ハ. 唐草の継手は、端部を各々あだ折りしたものを、長さ60mm以上に重ね合わせ、くぎ留めする。

ニ. 溝板及びふき板の軒先部分及びけらば部分は、下部に折り返し、唐草にこはぜ掛けとする。

2. 心木ありかわら棒ぶき及び心木なしかわら棒ぶきのけらば部分は、ふき板の上面から鋼板片の座金を付けたけらば留めくぎを用いて、間隔300mm以内にたる木へ40mm以上打ち込んで留め付ける。

3. 心木ありかわら棒ぶきのかわら棒の木口包みは、桟鼻仕舞とする。桟鼻は、心木の木口面にくぎ留めし、溝板の両耳部分及びかわら棒包み板の端部を、桟鼻につかみ込ませる。

4. 心木なしかわら棒ぶきのかわら棒の木口包みは、桟鼻仕舞とする。桟鼻は、通しつり子の先端部に差し込み、溝板の両耳部分及びかわら棒包み板の端部を、桟鼻につかみ込ませる。

5. 一文字ぶきの軒先及びけらばの工法は、1による。

6. 銅板による一文字ぶきの軒先及びけらばの工法は、次による。

イ. 通し付け子を広小舞または登りよどの端部にくぎ留めとする。くぎの長さは25mm程度とし、間隔は300mm程度とする。

ロ. 通し付け子は、すて部分を60mm以上とし、下げ部分の長さは、広小舞または登りよどの下端より10mm以上あける。

ハ. 唐草は、通し付け子の下がり部分の長さとし、上下端に、各々反対方向に15mm程度のはぜを付ける。なお、唐草の下端はぜは、通し付け子につかみ込んで留める。

ニ. ふき板の端部は、唐草の端部にはぜ掛けしておさめる。

6.3.10 谷ぶき

谷ぶきは、次による。

イ. 谷ぶき板は、ふき板と同種の板を用いて全長通しぶきとし、底を谷形に折り曲げ、両耳2段はぜとし、野地板につり子留めとする。また、同材を捨て板として用いるか、又はアスファルトルーフィングの増しぶきを行う。

ロ. つり子は、幅30mmの長さ70mm程度のものを間隔300mm程度に、長さ32mm程度のくぎ留めとする。

ハ. 軒先は、唐草に乗せ掛け、軒どい内に落とし曲げる。

ニ. むね際は、むね板（あおり板）下で立ち上げ、水返しをつける。

ホ. 谷がむね部分で、両側からつき合う場合は、谷ぶき板を峠でつかみ合わせるか、馬乗り掛けはぜ継ぎとする。

ヘ. 屋根のふき板又は溝板は、谷縁で谷ぶき板の二重はぜ部分につかみ込んでおさめる。

6.4 粘土がわらぶき

6.4.1 材料

1. 粘土がわらの品質は、JIS A 5208(粘土がわら)-1996に適合するもの、又はこれと同等以上の性能を有するものとし、形状及び製法による種類は特記による。なお、役物その他はでき合い形で、いずれも留付け穴付きとする。

2. 雪止めがわら等、特殊なかわらとする場合は、特記による。

3. くぎ及び緊結線は、次表による。

	種類・長さ(mm)・径(mm)
くぎ	ステンレス（長さ55～、径2.4内外）
ねじ	ステンレス（長さ45～）
緊結線	銅（径1.0以上）・ステンレス（径0.9以上）

6.4.2 一般工法

1. ふき方は、次による。
   イ. かわらの働き寸法を正確に測定し、袖がわら、軒がわら及び桟がわらを、地割りに従い目通り正しくむねまでふき上げる。
   ロ. 軒がわら、袖がわらの出寸法を正確にそろえ、下端線を通りよく仕上げる。
   ハ. のしがわらの工法は、特記による。特記のない場合は、本むね3段以上、すみむね2段以上とし、良質のふき土又はモルタルで積み上げる。ただし、7寸丸かんむりがわら（直径210mm内外）を用いる場合は、のしがわらを省く。
   ニ. むね面戸及び水切り面戸部分の構成は、面戸材を使用するか、しっくい塗りとし、下から2段目ののしがわら外面端部より15mm以上内側となるよう施工する。
   ホ. 雪止めがわら等による場合は、特記による。
2. 留付け(緊結)は、次による。
   イ. 軒がわら(J形の軒がわら又はS形若しくはF形の桟がわら)は、くぎ又はねじ(以下この項において「くぎ等」という。)3本以上で下地に緊結する。
   ロ. 袖がわらは、3本以上のくぎ等で下地に緊結する。
   ハ. むねは、下地に緊結した金物（山形金物等）に芯材を取り付け、ねじで当該芯材に緊結する。
   ニ. イからハ以外の平部の屋根の部分は、かわらの種類や基準風速に応じ、次表に掲げる緊結方法とする。

基準風速V_0 / かわらの種類	30 m/s	32～36 m/s	38～46 m/s
F形	くぎ等1本で緊結	くぎ等2本で緊結	（使用不可）
J形	くぎ等1本で緊結	くぎ等1本で緊結	くぎ等1本で緊結
防災がわら（J形、S形、F形）	くぎ等1本で緊結	くぎ等1本で緊結	くぎ等1本で緊結

   ホ. むね積みは、のしがわらを互いに緊結線で緊結し、かんむりがわら又は丸がわらを次のいずれかにより固定する。また、むね部において、割付けを目的に一部を切断して用いるかわらは、くぎ又は緊結線で固定するか接着する。
      (イ) 鉄筋コーチボルト及び横鉄筋を用い、のしがわら相互の緊結線を横鉄筋に緊結する。
      (ロ) むね補強用金物に取り付けたむね補強用芯材に、くぎ、ねじ又は緊結線で留め付ける。
   ヘ. 洋形がわらのむね施工で、かんむりがわらを施工する場合は、ふき土を詰め、むね補強金物に取り付けたむね補強用芯材に、くぎ等で留め付ける。
   ト. 鬼がわらは、その重量に耐えられるよう入念に緊結する。

6.4.3 谷ぶき及び壁との取合い

1. 谷ぶき板は、銅板、ステンレス板、塗装溶融亜鉛めっき鋼板又は溶融55％アルミニウム－亜鉛めっき鋼板を用い、全長通しぶきとする。ただし、全長通しぶきができない場合は特記による。底を谷形に折り、両端は、両側谷縁桟に立ち上げ、段付けとし、くぎ打ち又はつり子留めとする。
2. 谷ぶきの軒先及びむね際は、次による。

イ. 付け子又は捨て板に引っ掛け、軒どい内に折り下げ、むね際は、築地むね覆い下などに立ち上げ、深く差し込み、いずれも耳を折り返し、くぎ打ち又はつり子留めとする。

ロ. 谷が両側からつき合う場合は、ふき板を峠でつかみ合わせるか、馬乗り掛けにする。

3. 流れ方向の壁際に設ける捨て谷は、谷ぶき板を雨押え板下端まで立ち上げ、間隔600mm内外にくぎ留めする。谷ぶき板の谷縁側は、1による。

4. 水上部分の壁面と取り合う場合で、雨押え包み板を立ち上げる場合は、本章6.3.8（壁との取合い）の1のロ及びチに準ずる。 6.3.8の1 ☞63頁

6.5 プレスセメントがわらぶき

6.5.1 材料

1. プレスセメントがわらの品質は、JIS A 5402（プレスセメントがわら）に適合するもの、又はこれと同等以上の性能を有するものとする。なお、役物その他は出来合い形とし、いずれも留付け穴付きとする。

2. くぎ及び緊結線は、本章6.4.1（材料）の3による。 6.4.1の3 ☞64頁

6.5.2 工法

プレスセメントがわらの工法は、本章6.4（粘土がわらぶき）による。 6.4 ☞64頁

6.5.3 谷ぶき及び壁との取合い

本章6.4.3（谷ぶき及び壁との取合い）による。 6.4.3 ☞65頁

6.6 住宅屋根用化粧スレートぶき

6.6.1 材料

住宅屋根用化粧スレートの品質は、JIS A 5423（住宅屋根用化粧スレート）に適合するもの、又はこれと同等以上の性能を有するものとする。

6.6.2 工法

屋根用化粧スレートによる屋根一般部分は、次による。

イ. ふき板の切断及び孔あけは、押切りカッターによる。

ロ. ふき足及び重ねの長さは、JIS A 5423（住宅屋根用化粧スレート）の規定による。

ハ. ふき板は、1枚ごとに所定の位置に専用くぎで野地板に留め付ける。

ニ. 強風地域や特に対風耐力を必要とする場合は、接着剤若しくはくぎによる増し留めを行うものとし、特記による。

ホ. 特殊工法によるものは、各製造所の仕様によるものとし、特記による。

6.7 アスファルトシングルぶき

6.7.1 材料

1. アスファルトシングルは、品質及び性能が明示されたものとし、特記による。

2. くぎは、各アスファルトシングル専用のくぎとし、材質および形状は、各製造所の仕様による。

3. 接着剤は、各アスファルトシングル専用の接着剤とし、材質及び品質は各製造所の仕様による。

6.7.2 工法

1. アスファルトシングルは、1枚ごとに所定の位置に各専用くぎで野地板に留め付け、重ね部分は各専用接着剤を用いる。

2. 軒先は、軒先水切りの先端から半分程度ひかえた位置まで下ぶき材を張り付け、アスファルトシングルは軒先水切りの先端まで張り付ける。

3. 強風地域等においては、接着剤若しくはくぎによる増し留めを行うものとし、特記による。
4. 特殊工法によるものは、各製造所の仕様によるものとし、特記による。

6.8 各屋根ふき材のむね・壁との取合い・軒先・けらば及び谷ぶき

6.8.1 材料

むね、壁との取合い、軒先、けらば及び谷ぶきなどの各部分で特殊なものは、各製造所の仕様によるものとし、特記による。

なお、これらの部分で金属板を用いる場合は、本章6.3.1（材料）によるものとし、厚さは0.35mm以上とする。 6.3.1 ☞59頁

6.8.2 工法

1. 所要の寸法形状に加工したものを、要所くぎ留め、シーリング処理を行う。
2. 壁際の立上げは、壁に沿って60mm以上とする。
3. 特殊工法による場合は、各製造所の仕様によるものとし、特記による。

6.9 各屋根ふき材の水切り・雨押え

6.9.1 材料

材料は本章6.3.1（材料）によるものとし、厚さは0.35mmとする。 6.3.1 ☞59頁

6.9.2 工法

1. 所要寸法に裁ち、板端はすべて折り返し、要所にくぎ打ちシーリング処理とする。
2. 壁際立上りは、下地材裏に60mm以上立ち上げ、雨仕舞よく施工する。

6.10 各屋根ふき材のとい

6.10.1 材料

1. といに用いる硬質塩化ビニル雨どいの品質は、特記による。
2. といに用いる金属板の品質は、本章6.3.1（材料）に定めるものとする。なお、このうち塗装溶融亜鉛めっき鋼板については、同規格中の屋根用（記号R）又は建築外板用（記号A）、ポリ塩化ビニル（塩化ビニル樹脂）金属積層板については、同規格中の高耐食耐候性外装用（A種）又は一般外装用（B種）とし、塗装ステンレス鋼板を含め、いずれも両面塗装品とする。 6.3.1 ☞59頁
3. 板厚は、特記のないかぎり0.35mm以上とする。

6.10.2 硬質塩化ビニル雨どい

1. 軒どいの工法は、次による。
   イ. 軒どいは、専用の継手を用い、接着剤を併用して接合する。接合した軒どいの長さは10m以内とし、10mを超える場合は、有効な伸縮継手を設ける。
   ロ. 軒どいの受け金物は、軒どいに合った形状寸法のものを間隔600mm内外に、たる木又は鼻隠しに取り付ける。受け金物の鉄部は、溶融亜鉛めっきを行う。
   ハ. 軒どいの取付けの勾配は、1/200以上とする。
   ニ. 軒どいは、伸縮を妨げない程度に受け金物に緊結する。
   ホ. 特殊工法によるものは、各製造所の仕様によるものとし、特記による。
2. 竪どいの工法は、次による。
   イ. 竪どいは、専用の継手を用い、接着剤を併用して接合する。
   ロ. 竪どいの受け金物は、竪どいに合った形状寸法のものを間隔900mm以下に取り付ける。受け金物は、ステンレス製又は鉄部に溶融亜鉛めっき（ドブ漬）を行ったものとする。
   ハ. 竪どいには、各受け金物ごとに、といと同質材で下がり止めを取り付ける。下がり止めを使わない場合は、受け金物の径をといの径とほぼ同寸にして締め付

ける。

ニ．竪どいが曲がる場合は、専用の部品を用いる。工法はイによる。

ホ．特殊工法を用いる場合は、製造所の仕様によるものとし、特記による。

3. あんこう、じょうご及び呼びどいの工法は、次による。

イ．あんこうを用いる場合は、各製造所の仕様によるものとし、特記による。

ロ．じょうごと呼びどいの組合せの場合は、軒どいと竪どいに合ったじょうごとし、呼びどいは竪どいと同じ形状寸法のものを用いる。なお、取付け方法は2による。

6.10.3 金属板どい

1. 軒どいの工法は、次による。

イ．軒どいは、所要寸法に加工し、丸どいの場合は、両端を耳巻きする。

ロ．継手は、耳巻き部分の心線を相手側に差し込み、30mm程度重ね合わせる。

ハ．出隅、入隅の場合は、重ね15mm程度とし、他はロによって行う。

ニ．小口せき板は、軒どいの形状寸法に切り出した板の下辺部分を10mm程度折り返し、軒どい内部に添え付けしてはんだ付けとする。また、しぼり（菊しぼりともいう。）によることができる。

ホ．軒どいの受け金物は、軒どいに合った形状寸法のものを間隔600mm程度に、たる木または鼻隠しに取り付ける。受け金物は、ステンレス製、又は鉄部に溶融亜鉛めっき（ドブ漬）を行ったものとする。

ヘ．軒どいの勾配は、1/200以上とする。

ト．軒どいは、銅線又はステンレス線で受け金物に堅固に緊結する。

チ．特殊工法によるものは、特記による。

2. 竪どいの工法は、次による。

イ．竪どいは、所要の形状寸法に加工する。はぎ目は5mm以上の一重はぜ掛けとし、はぜの外れ止めを行う。

ロ．竪どいの継手は、上どい下どいにといの直径、又は角どいではその短辺の寸法程度を差し込む。この場合、といのはぎ目をそろえ、継手ははんだ付けする。

ハ．竪どい受け金物は、竪どいに合った形状寸法のものを間隔1,200mm以下に取り付ける。受け金物は、ステンレス製、又は鉄部に溶融亜鉛めっき（ドブ漬）を行ったものとする。

ニ．竪どいには、1本につき2箇所以上ずれ止めをつける。ずれ止めは、竪どいと同材で作り、はんだ付けで取り付ける。

ホ．竪どいが曲がる場合は、竪どいを角度に合わせて端部を加工し、差し込み止める。

ヘ．特殊工法によるものは、特記による。

3. あんこう、ます及び呼びどいの工法は、次による。

イ．あんこうは、背・腹及び銅板により、角形に組み合わせる。はぎ目は10mm程度のダクトはぜとし、はんだ付けする。

ロ．取付けは、上部は軒どいの両耳につみかけ、下部は、竪どいに差し込んで取り付ける。

ハ．ますは、あんこうに準じて作り、呼びどいは、竪どいにならって作る。ますの落口を、呼びどいに差し込み、はんだ付けする。取付けは、イによる。

4. はいどい（流しどい）の工法は、次による。

イ．はいどいは角形とし、軒どいに準じて作る。軒先部分は、軒どい内に曲げ下げる。両端部分は長さ250mm程度のふち板を、中間部には幅25mm以上のつなぎ板をといの両耳に掛け、はんだ付けする。

ロ．取付けは、屋根材面に留め付けた銅線、又はステンレス鋼線により緊結して留める。

ハ．長さ2m以下の軽微なはいどいの場合は、竪どいを用いてもよいものとし、特記による。

ニ．特殊工法によるものは、特記による。

6.10.4 雨水の処理

竪どいの下部は、落しどいとし、排水管に落とし込むか、又はコンクリート製のとい受けを据え付ける。この場合、竪どい周囲から塵芥や土砂が入らないようにする。

7.断熱及び省エネ設備工事

7-1.断熱工事(断熱等性能等級4)

7-1.1 一般事項

7-1.1.1 総則

1. 断熱工事(断熱等性能等級4)に適合する住宅の仕様は、この項による。ただし、これによらない場合は、本章7-3(建築物エネルギー消費性能基準)に適合する仕様とする。 7-3 ☞92頁
2. 本項におけるアンダーライン「＿＿＿」の付された項目事項は、断熱工事(断熱等性能等級4)に係る仕様であるため、当該部分の仕様以外とする場合は、住宅金融支援機構の認めたものとする。

7-1.1.2 適用

1. 地域の区分は、巻末付録3(地域の区分一覧表)による。 付録3 ☞218頁
2. □断熱等性能等級4に適合する仕様を計算により決定する場合、以下のイ及びロを満たすものとする。
   イ. 外皮平均熱貫流率及び冷房期の平均日射熱取得率は、以下の表に掲げる数値以下を満たすものとし、その仕様は特記による。

	地域の区分							
	1地域	2地域	3地域	4地域	5地域	6地域	7地域	8地域
外皮平均熱貫流率 (W/(m²·K))	0.46	0.46	0.56	0.75	0.87	0.87	0.87	—
冷房期の 平均日射熱取得率	—				3.0	2.8	2.7	6.7

   ロ. 結露の発生を防止する対策については、本章7-1.1.2(適用)の3のへによる。 7-1.1.2の3 ☞70頁
3. □断熱等性能等級4に適合する仕様を仕様により決定する場合、以下のイからへまでを満たすものとする。
   イ. 断熱工事の施工部位は、本章7-1.2(施工部位)による。 7-1.2 ☞71頁
   ロ. 各部位の断熱性能は、本章7-1.3(断熱性能)による。 7-1.3 ☞72頁
   ハ. 開口部の断熱性能は、本章7-1.7(開口部の断熱性能)による。 7-1.7 ☞87頁
   ニ. 開口部の日射遮蔽措置は、本章7-1.8(開口部の日射遮蔽措置)による。 7-1.8 ☞87頁
   ホ. 気密工事は、充填断熱工法又は繊維系断熱材を用いた外張断熱工法による場合は本章7-1.5、発泡プラスチック系断熱材を用いた外張断熱工法による場合は本章7-1.6による。 7-1.5 ☞82頁 7-1.6 ☞86頁
   へ. 防湿材の施工、通気層の設置及び防風層の設置は、本章7-1.4.3(防湿材の施工)の2、本章7-1.4.7(壁の施工)の5及び6、本章7-1.4.9(屋根の施工)の2及び3による。 7-1.4.3の2 ☞79頁 7-1.4.7の5·6 ☞81頁 7-1.4.9の2·3 ☞81頁

7-1.1.3 断熱材

1. 断熱材の品質は、JISの制定のあるものはこの規格に適合したもので、原則としてJISマーク表示品とする。
2. 断熱材の形状及び種類は、下表による。なお、これ以外の断熱材を使用する場合は、性能及び生産品質が確かめられたものに限るものとする。

形状	種類	
	材種	材料名
フェルト状断熱材	無機繊維系断熱材	グラスウール断熱材 ロックウール断熱材
ボード状断熱材	無機繊維系断熱材	グラスウール断熱材 ロックウール断熱材
	有機繊維断熱材	木質繊維断熱材 ポリエステル繊維断熱材 建材畳床
	発泡プラスチック系断熱材	ビーズ法ポリスチレンフォーム断熱材 押出法ポリスチレンフォーム断熱材 硬質ウレタンフォーム断熱材 ポリエチレンフォーム断熱材 フェノールフォーム断熱材
吹込み用断熱材	無機繊維系断熱材	吹込み用グラスウール断熱材 吹込み用ロックウール断熱材
	木質繊維系断熱材	吹込み用セルローズファイバー
現場発泡断熱材	発泡プラスチック系断熱材	建築物断熱用吹付け硬質ウレタンフォーム

3. 断熱材のホルムアルデヒドの発散量に関する品質については、特記による。

7-1.1.4 構造材及び主要な下地材

断熱構造部を構成する構造材(柱、はり、横架材等)及び主要な下地材(間柱、床根太等)には、含水率20%以下の乾燥した材料を用いる。

7-1.1.5 断熱材の保管・取扱い

1. 断熱材が雨などによって濡れることがないよう十分配慮する。
2. 無機繊維系断熱材については、断熱材の上に重量物を載せないように十分注意する。
3. 発泡プラスチック系断熱材については、火気に十分注意する。

7-1.1.6 養生

1. 断熱工事終了後、後続の工事によって断熱材及び防湿材が損傷を受けないよう、必要に応じて養生を行う。
2. 施工中、屋外に面する断熱材は、雨水による濡れ、あるいは直射日光による劣化などにより損傷を受けないよう、必要に応じてシート類で養生する。

7-1.1.7 注意事項

1. 断熱工事は、他種工事との関連に十分留意し、確実な施工に最も適した時期に実施する。
2. 使用する断熱材、防湿材の種類に応じ、工具、作業衣などをあらかじめ準備する。

7-1.2 施工部位

7-1.2.1 断熱構造とする部分

断熱工事の施工部位は、次による。ただし、本章7-1.2.2(断熱構造としなくてもよい部分)については、断熱構造としなくてもよい。

7-1.2.2 ☞72頁

イ. 住宅の屋根(小屋裏又は天井裏が外気に通じていない場合)、又は屋根の直下の天井(小屋裏又は天井裏が外気に通じている場合)

ロ. 外気に接する壁

ハ. 外気に接する床及びその他の床(床下換気孔等により外気と通じている床)

ニ. 外気に接する土間床等の外周部分の基礎壁及びその他の土間床等の外周部分の基礎壁(床下換気孔等により外気と通じている床裏と接する土間床等の基礎壁)

7-1.2.2 断熱構造としなくてもよい部分

本章7-1.2.1(断熱構造とする部分)にかかわらず、断熱構造としなくてもよい部分は、次による。 7-1.2.1 ☞71頁

イ．居住区画に面する部位が断熱構造となっている物置、車庫その他これに類する区画の外気に接する部位

ロ．外気に通じる床裏、小屋裏又は天井裏の壁で外気に接するもの

ハ．断熱構造となっている外壁から突き出した軒、袖壁、ベランダ、その他これらに類するもの

ニ．玄関土間、勝手口土間及び玄関土間又は勝手口土間につながる非居室の土間部分

ホ．床下換気孔等により外気に通じている場合で、バスユニットの裏面に断熱材が貼り付けられている、又は吹き付けられていることにより、断熱構造になっている浴室下部の土間床部分

7-1.3 断熱性能

7-1.3.1 一般事項

断熱材の熱抵抗値又は厚さは、この項による。

7-1.3.2 断熱材の種類

断熱材は、下表に掲げる種類の断熱材又は下表の熱伝導率を有する断熱材とする。

記号別の断熱材の種類と規格

記号		断熱材の種類	λ：熱伝導率 (W/(m·K))
A	A-1	吹込み用グラスウール （LFGW1052、LFGW1352、LFGW1852) 木質繊維断熱材 （ファイバーボード1種1号、2号、2種1号A、2種2号A) 建材畳床(Ⅲ形)	λ＝0.052～0.051
A	A-2	グラスウール断熱材 通常品(10-50、10-49、10-48) 高性能品(HG10-47、HG10-46) 吹込み用ロックウール(LFRW2547、LFRW3046) 建材畳床(K、N形)	λ＝0.050～0.046
B		グラスウール断熱材 通常品(12-45、12-44、16-45、16-44、20-42、20-41) 高性能品(HG10-45、HG10-44、HG10-43、HG12-43、HG12-42、HG12-41) ロックウール断熱材(LA、LB、LC) ビーズ法ポリスチレンフォーム断熱材4号 ポリエチレンフォーム断熱材1種1号、2号 木質繊維断熱材(ファイバーボード2種1号B、2種2号B)	λ＝0.045～0.041
C	C-1	グラスウール断熱材 通常品(20-40) 木質繊維断熱材 （ファイバーマット、ファイバーボード2種1号C、2種2号C) 吹込み用グラスウール （LFGW2040、LFGW3240、LFGW3540) ロックウール断熱材(LD) 押出法ポリスチレンフォーム断熱材1種b(A) 吹込み用セルローズファイバー （LFCF2540、LFCF4040、LFCF4540、LFCF5040、LFCF5540) 吹付け硬質ウレタンフォーム断熱材A種3	λ＝0.040～0.039

C	C-2	グラスウール断熱材 通常品(24-38、32-36、40-36、48-35、64-35) 高性能品(HG14-38、HG14-37、HG16-38、HG16-37、HG16-36、HG20-38、HG20-37、HG20-36、HG20-35、HG24-36、HG24-35、HG28-35、HG32-35) 吹込み用グラスウール(LFGW2238、LFGW3238) ロックウール断熱材(MA、MB、MC、HA、HB) ビーズ法ポリスチレンフォーム断熱材2号、3号 押出法ポリスチレンフォーム断熱材1種b(B、C) ポリエチレンフォーム断熱材2種 フェノールフォーム断熱材2種1号(AⅠ、AⅡ)、3種1号(AⅠ、AⅡ) 吹込み用ロックウール(LFRW6038)	λ = 0.038～0.035
D		グラスウール断熱材 通常品(80-33、96-33) 高性能品(HG20-34、HG24-34、HG24-33、HG28-34、HG28-33、HG32-34、HG32-33、HG36-34、HG36-33、HG36-32、HG36-31、HG38-34、HG38-33、HG38-32、HG38-31、HG40-34、HG40-33、HG40-32、HG48-33、HG48-32、HG48-31) ロックウール断熱材(HC) ビーズ法ポリスチレンフォーム断熱材1号 押出法ポリスチレンフォーム断熱材2種b(A、B、C) フェノールフォーム断熱材2種2号(AⅠ、AⅡ) 硬質ウレタンフォーム断熱材1種1号(Ⅰ、Ⅱ) ポリエチレンフォーム断熱材3種 吹付け硬質ウレタンフォーム断熱材A種1、2	λ = 0.034～0.029
E		押出法ポリスチレンフォーム断熱材 スキン層なし3種a(A、B、C)、3種b(A、B、C) スキン層付き3種a(AⅠ、AⅡ、BⅠ、BⅡ、CⅠ、CⅡ)、3種b(AⅠ、AⅡ、BⅠ、BⅡ、CⅠ、CⅡ) 硬質ウレタンフォーム断熱材 1種2号(Ⅰ、Ⅱ)、3号(Ⅰ、Ⅱ)、 2種1号(AⅠ、AⅡ)、2号(AⅠ、AⅡ、BⅠ、BⅡ)、 3種1号(AⅠ、AⅡ、BⅠ、BⅡ、CⅠ、CⅡ、DⅠ、DⅡ)、 3種2号(AⅠ、AⅡ、BⅠ、BⅡ、CⅠ、CⅡ、DⅠ、DⅡ) フェノールフォーム断熱材2種3号(AⅠ、AⅡ) 吹付け硬質ウレタンフォーム断熱材A種1H、2H	λ = 0.028～0.023
F		押出法ポリスチレンフォーム断熱材 スキン層なし3種a(D、E)、3種b(D、E) スキン層付き3種a(DⅠ、DⅡ、EⅠ、EⅡ)、3種b(DⅠ、DⅡ、EⅠ、EⅡ) 硬質ウレタンフォーム断熱材2種 1号(BⅠ、BⅡ、CⅠ、CⅡ、DⅠ、DⅡ、EⅠ、EⅡ)、 2号(CⅠ、CⅡ、DⅠ、DⅡ、EⅠ、EⅡ、FⅠ、FⅡ) フェノールフォーム断熱材1種 1号(AⅠ、AⅡ、BⅠ、BⅡ、CⅠ、CⅡ、DⅠ、DⅡ、EⅠ、EⅡ)、 2号(AⅠ、AⅡ、BⅠ、BⅡ、CⅠ、CⅡ、DⅠ、DⅡ、EⅠ、EⅡ)、 3号(AⅠ、AⅡ、BⅠ、BⅡ、CⅠ、CⅡ、DⅠ、DⅡ、EⅠ、EⅡ)	λ = 0.022以下

7-1.3.3 一戸建ての住宅における断熱材の熱抵抗値又は厚さ

一戸建ての住宅における断熱材の熱抵抗値又は厚さは、地域の区分、施工部位、断熱材の種類及び断熱材の施工方法に応じ、次の早見表に掲げる数値以上とする。(「必要な熱抵抗値」の単位はm^2・K/W)

【早見表の活用にあたっての注意】

1. 以下の早見表の断熱材の厚さは、断熱材の各グループのうち、熱伝導率の最大値を用いて算出した厚さを5mm単位で切り上げたものである。したがって、使用する断熱材によっては、必要厚さを早見表に掲げる数値よりも低い値とすることが可能であり、この場合の断熱材の種類・厚さは特記する。

2. 部位（屋根又は天井、壁、床）によって異なる断熱材の施工方法（充填断熱工法、外張断熱工法又は内張断熱工法）を採用する場合には、当該施工方法に該当するそれぞれの熱抵抗値又は厚さを適用する。

3. 「土間床等の外周部分の基礎壁」の断熱材厚さは、当該基礎壁の外側、内側又は両側に、地盤面に垂直に施工される断熱材の厚さを示す。なお、断熱材の垂直方向の深さは、基礎底盤上端から基礎天端まで、又はこれと同等以上の断熱性能を確保できるものとすること。

1. 1地域及び2地域に建設する充填断熱工法の一戸建ての住宅における断熱材の熱抵抗値又は必要厚さは、次による。

部位＼断熱材の厚さ		必要な熱抵抗値	断熱材の種類・厚さ（単位：mm）							
			A-1	A-2	B	C-1	C-2	D	E	F
屋根又は天井	屋　根	6.6	345	330	300	265	255	225	185	150
	天　井	5.7	300	285	260	230	220	195	160	130
壁		3.3	175	165	150	135	130	115	95	75
床	外気に接する部分	5.2	275	260	235	210	200	180	150	115
	その他の部分	3.3	175	165	150	135	130	115	95	75
土間床等の外周部分の基礎壁	外気に接する部分	3.5	185	175	160	140	135	120	100	80
	その他の部分	1.2	65	60	55	50	50	45	35	30

2. 1地域及び2地域に建設する外張断熱工法又は内張断熱工法の一戸建ての住宅における断熱材の熱抵抗値又は必要厚さは、次による。

部位＼断熱材の厚さ		必要な熱抵抗値	断熱材の種類・厚さ（単位：mm）							
			A-1	A-2	B	C-1	C-2	D	E	F
屋根又は天井		5.7	300	285	260	230	220	195	160	130
壁		2.9	155	145	135	120	115	100	85	65
床	外気に接する部分	3.8	200	190	175	155	145	130	110	85
	その他の部分	−	−	−	−	−	−	−	−	−
土間床等の外周部分の基礎壁	外気に接する部分	3.5	185	175	160	140	135	120	100	80
	その他の部分	1.2	65	60	55	50	50	45	35	30

3. 3地域に建設する充填断熱工法の一戸建ての住宅における断熱材の熱抵抗値又は必要厚さは、次による。

部位＼断熱材の厚さ		必要な熱抵抗値	断熱材の種類・厚さ（単位：mm）							
			A-1	A-2	B	C-1	C-2	D	E	F
屋根又は天井	屋　根	4.6	240	230	210	185	175	160	130	105
	天　井	4.0	210	200	180	160	155	140	115	90
壁		2.2	115	110	100	90	85	75	65	50
床	外気に接する部分	5.2	275	260	235	210	200	180	150	115
	その他の部分	3.3	175	165	150	135	130	115	95	75
土間床等の外周部分の基礎壁	外気に接する部分	3.5	185	175	160	140	135	120	100	80
	その他の部分	1.2	65	60	55	50	50	45	35	30

4. 3地域に建設する外張断熱工法又は内張断熱工法の一戸建ての住宅における断熱材の熱抵抗値又は必要厚さは、次による。

部位＼断熱材の厚さ		必要な熱抵抗値	断熱材の種類・厚さ(単位：mm)							
			A-1	A-2	B	C-1	C-2	D	E	F
屋根又は天井		4.0	210	200	180	160	155	140	115	90
壁		1.7	90	85	80	70	65	60	50	40
床	外気に接する部分	3.8	200	190	175	155	145	130	110	85
	その他の部分	−	−	−	−	−	−	−	−	−
土間床等の外周部分の基礎壁	外気に接する部分	3.5	185	175	160	140	135	120	100	80
	その他の部分	1.2	65	60	55	50	50	45	35	30

5. 4地域、5地域、6地域及び7地域に建設する充填断熱工法の一戸建ての住宅における断熱材の熱抵抗値又は必要厚さは、次による。

部位＼断熱材の厚さ		必要な熱抵抗値	断熱材の種類・厚さ(単位：mm)							
			A-1	A-2	B	C-1	C-2	D	E	F
屋根又は天井	屋　根	4.6	240	230	210	185	175	160	130	105
	天　井	4.0	210	200	180	160	155	140	115	90
壁		2.2	115	110	100	90	85	75	65	50
床	外気に接する部分	3.3	175	165	150	135	130	115	95	75
	その他の部分	2.2	115	110	100	90	85	75	65	50
土間床等の外周部分の基礎壁	外気に接する部分	1.7	90	85	80	70	65	60	50	40
	その他の部分	0.5	30	25	25	20	20	20	15	15

6. 4地域、5地域、6地域及び7地域に建設する外張断熱工法又は内張断熱工法の一戸建ての住宅における断熱材の熱抵抗値又は必要厚さは、次による。

部位＼断熱材の厚さ		必要な熱抵抗値	断熱材の種類・厚さ(単位：mm)							
			A-1	A-2	B	C-1	C-2	D	E	F
屋根又は天井		4.0	210	200	180	160	155	140	115	90
壁		1.7	90	85	80	70	65	60	50	40
床	外気に接する部分	2.5	130	125	115	100	95	85	70	55
	その他の部分	−	−	−	−	−	−	−	−	−
土間床等の外周部分の基礎壁	外気に接する部分	1.7	90	85	80	70	65	60	50	40
	その他の部分	0.5	30	25	25	20	20	20	15	15

7. 8地域に建設する充填断熱工法の一戸建ての住宅における断熱材の熱抵抗値又は必要厚さは、次による。

部位＼断熱材の厚さ		必要な熱抵抗値	断熱材の種類・厚さ(単位：mm)							
			A-1	A-2	B	C-1	C-2	D	E	F
屋根又は天井	屋　根	0.96	50	50	45	40	40	35	30	25
	天　井	0.78	45	40	40	35	30	30	25	20
壁		−	−	−	−	−	−	−	−	−
床	外気に接する部分	−	−	−	−	−	−	−	−	−
	その他の部分	−	−	−	−	−	−	−	−	−
土間床等の外周部分の基礎壁	外気に接する部分	−	−	−	−	−	−	−	−	−
	その他の部分	−	−	−	−	−	−	−	−	−

8. 8地域に建設する外張断熱工法又は内張断熱工法の一戸建ての住宅における断熱材の熱抵抗値又は必要厚さは、次による。

部位＼断熱材の厚さ		必要な熱抵抗値	断熱材の種類・厚さ(単位：mm)							
			A-1	A-2	B	C-1	C-2	D	E	F
屋根又は天井		0.78	45	40	40	35	30	30	25	20
壁		–	–	–	–	–	–	–	–	–
床	外気に接する部分	–	–	–	–	–	–	–	–	–
	その他の部分	–	–	–	–	–	–	–	–	–
土間床等の外周部分の基礎壁	外気に接する部分	–	–	–	–	–	–	–	–	–
	その他の部分	–	–	–	–	–	–	–	–	–

7-1.3.4 共同住宅等における断熱材の熱抵抗値又は厚さ

共同住宅等(複合建築物の住宅部分を含む。以下本章において同じ。)における断熱材の熱抵抗値又は厚さは、地域の区分、施工部位、断熱材の種類及び断熱材の施工方法に応じ、次の早見表に掲げる数値以上とする。(「必要な熱抵抗値」の単位は$m^2 \cdot K/W$)

【早見表の活用にあたっての注意】

1. 以下の早見表の断熱材の厚さは、断熱材の各グループのうち、熱伝導率の最大値を用いて算出した厚さを5mm単位で切り上げたものである。したがって、使用する断熱材によっては、必要厚さを早見表に掲げる数値よりも低い値とすることが可能であり、この場合の断熱材の種類・厚さは特記する。
2. 部位(屋根又は天井、壁、床)によって異なる断熱材の施工方法(充填断熱工法、外張断熱工法又は内張断熱工法)を採用する場合には、当該施工方法に該当するそれぞれの熱抵抗値又は厚さを適用する。
3. 「土間床等の外周部分の基礎壁」の断熱材厚さは、当該基礎壁の外側、内側又は両側に、地盤面に垂直に施工される断熱材の厚さを示す。なお、断熱材の垂直方向の深さは、基礎底盤上端から基礎天端まで、又はこれと同等以上の断熱性能を確保できるものとすること。

1. 1地域及び2地域に建設する充填断熱工法の共同住宅等における断熱材の熱抵抗値又は必要厚さは、次による。

部位＼断熱材の厚さ		必要な熱抵抗値	断熱材の種類・厚さ(単位：mm)							
			A-1	A-2	B	C-1	C-2	D	E	F
屋根又は天井	屋根	2.9	155	145	135	120	115	100	85	65
	天井	2.3	120	115	105	95	90	80	65	55
壁		2.5	130	125	115	100	95	85	70	55
床	外気に接する部分	3.4	180	170	155	140	130	120	100	75
	その他の部分	2.1	110	105	95	85	80	75	60	50
土間床等の外周部分の基礎壁	外気に接する部分	1.2	65	60	55	50	50	45	35	30
	その他の部分	0.4	25	20	20	20	20	15	15	10

2. 1地域及び2地域に建設する外張断熱工法又は内張断熱工法の共同住宅等における断熱材の熱抵抗値又は必要厚さは、次による。

部位＼断熱材の厚さ		必要な熱抵抗値	断熱材の種類・厚さ(単位：mm)							
			A-1	A-2	B	C-1	C-2	D	E	F
屋根又は天井		2.5	130	125	115	100	95	85	70	55
壁		2.2	115	110	100	90	85	75	65	50
床	外気に接する部分	3.1	165	155	140	125	120	110	90	70
	その他の部分	–	–	–	–	–	–	–	–	–
土間床等の外周部分の基礎壁	外気に接する部分	1.2	65	60	55	50	50	45	35	30
	その他の部分	0.4	25	20	20	20	20	15	15	10

3. 3地域に建設する充填断熱工法の共同住宅等における断熱材の熱抵抗値又は必要厚さは、次による。

部位＼断熱材の厚さ		必要な熱抵抗値	断熱材の種類・厚さ(単位：mm)							
			A-1	A-2	B	C-1	C-2	D	E	F
屋根又は天井	屋根	2.0	105	100	90	80	80	70	60	45
	天井	1.6	85	80	75	65	65	55	45	40
壁		1.8	95	90	85	75	70	65	55	40
床	外気に接する部分	2.9	155	145	135	120	115	100	85	65
	その他の部分	1.7	90	85	80	70	65	60	50	40
土間床等の外周部分の基礎壁	外気に接する部分	0.6	35	30	30	25	25	25	20	15
	その他の部分	0.1	10	5	5	5	5	5	5	5

4. 3地域に建設する外張断熱工法又は内張断熱工法の共同住宅等における断熱材の熱抵抗値又は必要厚さは、次による。

部位＼断熱材の厚さ		必要な熱抵抗値	断熱材の種類・厚さ(単位：mm)							
			A-1	A-2	B	C-1	C-2	D	E	F
屋根又は天井		1.7	90	85	80	70	65	60	50	40
壁		1.6	85	80	75	65	65	55	45	40
床	外気に接する部分	2.6	140	130	120	105	100	90	75	60
	その他の部分	−	−	−	−	−	−	−	−	−
土間床等の外周部分の基礎壁	外気に接する部分	0.6	35	30	30	25	25	25	20	15
	その他の部分	0.1	10	5	5	5	5	5	5	5

5. 4地域に建設する充填断熱工法の共同住宅等における断熱材の熱抵抗値又は必要厚さは、次による。

部位＼断熱材の厚さ		必要な熱抵抗値	断熱材の種類・厚さ(単位：mm)							
			A-1	A-2	B	C-1	C-2	D	E	F
屋根又は天井	屋根	1.4	75	70	65	60	55	50	40	35
	天井	1.1	60	55	50	45	45	40	35	25
壁		1.1	60	55	50	45	45	40	35	25
床	外気に接する部分	2.9	155	145	135	120	115	100	85	65
	その他の部分	1.7	90	85	80	70	65	60	50	40
土間床等の外周部分の基礎壁	外気に接する部分	0.6	35	30	30	25	25	25	20	15
	その他の部分	0.1	10	5	5	5	5	5	5	5

6. 4地域に建設する外張断熱工法又は内張断熱工法の共同住宅等における断熱材の熱抵抗値又は必要厚さは、次による。

部位＼断熱材の厚さ		必要な熱抵抗値	断熱材の種類・厚さ(単位：mm)							
			A-1	A-2	B	C-1	C-2	D	E	F
屋根又は天井		1.2	65	60	55	50	50	45	35	30
壁		1.0	55	50	45	40	40	35	30	25
床	外気に接する部分	2.6	140	130	120	105	100	90	75	60
	その他の部分	−	−	−	−	−	−	−	−	−
土間床等の外周部分の基礎壁	外気に接する部分	0.6	35	30	30	25	25	25	20	15
	その他の部分	0.1	10	5	5	5	5	5	5	5

7. 5地域、6地域及び7地域に建設する充填断熱工法の共同住宅等における断熱材の熱抵抗値又は必要厚さは、次による。

部位＼断熱材の厚さ		必要な熱抵抗値	断熱材の種類・厚さ(単位：mm)							
			A-1	A-2	B	C-1	C-2	D	E	F
屋根又は天井	屋　根	1.1	60	55	50	45	45	40	35	25
	天　井	0.9	50	45	45	40	35	35	30	20
壁		1.1	60	55	50	45	45	40	35	25
床	外気に接する部分	2.9	155	145	135	120	115	100	85	65
	その他の部分	1.7	90	85	80	70	65	60	50	40
土間床等の外周部分の基礎壁	外気に接する部分	0.6	35	30	30	25	25	25	20	15
	その他の部分	0.1	10	5	5	5	5	5	5	5

8. 5地域、6地域及び7地域に建設する外張断熱工法又は内張断熱工法の共同住宅等における断熱材の熱抵抗値又は必要厚さは、次による。

部位＼断熱材の厚さ		必要な熱抵抗値	断熱材の種類・厚さ(単位：mm)							
			A-1	A-2	B	C-1	C-2	D	E	F
屋根又は天井		1.0	55	50	45	40	40	35	30	25
壁		1.0	55	50	45	40	40	35	30	25
床	外気に接する部分	2.6	140	130	120	105	100	90	75	60
	その他の部分	−	−	−	−	−	−	−	−	−
土間床等の外周部分の基礎壁	外気に接する部分	0.6	35	30	30	25	25	25	20	15
	その他の部分	0.1	10	5	5	5	5	5	5	5

9. 8地域に建設する充填断熱工法の共同住宅等における断熱材の熱抵抗値又は必要厚さは、次による。

部位＼断熱材の厚さ		必要な熱抵抗値	断熱材の種類・厚さ(単位：mm)							
			A-1	A-2	B	C-1	C-2	D	E	F
屋根又は天井	屋　根	1.0	55	50	45	40	40	35	30	25
	天　井	0.8	45	40	40	35	35	30	25	20
壁		−	−	−	−	−	−	−	−	−
床	外気に接する部分	−	−	−	−	−	−	−	−	−
	その他の部分	−	−	−	−	−	−	−	−	−
土間床等の外周部分の基礎壁	外気に接する部分	−	−	−	−	−	−	−	−	−
	その他の部分	−	−	−	−	−	−	−	−	−

10. 8地域に建設する外張断熱工法又は内張断熱工法の共同住宅等における断熱材の熱抵抗値又は必要厚さは、次による。

部位＼断熱材の厚さ		必要な熱抵抗値	断熱材の種類・厚さ(単位：mm)							
			A-1	A-2	B	C-1	C-2	D	E	F
屋根又は天井		0.9	50	45	45	40	35	35	30	20
壁		−	−	−	−	−	−	−	−	−
床	外気に接する部分	−	−	−	−	−	−	−	−	−
	その他の部分	−	−	−	−	−	−	−	−	−
土間床等の外周部分の基礎壁	外気に接する部分	−	−	−	−	−	−	−	−	−
	その他の部分	−	−	−	−	−	−	−	−	−

7-1.3.5 断熱材の厚さの特例

床の「外気に接する部分」のうち、住宅の床面積の合計の5%以下の部分については、本章7-1.3.3(一戸建ての住宅における断熱材の熱抵抗値又は厚さ)及び本章7-1.3.4(共同住

7-1.3.3 ☞73頁
7-1.3.4 ☞76頁

宅等における断熱材の熱抵抗値又は厚さ）における早見表において、「その他の部分」とみなすことができる。

7-1.4 断熱材等の施工

7-1.4.1 断熱材の加工

1. 切断などの材料の加工は、清掃した平たんな面上で、定規等を用い正確に行う。
2. 加工の際、材料に損傷を与えないように注意する。
3. ロールになったフェルト状断熱材を切断する場合は、はめ込む木枠の内のり寸法より5～10mm大きく切断する。
4. ボード状断熱材は、専用工具を用いて、内のり寸法にあわせて正確に切断する。

7-1.4.2 断熱材の施工

1. 断熱材は、すき間なく施工する。
2. 断熱材を充填する場合は、周囲の木枠との間及び室内側下地材との間に、すき間が生じないよう均一にはめ込む。
3. 充填工法の場合は、フェルト状、ボード状又は吹込み用断熱材を、根太や間柱などの木枠の間にはめ込み、又は天井の上に敷き込むことにより取り付ける。
4. ボード状断熱材を充填する場合、すき間が生じたときは、現場発泡断熱材などで適切に補修する。
5. ボード状断熱材又はフェルト状断熱材を柱、間柱、たる木、軒げた、野地板等の外側に張り付ける（外張りする）場合は、断熱材の突付け部を、柱などの下地がある部分にあわせ、すき間が生じないようにくぎ留めする。
6. 耳付きの防湿層を備えたフェルト状断熱材を施工する場合は、耳を木枠の室内側見付け面に、間隔200mm内外でステープル留めとする。
7. 住宅の次に掲げる部位では、おさまりと施工に特に注意し、断熱材及び防湿材にすき間が生じないようにする。
   イ．外壁と天井又は屋根との取合い部
   ロ．外壁と床との取合い部
   ハ．間仕切り壁と天井又は屋根及び床との取合い部
   ニ．下屋の小屋裏の天井と壁の取合い部
8. 上記以外の取付けを行う場合は、特記による。

7-1.4.3 防湿材の施工

1. 防湿材は、次のいずれかに該当するもの、又はこれらと同等以上の透湿抵抗を有するものとする。
   イ．□ JIS A 6930（住宅用プラスチック系防湿フィルム）に適合するもの
   ロ．□ JIS Z 1702（包装用ポリエチレンフィルム）に適合するもので、厚さ0.05mm以上のもの
   ハ．□ JIS K 6781（農業用ポリエチレンフィルム）に適合するもので、厚さ0.05mm以上のもの
2. グラスウール、ロックウール、セルローズファイバー等の繊維系断熱材及びJIS A 9526に規定する吹付け硬質ウレタンフォームA種3、その他これらに類する透湿抵抗の小さい断熱材（以下「繊維系断熱材等」という。）を使用する場合は、外気等に接する部分に防湿材等を室内側に施工して防湿層を設ける。ただし、次のいずれかの場合は、当該部位について防湿層の設置を省略することができる。
   イ．土塗り壁の外側に断熱層がある場合
   ロ．床断熱において、断熱材下側が床下に露出する場合、又は湿気の排出を妨げない構成となっている場合
   ハ．建設地の地域の区分が8地域の場合
   ニ．断熱層が単一の材料で均質に施工され、透湿抵抗比（断熱層の外気側表面より

室内側に施工される材料の透湿抵抗の合計値を、断熱層の外気側表面より外気側に施工される材料の透湿抵抗の合計値で除した値）が次の値以上である場合

（イ）1地域、2地域及び3地域で、壁は5、屋根又は天井は6

（ロ）4地域で、壁は3、屋根又は天井は4

（ハ）5地域、6地域及び7地域で、壁は2、屋根又は天井は3

ホ．イからニと同等以上の結露の発生の防止に有効な措置を講ずる場合は、特記による。

3. 防湿材の施工は、次のいずれかによる。

イ．□防湿材は、幅広の長尺シートを用い、連続させ、すき間のできないように施工する。また、継目は下地材のあるところで30mm以上重ね合わせる。

ロ．□イによらず耳付きの防湿材を備えたフェルト状断熱材を用いる場合は、防湿材を室内側に向けて施工する。なお、防湿材の継目は、すき間が生じないよう十分突き付け施工する。すき間が生じた場合は、1に掲げる防湿材に、アルミテープ等の防湿テープで補修する。

4. 防湿材は、電気配線や設備配管などにより破られないよう注意して施工する。万一、防湿材が破れた場合は、アルミテープ等の防湿テープで補修する。

7-1.4.4 防風材の施工

1. 防風材は、通気層を通る外気が断熱層に侵入することを防止する材料とし、十分な強度及び透湿性を有するもので、次のいずれか、又はこれらと同等以上の強度及び透湿性を有するものとする。

イ．JIS A 6111（透湿防水シート）に適合するシート

ロ．合板

ハ．シージングボード

ニ．火山性ガラス質複層板、MDF、構造用パネル（OSB）等の面材

ホ．付加断熱材として使用される発泡プラスチック系断熱材、ボード状繊維系断熱材

へ．付属防湿層付き断熱の外気側シート

2. 繊維系断熱材等を屋根・外壁の断熱に用い、通気層がある場合は、防風材を断熱層の屋外側に施工して防風層を設ける。
3. 防風材は、すき間のないように施工する。
4. シート状防風材は、通気層の厚さを確保するため、ふくらまないように施工する。

7-1.4.5 基礎の施工

基礎断熱の場合の基礎の施工は、次による。

1. 床下空間を有する基礎断熱工法とする場合又は土間コンクリート床の場合、断熱位置は、基礎の外側、内側又は両側のいずれかとする。
2. 断熱材は吸水性が小さい材料を用い、原則として基礎底盤上端から基礎天端まで打込み工法により施工する。
3. 断熱材の継目は、すき間ができないように施工する。型枠脱型後、すき間が生じているときは、現場発泡断熱材などで補修する。
4. 基礎の屋外側に設ける断熱材は、外気に接しないよう、外装仕上げを行う。
5. 基礎天端と土台との間には、すき間が生じないようにする。
6. 床下防湿及び防蟻措置は、本章3.4.5（床下防湿・防蟻措置）による。 3.4.5 ☞36頁
7. ポーチ、テラス、ベランダ等の取合い部分で断熱欠損が生じないよう施工する。

7-1.4.6 床の施工

床断熱の場合の床の施工は、次による。

1. 最下階の床及び外気に接する床の断熱材の施工にあたっては、施工後、有害なたるみ、ずれ、屋内側の材料との間にすき間が生じないよう、原則として受け材を設ける。

2. 床下の換気は、本章3.3.11（床下換気）による。 3.3.11 ☞35頁
3. 地面からの水蒸気の発生を防ぐため、本章3.3.15（床下防湿）による床下防湿工事を行う。 3.3.15 ☞35頁
4. 土間コンクリート床は、本章3.3.5（土間コンクリート床）による。 3.3.5 ☞33頁

7-1.4.7 壁の施工

1. 断熱材の施工にあたっては、長期間経過してもずり落ちないよう施工する。
2. 断熱材は、原則として、土台からけたにすき間なくはめ込むか、又は外張りとする。
3. 断熱材は、筋かい、配管部分にすき間ができないように注意して施工する。
4. 配管部は、管の防露措置を行うとともに、断熱材は配管の屋外側に施工する。
5. 断熱層の屋外側に通気層を設け、壁内結露を防止する構造とする。通気層の施工は、本章8.4（外壁内通気措置）による。ただし、次のいずれかに該当する場合は、通気層を設置しないことができる。 8.4 ☞95頁
   イ. 1地域及び2地域以外で、防湿層にJIS A 6930（住宅用プラスチック系防湿フィルム）を用いる場合
   ロ. 1地域及び2地域以外で、防湿層が0.082m²·s·Pa/ng以上の透湿抵抗を有する場合
   ハ. 1地域及び2地域以外で、断熱層の外気側にALCパネル又はこれと同等以上の断熱性及び吸湿性を有する材料を用い、防湿層が0.019m²·s·Pa/ng以上の透湿抵抗を有する場合
   ニ. 断熱層が単一の材料で均質に施工され、透湿抵抗比が次の値以上である場合
      (イ) 1地域、2地域及び3地域は5
      (ロ) 4地域は3
      (ハ) 5地域、6地域及び7地域は2
   ホ. 建設地の地域の区分が8地域の場合
   へ. イからホと同等以上の結露の発生の防止に有効な措置を講ずる場合は、特記による。
6. 断熱層の屋外側に通気層を設け、かつ、繊維系断熱材等を使用する場合には、断熱材と通気層の間に、本章7-1.4.4(防風材の施工)の1による防風層を設ける。 7-1.4.4の1 ☞80頁

7-1.4.8 天井の施工

天井断熱の場合の天井の施工は、次による。

1. 天井の断熱材は、天井と外壁との取合い部、間仕切り壁との交差部、吊り木周囲の部分で、すき間が生じないよう注意して天井全面に施工する。
2. 天井の断熱材は、野縁と野縁間、又は野縁をまたいで天井全面に敷き込む。
3. 天井の断熱材により小屋裏換気経路がふさがれないように注意して施工する。
4. 小屋裏換気については、本章8.9（小屋裏換気）による。 8.9 ☞97頁
5. 埋込み照明器具（ダウンライト）を使用する場合には、器具を断熱材でおおうことができるS形ダウンライト等を使用し、グラスウール、ロックウール等の不燃性のフェルト状断熱材(S_B形を使用する場合は吹込み用断熱材でも可)を連続して施工し、断熱層を設ける。

7-1.4.9 屋根の施工

1. 屋根断熱の場合の屋根の施工は、次による。
   イ. 断熱材を屋根のたる木間に施工する場合は、施工後、有害なたるみ、ずれ、すき間などが生じないよう、原則として受け材を設ける。
   ロ. 断熱材を屋根のたる木の屋外側に取り付ける場合は、屋根と外壁の取合い部で、断熱材のすき間が生じないよう注意して施工する。
   ハ. 屋根断熱の入排気のための通気孔を設ける。
2. 断熱材の外側には、通気層を設ける。ただし、次のいずれかに該当する場合は、通

気層を設置しないことができる。

イ. 1地域及び2地域以外で、防湿層にJIS A 6930（住宅用プラスチック系防湿フィルム）を用いる場合

ロ. 1地域及び2地域以外で、防湿層が0.082 $m^2 \cdot s \cdot Pa/ng$ 以上の透湿抵抗を有する場合

ハ. 1地域及び2地域以外で、断熱層の外気側にALCパネル又はこれと同等以上の断熱性及び吸湿性を有する材料を用い、防湿層が0.019 $m^2 \cdot s \cdot Pa/ng$ 以上の透湿抵抗を有する場合

ニ. 断熱層が単一の材料で均質に施工され、透湿抵抗比が次の値以上である場合

（イ）1地域、2地域及び3地域は6

（ロ）4地域は4

（ハ）5地域、6地域及び7地域は3

ホ. 建設地の地域の区分が8地域の場合

ヘ. イからホと同等以上の結露の発生の防止に有効な措置を講ずる場合は、特記による。

3. 断熱層の屋外側に通気層を設け、かつ、繊維系断熱材等を使用する場合には、断熱材と通気層の間に、本章7-1.4.4(防風材の施工)の1による防風層を設ける。 7-1.4.4の1 ☞80頁

4. 埋込み照明器具（ダウンライト）を使用する場合には、器具を断熱材でおおうことができるS形ダウンライト等を使用し、グラスウール、ロックウール等の不燃性のフェルト状断熱材(S_B形を使用する場合は吹込み用断熱材でも可)を連続して施工し、断熱層を設ける。

7-1.4.10 気流止め

1. 屋根又は天井と壁及び壁と床との取合い部においては、外気が室内に流入しないよう、当該取合い部に気流止めを設ける等、有効な措置を講じる。
2. 間仕切り壁と天井又は床との取合い部において、間仕切り壁の内部の空間が天井裏又は床裏に対し開放されている場合にあっては、当該取合い部に気流止めを設ける。
3. 外壁の内部の空間が、天井裏又は床裏に対し開放されている住宅の当該外壁に充填断熱工法により断熱施工する場合にあっては、当該外壁の上下端部と床、天井又は屋根との取合い部に気流止めを設ける。

7-1.5 気密工事（充填断熱工法又は繊維系断熱材を用いた外張断熱工法による場合）

7-1.5.1 一般事項

充填断熱工法又は繊維系断熱材を用いた外張断熱工法による気密工事は、この項による。

7-1.5.2 材料・工法一般

1. 気密工事に使用する気密材の種類及び品質は、次のとおりとする。ただし、1地域、2地域及び3地域において建設する場合の気密材はイ、ハ、ホ、トの材、又はこれと同等以上の気密性、強度、耐久性を有する材料とする。

イ. 住宅用プラスチック系防湿フィルム（JIS A 6930（住宅用プラスチック系防湿フィルム））又はこれと同等以上の気密性を有するもの

ロ. 透湿防水シート（JIS A 6111（透湿防水シート））又はこれと同等以上の気密性を有するもの

ハ. 合板、せっこうボード、構造用パネル（JAS）又はこれと同等以上の気密性を有するもの

ニ. 発泡プラスチック断熱材（JIS A 9521）、建築物断熱用吹付け硬質ウレタンフォーム（JIS A 9526）又はこれと同等以上の気密性を有するもの

ホ. 乾燥木材等

ヘ. 金属部材

ト. コンクリート部材

2. 気密工事に使用する防湿フィルムは、JIS A 6930（住宅用プラスチック系防湿フィルム）に適合するもの、又はこれと同等以上の防湿性、強度及び耐久性を有するものとする。また、寸法は所定の重ね寸法が確保できるものとし、できるだけ幅広の長尺フィルムを用いる。
3. 防湿フィルムは連続させ、すき間のできないように施工する。また、継目は下地材のある部分で30mm以上重ね合わせ、その部分を合板、せっこうボード、乾燥した木材等で挟みつける。
4. 気密層の連続性を確保するため、気密材の継目の生じる部分に使用する気密補助材には、以下の材料その他これらに類する材料を用いる。
   イ. 気密テープ（ブチル系テープ、アスファルト系テープ等、気密性又は水密性のあるものとし、経年によって粘着性を失わないもの）
   ロ. 気密パッキン材（気密性のあるものとし、経年によって弾力性を失わないもの）
   ハ. 現場発泡断熱材（高い気密性を有するもの）
   ニ. シーリング材（経年によって弾性と付着力を失わないもの）

7-1.5.3 壁、床、天井（又は屋根）の施工

1. 防湿フィルムは、継目を縦、横とも下地材のある部分で30mm以上重ね合わせ、留め付ける。
2. 留付けはステープルを用い、継目部分は200～300mm程度の間隔に、その他の箇所は要所に行い、たるみ、しわのないように張る。
3. 防湿フィルムの端部は、下地材のある部分で気密テープを用いて留め付けるか、木材等で挟みつけくぎ留めする。
4. 真壁の柱部分、中間階床の横架材に乾燥木材（含水率20%以下のものをいう。以下同じ。）を使用した場合には、その部分に防湿フィルムを張らないことができる。
5. 床に防湿フィルムを張らない場合は、次による。
   イ. 床下地板に構造用合板、構造用パネル、パーティクルボード等（「床合板等」という。以下同じ。）を用いる。
   ロ. 床合板等の継目は、気密補助材で処理するか実加工品を使用、または床合板等を下地材がある部分で突き合わせて、その突合せ部をくぎで留め付ける。
   ハ. 繊維系断熱材を用いる場合は、断熱材下部を床下に開放するか、又は湿気の排出を妨げない受け材により施工する。

7-1.5.4 壁、床、天井（又は屋根）の取合い部等の施工

1. 防湿フィルムは、屋根又は天井と壁、壁と床の取合い部、壁の隅角部で、これを構成する各部位が外気等に接する部分においては、下地材のある部分で30mm以上重ね合わせる。
2. 留付けはステープルを用い、継目部分は200～300mm程度の間隔に、その他の箇所は要所に行い、たるみ、しわのないように張る。
3. 最下階の床と外壁の取合い部は、次のいずれかとする。
   イ. □最下階の床と取り合う外壁部に、先張りの防湿フィルムを土台まで連続させ、気密テープによるか、木材等で挟みつけくぎ留めする。床の防湿フィルムは、外壁部にまわり込ませ、外壁部の防湿フィルム及び先張りの防湿フィルムと下地材のある部分で、30mm以上重ね合わせる。
   ロ. □床合板等を土台に直接くぎ留めし、床及び外壁の防湿フィルムは、下地材のある部分で、30mm以上重ね合わせるか、床合板等に気密補助材等を用いて留め付ける。
   ハ. □取合い部の外壁内に木材の気流止めを設け、床及び外壁の防湿フィルムは、下地材のある部分で30mm以上重ね合わせる。
   ニ. □本章7-1.5.3（壁、床、天井（又は屋根）の施工）の5により、床に防湿フィルムを張らない場合には、上記イ、ロ又はハに準じて施工を行い、床合板等と外

7-1.5.3の5 ☞83頁

壁の防湿フィルムとを気密補助材を用いて連続させる。

ホ. □床合板を気密材とする場合は、床合板等に気密補助材を用いて留め付ける。

4. その他の階の床と外壁の取合い部は、次のいずれかによる。

イ. □その他の階の床と取り合う外壁部に、先張りの防湿フィルムを張る。先張り防湿フィルムと、はり等の横架材との取合いは、先張りの防湿フィルムを切り開き、フィルムの切り開き部分を留め代として、はり又は胴差し等の横架材にテープを併用して留め付ける。外壁断熱材施工後に、外壁の防湿フィルムは先張りの防湿フィルムと下地材のある部分で、30mm以上重ね合わせる。

ロ. □下階の外壁の防湿フィルムを胴差し（乾燥木材に限る。）に留め付け、上階の外壁の防湿フィルムは、胴差しに直接くぎ留めされた床合板等に気密補助材を用いて留め付ける。なお、胴差しを配線等が貫通する場合は、その部分ですき間が生じないよう気密補助材を施工する。

5. 屋根の直下の天井（又は屋根）と外壁の取合い部は、次のいずれかによる。

イ. □外壁の防湿フィルムを、けたまで連続させ留め付ける。防湿フィルムのけたへの留付けは、気密テープによるか、木材等で挟みつけくぎ留めする。また、天井の防湿フィルムは、下地材のある部分で30mm以上重ね合わせる。

ロ. □屋根の直下の天井（又は屋根）と取り合う外壁部に、先張りの防湿フィルムをけたまで連続させ留め付ける。天井（又は屋根）の防湿フィルムは、外壁部にまわり込ませ、外壁部の防湿フィルム及び先張りの防湿フィルムと下地材のある部分で、30mm以上重ね合わせる。

ハ. □取合い部の外壁内に木材の気流止めを設け、屋根の直下の天井（又は屋根）及び外壁の防湿フィルムは、下地材のある部分で30mm以上重ね合わせる。

6. 外壁と間仕切り壁の取合い部は、次のいずれかによる。

イ. □外壁の防湿フィルムを留め付けてから、間仕切り壁を取り付ける。この部分で防湿フィルムを継ぐ場合は、下地材のある部分で30mm以上重ね合わせる。

ロ. □外壁の間仕切り壁が取り付く部分に、先張りの防湿フィルムを張る。この場合、外壁の防湿フィルムは先張りの防湿フィルムに下地材のある部分で、30mm以上重ね合わせる。

ハ. □外壁の防湿フィルム端部を、間仕切り壁が外壁に取り付く部分にある間柱（乾燥木材に限る。）に、本章7-1.5.3（壁、床、天井（又は屋根）の施工）の3により留め付ける。 7-1.5.3の3 ☞83頁

7. 最下階の床と間仕切り壁の取合い部は、次のいずれかによる。

イ. □最下階の床の防湿フィルムを張る場合は、防湿フィルムを留め付けてから、間仕切り壁を取り付ける。この部分で防湿フィルムを継ぐ場合は、下地材のある部分で30mm以上重ね合わせる。

ロ. □最下階の床の間仕切り壁が取り付く部分に、先張りの防湿フィルムを張る。この場合、最下階の床の防湿フィルムは、先張りの防湿フィルムに下地材のある部分で30mm以上重ね合わせる。

ハ. □本章7-1.5.3（壁、床、天井（又は屋根）の施工）の5により床を施工したのち、間仕切り壁を施工する。 7-1.5.3の5 ☞83頁

ニ. □床の防湿フィルム端部を床に取り付く部分の間仕切り壁下地材（乾燥木材に限る。）に、本章7-1.5.3（壁、床、天井（又は屋根）の施工）の3により留め付ける。 7-1.5.3の3 ☞83頁

8. 屋根の直下の天井（又は屋根）と間仕切り壁の取合い部は、次のいずれかによる。

イ. □屋根の直下の天井（又は屋根）の防湿フィルムを留め付けてから、間仕切り壁を取り付ける。この部分で防湿フィルムを継ぐ場合は、下地材のある部分で30mm以上重ね合わせる。

ロ. □屋根の直下の天井（又は屋根）の間仕切り壁が取り付く部分に、先張りの防湿フィルムを張る。この場合、屋根の直下の天井の防湿フィルムは、先張りの防湿フィルムに下地材のある部分で、30mm以上重ね合わせる。

ハ. □天井の防湿フィルム端部を、天井に取り付く部分の間仕切り壁下地材（乾燥

木材に限る。）に、本章7-1.5.3（壁、床、天井（又は屋根）の施工）の3により留め付ける。 7-1.5.3の3 ☞83頁

9. 下屋部分の床、天井、外壁の取合い部は、次による。
   イ. □その他の階の床と外壁の取合い部は、4による。
   ロ. □下屋部分の天井の防湿フィルムは、胴差しに留め付けた防湿フィルムと連続させるか、下地材のある部分で30mm以上重ね合わせる。

7-1.5.5 ボード状繊維系断熱材を用いた外張断熱工法による場合

ボード状繊維系断熱材を用いた、外張断熱工法による場合の防湿フィルムの施工は、次による。

イ. 防湿フィルムは、縦横とも柱・間柱・下地材・たる木又は野地板などの外側（断熱材の内側）に施工し、その取合い部は下地材のある部分で30mm以上重ね合わせ、留め付ける。

ロ. 防湿フィルムは屋根と外壁部、外壁部と床の取合い部、外壁の隅角部などの取合い部では、下地材のある部分で30mm以上重ね合わせ、留め付ける。

ハ. 留付けはステープルを用い、継目部分は200～300mm程度の間隔に、たるみ、しわのないように張る。

7-1.5.6 基礎断熱部の取合い

基礎を断熱し、基礎部分を気密層とする場合には、土台と基礎の間に気密材又は気密補助材を施工すること等により、当該部分にすき間が生じないようにする。なお、基礎断熱とした場合は、最下階の床には気密層を施工しない。

7-1.5.7 細部の気密処理（1地域、2地域及び3地域において建設する場合）

1. 構造材が防湿フィルムを貫通する部分は、フィルムと構造材を気密テープ等で留め付ける。
2. 開口部等のまわりの施工は、次による。
   イ. 開口部まわりは、サッシ枠取付け部で結露が生じないよう、構造材や防湿フィルムとサッシ枠のすき間を気密補助材で処理する。
   ロ. 床下及び小屋裏等の点検口まわりは、防湿フィルムを点検口の枠材に、気密テープなどによって留め付ける。
   ハ. 断熱構造とする部分に用いる床下及び小屋裏点検口は、気密性の高い構造とする。
3. 設備配管まわりの施工は、次による。
   イ. 設備配管又は配線により外壁、天井、床の防湿フィルムが切れる部分は、貫通する外壁、天井、床のそれぞれの防湿フィルムを切り開き、切り開いた部分を留め代とし、設備配管又は配線に気密テープで留め付けるなど、気密層が連続するよう処理する。
   ロ. 電気配線のコンセント、スイッチボックスのまわりの施工は、次のいずれかとし、外壁、天井、床のそれぞれの防湿フィルムと気密テープで留め付ける。
      (イ) □気密措置が講じられた専用のボックスを使用する。
      (ロ) □コンセント、スイッチボックスのまわりを防湿フィルムでくるむ。

7-1.5.8 注意事項

1. 4地域、5地域、6地域、7地域及び8地域に建設する場合であっても、細部の気密処理の施工に十分注意する。
2. 燃焼系の暖房器具又は給湯機器を設置する場合には、密閉型又は屋外設置型の機器が設置できるように計画する。

7-1.6 気密工事(発泡プラスチック系断熱材を用いた外張断熱工法による場合)

7-1.6.1 一般事項

発泡プラスチック系断熱材を用いた外張断熱工法による場合の各部位の気密工事は、この項による。

7-1.6.2 材料・工法一般

1. 気密工事に使用する気密材の種類及び品質は、次のとおりとする。ただし、1地域、2地域及び3地域において建設する場合の気密材はイ、ハ、ホ、トの材、又はこれと同等以上の気密性、強度、耐久性を有する材料とする。
   - イ. 住宅用プラスチック系防湿フィルム(JIS A 6930(住宅用プラスチック系防湿フィルム))又はこれと同等以上の気密性を有するもの
   - ロ. 透湿防水シート(JIS A 6111(透湿防水シート))又はこれと同等以上の気密性を有するもの
   - ハ. 合板、せっこうボード、構造用パネル(JAS)又はこれと同等以上の気密性を有するもの
   - ニ. 発泡プラスチック断熱材(JIS A 9521)、建築物断熱用吹付け硬質ウレタンフォーム(JIS A 9526)又はこれと同等以上の気密性を有するもの
   - ホ. 乾燥木材等
   - ヘ. 金属部材
   - ト. コンクリート部材
2. 気密工事に使用する防湿フィルムは、JIS A 6930(住宅用プラスチック系防湿フィルム)に適合するもの、又はこれと同等以上の防湿性、強度及び耐久性を有するものとする。また、寸法は所定の重ね寸法が確保できるものとし、できるだけ幅広の長尺フィルムを用いる。
3. 気密工事に使用する透湿防水シートは、JIS A 6111(透湿防水シート)に適合するもの、又はこれと同等以上の気密性、強度及び耐久性を有するものとする。また、寸法は所定の重ね寸法が確保できるものとし、できるだけ幅広の長尺フィルムを用いる。ただし、1地域、2地域及び3地域においては使用しない。
4. 防湿フィルムは連続させ、すき間のできないように施工する。また、継目は下地材のある部分で30mm以上重ね合わせ、その部分を合板、せっこうボード、乾燥した木材、発泡プラスチック系断熱材等で挟みつける。
5. 気密層の連続性を確保するため、板状の気密材の相互の継目又はその他の材料との継目は、本章7-1.5.2(材料・工法一般)の4に掲げる気密補助材を施工する。 7-1.5.2の4 ☞83頁

7-1.6.3 壁、屋根及びその取合い部の施工

1. 1地域、2地域及び3地域において建設する場合の壁、屋根及びその取合い部の施工は、次のいずれかとする。
   - イ. □発泡プラスチック系断熱材の屋内側に、防湿フィルムを張る。
   - ロ. □発泡プラスチック系断熱材の屋内側に、構造用合板など通気性の低い乾燥した面材を張る。
   - ハ. □発泡プラスチック系断熱材の屋外側に、透湿防水シートを張る。
2. 4地域、5地域、6地域、7地域及び8地域において建設する場合の壁、屋根及びその取合い部の施工は、次のいずれかとする。
   - イ. □発泡プラスチック系断熱材の屋内側に、防湿フィルムを張る。
   - ロ. □発泡プラスチック系断熱材の屋内側に、構造用合板など通気性の低い乾燥した面材を張る。
   - ハ. □発泡プラスチック系断熱材の屋外側に、透湿防水シートを張る。
   - ニ. □外張断熱に用いた発泡プラスチック系断熱材の継目を、気密補助材を用いてすき間が生じないように施工する。
   - ホ. □2層以上の発泡プラスチック系断熱材の継目が重ならないように張る。

3. 屋根と壁の取合い部及び壁の隅角部においては、気密補助材を利用して、すき間が生じないようにする。
4. 外壁を発泡プラスチック系断熱材を用いた外張断熱工法とし、床又は天井を充填断熱工法とする場合には、床、天井の施工は本章7-1.5.3（壁、床、天井（又は屋根）の施工）により、床と外壁、天井と外壁との取合い部の施工は本章7-1.5.4（壁、床、天井(又は屋根）の取合い部等の施工）による。 7-1.5.3 ☞83頁 7-1.5.4 ☞83頁
5. 屋根を発泡プラスチック系断熱材を用いた外張断熱工法とし、外壁を充填断熱工法とする場合には、外壁の施工は本章7-1.5.3（壁、床、天井(又は屋根)の施工)により、屋根と外壁との取合い部の施工は本章7-1.5.4（壁、床、天井（又は屋根）の取合い部等の施工）による。 7-1.5.3 ☞83頁 7-1.5.4 ☞83頁

7-1.6.4 基礎断熱部の取合い等

基礎断熱部の取合い、細部の気密処理、注意事項については、それぞれ本章7-1.5.6（基礎断熱部の取合い)、本章7-1.5.7（細部の気密処理（1地域、2地域及び3地域において建設する場合))及び本章7-1.5.8（注意事項）による。 7-1.5.6 ☞85頁 7-1.5.7 ☞85頁 7-1.5.8 ☞85頁

7-1.7 開口部の断熱性能

7-1.7.1 開口部建具の種類

1. 開口部の断熱の仕様は、地域の区分に応じ、下表の熱貫流率を満たすものとする。

地域の区分	熱貫流率(W/(m²・K))
1・2・3地域	2.3以下
4地域	3.5以下
5・6・7地域	4.7以下
8地域	

2. 窓の合計面積が住宅の床面積の2%以下となるものについては、前記1によらず施工することができる。

7-1.7.2 開口部の気密性

開口部に用いる建具は、地域の区分に応じ、次の気密性能の等級に該当するものとする。

イ. 1地域、2地域及び3地域における開口部は、JIS A 4706(サッシ)に定める気密性等級「A-4」を満たすもの

ロ. 4地域、5地域、6地域、7地域及び8地域における開口部は、JIS A 4706(サッシ)に定める気密性等級「A-3」又は「A-4」を満たすもの

7-1.7.3 注意事項

1. 建具の重量によって、窓台、まぐさ等の建具取付け部に、有害な変形が生じないような配慮をする。
2. 建具の取付け部においては、漏水及び構造材の腐朽を防止するために、すき間が生じないようにする。

7-1.8 開口部の日射遮蔽措置

7-1.8.1 一戸建ての住宅における開口部の日射遮蔽措置

1. 5地域、6地域及び7地域における住宅の開口部（全方位）は、日射遮蔽措置を講じた次のいずれかとする。

イ. □開口部の日射熱取得率が0.59以下であるもの

ロ. □ガラスの日射熱取得率が0.73以下であるもの

ハ. □付属部材を設けるもの

ニ. □ひさし、軒等を設けるもの

2. 8地域における住宅の開口部(全方位)は、日射遮蔽措置を講じた次のいずれかとする。

イ. □開口部の日射熱取得率が0.53以下であるもの
ロ. □ガラスの日射熱取得率が0.66以下であるもの
ハ. □付属部材を設けるもの
ニ. □ひさし、軒等を設けるもの

7-1.8.2 共同住宅等における開口部の日射遮蔽措置

1. 8地域における住宅の開口部(北±22.5度の方位以外)は、日射遮蔽措置を講じた次のいずれかとする。
   イ. □開口部の日射熱取得率が0.52以下であるもの
   ロ. □ガラスの日射熱取得率が0.65以下であるもの
   ハ. □付属部材を設けるもの
   ニ. □ひさし、軒等を設けるもの

7-1.8.3 小窓等における日射遮蔽措置

開口部（開口部の面積の大部分が透明材料であるもの。また、天窓は除く。）の合計面積が、住宅の床面積の4%以下となるものについては、本章7-1.8.1及び7-1.8.2によらず施工することができる。

7-1.8.1 ☞87頁
7-1.8.2 ☞88頁

7. 断熱及び省エネ設備工事

7-2. 省エネルギー設備工事（一次エネルギー消費量等級4）

7-2.1 一般事項

7-2.1.1 総則

1. 省エネルギー設備工事(一次エネルギー消費量等級4)に適合する住宅の仕様は、この項による。ただし、これによらない場合は、本章7-3(建築物エネルギー消費性能基準)に適合する仕様とする。 7-3 ☞92頁
2. 本項におけるアンダーライン「　　」の付された項目事項は、省エネルギー設備工事(一次エネルギー消費量等級4)に係る仕様であるため、当該部分の仕様以外とする場合は、住宅金融支援機構の認めたものとする。

7-2.1.2 適用

本項の適用となる住宅は、次の1又は2のいずれかを満たすものとする。

1. □一次エネルギー消費量等級4に適合する仕様を計算により決定する場合、住宅の品質確保の促進等に関する法律（平成11年法律第81号）に基づく評価方法基準（平成13年国土交通省告示第1347号）第5の5-2の一次エネルギー消費量等級４に規定されている対策が講じられていることとし、「住宅に関する省エネルギー基準に準拠したプログラム（https://house.app.lowenergy.jp/）」等を用いて、巻末付録3（地域の区分一覧表）の地域の区分及び床面積等に応じて算定した対象住宅の一次エネルギー消費量が基準一次エネルギー消費量を上回らないことを確認したものとし、その仕様は特記による。 付録3 ☞218頁
2. □一次エネルギー消費量等級4に適合する仕様を仕様により決定する場合、以下のイからへまでを満たすものとする。
   - イ. 基準一次エネルギー消費量及び住宅の一次エネルギー消費量の算出における地域の区分は、巻末付録3(地域の区分一覧表)による。 付録3 ☞218頁
   - ロ. 暖房設備は、本章7-2.2(暖房設備)による。 7-2.2 ☞89頁
   - ハ. 冷房設備は、本章7-2.3(冷房設備)による。 7-2.3 ☞90頁
   - ニ. 換気設備は、本章7-2.4(換気設備)による。 7-2.4 ☞90頁
   - ホ. 給湯設備は、本章7-2.5(給湯設備)による。 7-2.5 ☞90頁
   - へ. 照明設備は、本章7-2.6(照明設備)による。 7-2.6 ☞91頁

7-2.2 暖房設備

1. 1地域、2地域、3地域又は4地域における暖房方式及び暖房設備は、次のいずれかによる。
   - イ. □単位住戸全体を暖房する方式とする場合、暖房設備はダクト式セントラル空調機でヒートポンプ式熱源とする。
   - ロ. 居室のみを暖房する方式とする場合、暖房設備は次のいずれかによる。
     - (イ) □温水暖房用パネルラジエーターで配管に断熱被覆があるものとし、熱源は石油熱源機で、熱効率が83.0%以上であるもの
     - (ロ) □温水暖房用パネルラジエーターで配管に断熱被覆があるものとし、熱源はガス熱源機で、熱効率が78.9%以上であるもの
     - (ハ) □温水暖房用パネルラジエーターで配管に断熱被覆があるものとし、熱源は電気ヒートポンプ熱源機で、フロン系冷媒に限るもの
     - (ニ) □FF暖房機で熱効率が86.0%以上であるもの
     - (ホ) □エネルギー消費効率の区分が(い)又は(ろ)のルームエアコンディショナー
   - ハ. □新築時に設備を設置しない。

2. 5地域、6地域又は7地域における暖房方式及び暖房設備は、次のいずれかによる。

イ. □単位住戸全体を暖房する方式とする場合、暖房設備はダクト式セントラル空調機でヒートポンプ式熱源とする。

ロ. 居室のみを暖房する方式とする場合、暖房設備は次のいずれかによる。

(イ) □温水暖房用パネルラジエーターで配管に断熱被覆があるものとし、熱源は石油熱源機で、熱効率が87.8%以上であるもの

(ロ) □温水暖房用パネルラジエーターで配管に断熱被覆があるものとし、熱源はガス熱源機で、熱効率が82.5%以上であるもの

(ハ) □温水暖房用パネルラジエーターで配管に断熱被覆があるものとし、熱源は電気ヒートポンプ熱源機で、フロン系冷媒に限るもの

(ニ) □エネルギー消費効率の区分が(い)又は(ろ)のルームエアコンディショナー

ハ. □新築時に設備を設置しない。

7-2.3 冷房設備

冷房方式及び冷房設備は、次のいずれかによる。

1. □単位住戸全体を冷房する方式とする場合、冷房設備はダクト式セントラル空調機でヒートポンプ式熱源とする。
2. □居室のみを冷房する方式とする場合、冷房設備はエネルギー消費効率の区分が(い)又は(ろ)のルームエアコンディショナーとする。
3. □新築時に設備を設置しない。

7-2.4 換気設備

換気設備は、次のいずれかによる。

1. □比消費電力(熱交換換気設備を採用する場合は、比消費電力を有効換気量率で除した値)が0.3 W/(m^3/h)以下の換気設備
2. □内径75mm以上のダクトを使用したダクト式第一種換気設備(熱交換換気設備なし)(DC(直流)モーター採用)
3. □内径75mm以上のダクトを使用したダクト式第二種換気設備
4. □内径75mm以上のダクトを使用したダクト式第三種換気設備
5. □壁付け式第二種換気設備
6. □壁付け式第三種換気設備

7-2.5 給湯設備

1. 1地域、2地域、3地域又は4地域における給湯設備は、次のいずれかによる。

イ. □石油給湯機で、モード熱効率が81.3%以上であるもの

ロ. □潜熱回収型の石油熱源機(エコフィール)

ハ. □ガス給湯機で、モード熱効率が83.7%以上であるもの

ニ. □潜熱回収型のガス熱源機(エコジョーズ)(1地域を除く。)

ホ. □電気ヒートポンプ給湯機(CO_2冷媒に限る。)で、年間給湯保温効率又は年間給湯効率が1地域において3.5以上、2地域において3.2以上、3地域において3.0以上、4地域において2.9以上のもの

ヘ. □電気ヒートポンプ給湯機(エコキュート)(3地域、4地域に限る。)

2. 5地域、6地域又は7地域における給湯設備は、次のいずれかによる。

イ. □石油給湯機で、モード熱効率が77.8%以上であるもの

ロ. □潜熱回収型の石油熱源機(エコフィール)

ハ. □ガス給湯機で、モード熱効率が78.2%以上であるもの

ニ. □潜熱回収型のガス熱源機(エコジョーズ)

ホ. □電気ヒートポンプ熱源機(CO_2冷媒に限る。)(エコキュート)

7-2.6 照明設備

非居室に設置する全ての照明設備は、次のいずれかによる。

1. □LEDを設置する。
2. □蛍光灯を設置する。

7-3. 建築物エネルギー消費性能基準

7-3.1 一般事項

7-3.1.1 総則

1. フラット35における省エネルギー性に関する基準のうち、建築物エネルギー消費性能基準(建築物のエネルギー消費性能の向上に関する法律(平成27年法律第53号)(通称 建築物省エネ法)第2条第3号に定める基準)及び結露の発生を防止する対策に関する基準に適合する仕様は、この項による。
2. 本項におけるアンダーライン「　　　」の付された項目事項は、建築物エネルギー消費性能基準及び結露の発生を防止する対策に関する基準に係る仕様であるため、当該部分の仕様以外とする場合は、住宅金融支援機構の認めたものとする。

7-3.1.2 適用

1. 地域の区分は、巻末付録3(地域の区分一覧表)による。 付録3 ☞218頁
2. 本項の適用となる住宅は、次のイからハまでを満たすものとする。
   イ. 外皮性能は、次のいずれかによる。ただし、これによらない場合は、建築物エネルギー消費性能基準等を定める省令(平成28年経済産業省・国土交通省令第1号)の第1条第1項第二号のイの(2)の規定に適合する仕様とする。
   (イ) □計算により決定する場合は、本章7-1.1.2(適用)の2のイによる。 7-1.1.2の2 ☞70頁
   (ロ) □仕様により決定する場合は、本章7-1.1.2(適用)の3のイからニによる。 7-1.1.2の3 ☞70頁
   ロ. 一次エネルギー消費量は、次のいずれかによる。ただし、これによらない場合は、建築物エネルギー消費性能基準等を定める省令(平成28年経済産業省・国土交通省令第1号)の第1条第1項第二号のロの(2)の規定に適合する仕様とする。
   (イ) □計算により決定する場合は、本章7-2.1.2(適用)の1による。 7-2.1.2の1 ☞89頁
   (ロ) □仕様により決定する場合は、本章7-2.1.2(適用)の2による。 7-2.1.2の2 ☞89頁
   ハ. 結露の発生を防止する対策は、本章7-3.2(防湿材の施工)による。 7-3.2 ☞92頁

7-3.2 防湿材の施工

1. グラスウール、ロックウール、セルローズファイバー等の繊維系断熱材及びJIS A 9526 に規定する吹付け硬質ウレタンフォームA種3、その他これらに類する透湿抵抗の小さい断熱材を使用する場合は、外気等に接する部分に防湿材等を室内側に施工して防湿層を設ける。ただし、次のいずれかの場合は、当該部位について防湿層の設置を省略することができる。
   イ. 土塗り壁の外側に断熱層がある場合
   ロ. 床断熱において、断熱材下側が床下に露出する場合、又は湿気の排出を妨げない構成となっている場合
   ハ. 建設地の地域の区分が8地域の場合
   ニ. 断熱層が単一の材料で均質に施工され、透湿抵抗比(断熱層の外気側表面より室内側に施工される材料の透湿抵抗の合計値を、断熱層の外気側表面より外気側に施工される材料の透湿抵抗の合計値で除した値)が次の値以上である場合
   (イ) 1地域、2地域及び3地域で、壁は4、屋根又は天井は5
   (ロ) 4地域で、壁は2、屋根又は天井は3
   (ハ) 5地域、6地域及び7地域で、壁は2、屋根又は天井は2
   ホ. イからニと同等以上の結露の発生の防止に有効な措置を講ずる場合は、特記による。

8.造作工事

8.1 床板張り

8.1.1 ひき板下地板

1. ひき板の厚さは、12mm以上とする。
2. 板そば及び継手は突付けとし、根太当たりN50くぎ2本を平打ちする。

8.1.2 合板下地板

1. 合板の品質は、合板のJASに適合する構造用合板の種類1類、厚さ12mm以上のもの、又はこれと同等以上の性能を有するものとする。
2. 張り方は、板の長手方向が根太と直交するように張り、根太心で突き付け、くぎ間隔は根太当たり150mm内外で、N50くぎを平打ちする。

8.1.3 パーティクルボード下地板

1. パーティクルボードの品質は、JIS A 5908（パーティクルボード）に適合し、曲げ強さによる区分が13タイプ以上、耐水性による区分が耐水1又は耐水2で厚さ15mm以上のもの、又はこれらと同等以上の性能を有するものとする。
2. 張り方は、本章5.6.3（パーティクルボード野地板）による。 5.6.3 ☞53頁

8.1.4 構造用パネル下地板

1. 構造用パネルの品質は、構造用パネルのJASに適合するもの、又はこれと同等以上の性能を有するものとする。
2. 張り方は、本章5.6.4（構造用パネル野地板）による。 5.6.4 ☞54頁

8.1.5 二重床下地板

1. 荒板張りは、本章8.1.1（ひき板下地板）から8.1.4（構造用パネル下地板）による。 8.1.1～8.1.4 ☞93頁
2. 荒板張りの上に施工する合板の品質は、特記による。
3. 張り方は、突付け張りとし、四周を間隔150mm内外でくぎ打ちする。はぎ目は、サンドペーパー掛けとし、目違い払いとする。

8.1.6 普通床板

1. 板厚は15mm以上とし、板そばは相じゃくり又は本ざねじゃくりとする。
2. 相じゃくりとする場合の継手は、受け材心で突き付け、N50くぎを平打ちする。
3. 本ざねじゃくりとする場合の張り方は、本章8.1.7（フローリング）の2のイによる。 8.1.7の2 ☞93頁

8.1.7 フローリング

1. フローリングの品質及び種類は、特記による。特記がない場合は、フローリングのJASに適合する複合フローリングとする。
2. 張り方は、次による。
   イ. 複合フローリングを根太に直接張る場合は、くぎ、接着剤を併用し、根太に直角に張る。板そば木口は本ざね継ぎ、敷居付きは小穴入れ、根太当たりは雄実上から隠しくぎ打ちとする。
   ロ. 直張りをする場合は、下地をよく清掃したのち、エポキシ樹脂系の接着剤又はウレタン樹脂系の接着剤を下地全面に均等に塗布し、入念に張り込む。

8.1.8 養生等

1. 張り上げたのちは、厚手の紙を用いて、よごれや損傷を防ぎ、雨などがかからないよう入念に養生する。
2. 下地材の継目と仕上材の継目が重ならないようにする。

8.2 敷居・かもい・その他

8.2.1 敷居

1. 敷居と柱との接合は、一方は横ほぞ差し又は目違い入れとし、他方は横栓打ちとする。
2. 敷居下端と下地材との間に、間隔450mm内外にかい木を入れ、くぎ掘りのうえ、くぎ打ちする。
3. 雨がかりは、上端を水返しじゃくりのうえ、水垂れ勾配をつけ、外部下端に水切りじゃくりをつける。

8.2.2 縁框

1. 柱に渡りあご掛けとし、継手は柱心で目違い継ぎとする。
2. 縁框の柱への取付けは、隠しくぎ打ちのうえ、下端から目かすがい打ちとする。

8.2.3 かもい、むめ

かもい及びむめの柱への取付けは、一方は横ほぞ差し、他方はすり込みとし、上端よりくぎ2本打ち、若しくは集成材とする場合は突付けとし、隠しくぎ打ちとする。

8.2.4 付けかもい、畳寄せ

1. 付けかもいは、一方は短ほぞ差し、他方はすり込みとし隠しくぎ打ち、又は両方たたき締め、突付けとし隠しくぎ打ち若しくは柱間に切り込み、隠しくぎ打ちとする。
2. 畳寄せは、柱間に切り込み、隠しくぎ打ちとする。

8.2.5 つり束

1. つり束の下部は、2枚ほぞ差しとし、隠しくぎ打ち又は目かすがい2本をほぞ穴に仕込み打ちとする。
2. 上部のはり又はけたとの取合いは、長ほぞ差しとし、こみ栓打ち又はかすがい両面打ち、又は平ほぞ差しかすがい両面打ちとする。

8.2.6 なげし

1. なげしと柱との取合いは、えり輪欠きとし、間隔450mm以内にくぎ掘りをして、かもい又は付けかもいに隠しくぎ打ちとする。
2. 入隅部分は、下端留め目違い入れとする。

8.2.7 窓、出入口

1. 開き戸の場合のたて枠は、戸当たりじゃくり又は戸当たり押縁を添え付け、木ねじ又は接着剤で留め付ける。
2. 外部引違いの場合のたて枠は、建付け溝じゃくりとする。
3. 開き戸の場合の上下枠は、戸当たりじゃくりとする。雨がかり箇所のくつずり上端は、水返しじゃくりとし、水垂れ勾配をつける。また、外部下端にも水切りじゃくりをつける。
4. たて枠と上下枠との取付けは、上下ともえり輪入れとし、くぎ2本打ちとする。雨がかり箇所の下部は、傾斜付きほぞ差しとし、くぎ2本打ちとする。
5. 枠の取付けは、両端及び間隔450mm内外にかい木をし、かい木位置で柱などにくぎ打ちする。

8.2.8 がくぶち

がくぶちは枠に添え付け、隅の見付けは大留めとし、両端及び間隔450mm内外に隠しくぎ打ちとする。

8.2.9 幅木

1. 継手は、柱心で目違い継ぎ又は突付け継ぎとし、出隅及び入隅は大留めとする。

2. 幅木の取付けは、床に小穴入れ又は添え付けとし、隠しくぎ打ちとする。

8.3 内外壁下地

8.3.1 胴縁

1. 耐力壁の下地とする場合の胴縁の間隔等は、本章5.3.1（大壁耐力壁の種類等）に適合するものとする。 5.3.1 ☞47頁
2. 非耐力壁の下地とする場合の胴縁の間隔は、450mm以内とし、受け材にくぎで留め付ける。

8.3.2 左官下地

1. 木ずりとする場合は、本章5.1.11（木ずり）に準ずる。 5.1.11 ☞45頁
2. せっこうボードとする場合は、次による。
   イ. せっこうボード、またはせっこうラスボードの品質は、JIS A 6901（せっこうボード製品）に適合するもの、又はこれと同等以上の性能を有するものとし、厚さ9.5mm以上とする。
   ロ. 継手は受け材心で突付け継ぎとし、受け材当たり間隔100mm内外で、GNF40くぎ又はCNC40くぎを平打ちする。
3. 構造用合板、各種ボード類の下地張りは、本章5.3（大壁造の面材耐力壁）に準ずる。 5.3 ☞47頁
4. 木毛セメント板張りとする場合は、本章8.11（内壁のせっこうボード張り・その他のボード張り）に準ずる。なお、木毛セメント板は、厚さ15mmで中細木毛とする。 8.11 ☞98頁

8.4 外壁内通気措置

8.4.1 一般事項

外壁における通気措置は、次のいずれかによる。

1. □外壁内に通気層を設け、壁体内通気を可能とする構造とする。
   イ. 防風防水材は、JIS A 6111（透湿防水シート）に適合する透湿防水シート等、気密性と防水性及び湿気を放散するに十分な透湿性を有する材料とする。
   ロ. 通気層に用いる胴縁は、原則として乾燥材とする。
   ハ. 通気層の構造は、次のいずれかによる。
      (イ)□土台水切り部から軒天井見切り縁又は軒裏通気孔に通気できる構造
      (ロ)□土台水切り部から天井裏を経由し、小屋裏換気孔に通気できる構造
   ニ. 外壁仕上材及びその下地工法、土台水切り、見切り縁などは、外壁内通気に支障ないものとし、特記による。
2. □外壁材を板張りとし、直接通気を可能とする構造とする場合は、次による。
   イ. 防風防水材は、JIS A 6111（透湿防水シート）に適合する透湿防水シート等、気密性と防水性及び湿気を放散するに十分な透湿性を有する材料とする。
   ロ. 外壁板張りは、本章8.5（外壁板張り）とし、水蒸気の放出が可能な構造とする。 8.5 ☞96頁
   ハ. 外壁材を板張りとする場合の軒の出は、本章5.5.1（一般事項）の3のイ又はロによるものとする。 5.5.1の3 ☞52頁
3. □1又は2によらない場合は、特記による。

8.4.2 工法

本章8.4.1（一般事項）の1により、外壁内に通気層を設け、壁体内通気を可能とする場合の工法は、次による。 8.4.1の1 ☞95頁

1. 防風防水材の施工は開口部まわり、外壁上下端部及び取合い部分の雨水処理、水切り取付け等の必要な先工事の終了後に行う。
2. 防風防水材は、下方向から上方向によろい状に張り上げ、重ね幅は上下方向90mm、左右方向150mm以上とし、たるみ、しわのないように張る。開口部まわりの処理は、本章11.1（外部建具及び止水）による。留付けはステープルで、継目部分は300mm間隔、その他の箇所は要所に行う。 11.1 ☞115頁

3. 通気胴縁は厚さ15mm以上、幅45mm以上で、外壁材留付けに適切な幅とし、かつ外壁仕上材及び下地材の重量を躯体に伝達できるものとする。なお、外壁材を張る方向により縦胴縁、又は横胴縁のいずれかを用いる。
   イ. 縦胴縁とする場合は、仕上材継目部、壁の出隅部及び入隅部では、通気胴縁の幅を90mm以上とする。開口部周囲は、建具枠周囲の通気が可能なように、30mm程度のすき間を設ける。なお、上下端部は雨仕舞よくおさめる。
   ロ. 横胴縁とする場合は、仕上材継目部、壁の出隅部及び入隅部では、通気胴縁の幅を90mm以上とし、胴縁端部及び長さ1,820mm内外に30mm程度の通気のあきを設ける。
4. 胴縁を用いない外壁内通気措置は、特記による。

8.5 外壁板張り

8.5.1 たて羽目張り

1. 板そばは、本ざねじゃくり、幅割合せとする。継手は、受け材心で相欠き、乱継ぎとする。
2. 取付けは、受け材当たりに通りよく、つぶし頭くぎ打ち又はしんちゅうくぎ打ちとする。

8.5.2 よろい下見板張り

1. 板幅をそろえ、羽重ねは20mm内外とする。
2. 継手は、受け材心で相欠き、乱継ぎとする。取付けは、受け材当たりに通りよく、つぶし頭くぎ打ち又はしんちゅうくぎ打ちとする。

8.5.3 押縁下見板張り

1. 板幅をそろえ、羽重ねは20mm内外とする。板の取付けは、羽重ね下ごとに受け材当たりくぎ打ちとする。
2. 板の継手は、柱心で突付けとする。
3. 押縁は羽刻みを行い、受け材当たりくぎ打ちとする。かど及び出入口の際の押縁は、厚手の下見板を木口隠しじゃくりしたものとする。押縁の継手は、羽重ね位置でそぎ継ぎとする。

8.5.4 雨押え

1. 雨押えの継手は、柱心で突付け継ぎとし、出隅及び入隅は大留めとする。
2. 雨押えの取付けは、柱及び間柱へ欠き込み、くぎ打ちとする。

8.5.5 見切り縁

見切り縁の継手は、柱心で目違い継ぎとし、出隅及び入隅は大留めとし、受け材当たりくぎ打ちとする。

8.6 窯業系サイディング張り

8.6.1 材料

1. 窯業系サイディング材は、JIS A 5422（窯業系サイディング）に適合するもの、又はこれらと同等以上の性能を有するものとする。
2. シーリング材は、JIS A 5758（建築用シーリング材）に適合するもの、又はこれと同等以上の性能を有するものとする。
3. ジョイナー、防水テープ等は、各製造所の指定する材料とする。

8.6.2 工法

1. 窯業系サイディング張りは、壁体内通気を可能とする構造とし、本章8.4.1（一般事項）の1及び本章8.4.2（工法）による。これによらない場合は、特記による。
2. サイディング材の取付けは、目地通りよく、不陸、目違い等のないように行う。

8.4.1の1 ☞95頁
8.4.2 ☞95頁

3. サイディングと土台水切り等の取合いは、10mm程度のすき間をあける。
4. 開口部まわりの防水処理は、防水テープ等により補強するものとし、本章11.1（外部建具及び止水）による。 11.1 ☞115頁
5. 窯業系サイディング材の留付け材料及び留付け方法は、各サイディング製造所の仕様によるものとし、特記による。
6. 水切り及び雨押えの取付けは、本章6.9（各屋根ふき材の水切り・雨押え）による。 6.9 ☞67頁
7. その他の工法は、各製造所の仕様によることとし、特記による。

8.7 金属サイディング等張り

8.7.1 材料

金属サイディング等の品質は、JIS A 6711（複合金属サイディング）に適合するもの、JIS G 3312（塗装溶融亜鉛めっき鋼板及び鋼帯）に適合するもの、又はこれと同等以上の性能を有するもので建築用外板用とする。

8.7.2 工法

1. 金属サイディング等張りは、壁体内通気を可能とする構造とし、本章8.4.1（一般事項）の1及び本章8.4.2（工法）による。これによらない場合は、特記による。 8.4.1の1 ☞95頁 8.4.2 ☞95頁
2. 金属サイディング等の留付け材料及び留付け方法は、各製造所の仕様によるものとし、特記による。

8.8 開口部まわりのシーリング処理

8.8.1 材料

シーリング材は、JIS A 5758（建築用シーリング材）に適合するもの、又はこれと同等以上の性能を有するものとする。

8.8.2 工法

1. シーリング材の充填は、原則として、吹付けなどの仕上げ前に行う。なお、仕上げ後にシーリング材を充填する場合は、シーリング材被着面に塗料等がかからないよう養生するとともに、シーリング材の施工にあたっては、目地周囲にシーリング材がはみ出さないようテープなどで十分養生する。
2. プライマーを塗布したのち、製造所の指定する時間放置し、指で乾燥を確認しながらシーリング材を速やかに充填する。
3. シーリング目地は、ワーキングジョイントとし、2面接着とする。目地底にボンドブレーカーを設けるなどして、3面接着を避ける。

8.9 小屋裏換気

8.9.1 小屋裏換気

小屋裏空間が生じる場合の小屋裏換気は、次の1及び2による。ただし、天井面ではなく屋根面に断熱材を施工する場合（屋根断熱）は、小屋裏換気孔は設置しないこととする。

屋根断熱の場合の屋根の施工は、7-1.4.9（屋根の施工）による。 7-1.4.9 ☞81頁

1. 小屋裏換気孔は、独立した小屋裏ごとに2箇所以上、換気に有効な位置に設ける。
2. 換気孔の有効換気面積等は、次のいずれかによる。
   イ. □両妻壁にそれぞれ換気孔（吸排気両用）を設ける場合は、換気孔をできるだけ上部に設けることとし、換気孔の面積の合計は、天井面積の1/300以上とする。
   ロ. □軒裏に換気孔（吸排気両用）を設ける場合は、換気孔の面積の合計を天井面積の1/250以上とする。
   ハ. □軒裏又は小屋裏の壁のうち、屋外に面するものに吸気孔を、小屋裏の壁に排気孔を、垂直距離で900mm以上離して設ける場合は、それぞれの換気孔の面積を天井面積の1/900以上とする。
   ニ. □排気筒その他の器具を用いた排気孔は、できるだけ小屋裏頂部に設けること

とし、排気孔の面積は天井面積の1/1,600以上とする。また、軒裏又は小屋裏の壁のうち、屋外に面するものに設ける吸気孔の面積は、天井面積の1/900以上とする。

ホ. □軒裏又は小屋裏の壁のうち、屋外に面するものに吸気孔を設け、かつ、むね部に排気孔を設ける場合は、吸気孔の面積を天井面積の1/900 以上とし、排気孔の面積を天井面積の1/1,600以上とする。

8.9.2 スクリーン

小屋裏換気孔には、雨、雪、虫等の侵入を防ぐため、スクリーン等を堅固に取り付ける。

8.10 内壁合板張り

8.10.1 材料

1. 合板の品質は、合板のJASに適合する普通合板、特殊合板（天然木化粧合板、特殊加工化粧合板）、構造用合板、化粧ばり構造用合板若しくは構造用パネルのJASに適合するもの、又はこれらと同等以上の性能を有するものとする。
2. 水がかり箇所又はこれに準ずる箇所に使用する合板の種類は、1類とする。
3. 普通合板を使用する場合、合板の表面の品質は、1等とする。
4. 合板のホルムアルデヒドの発散量に関する品質については、特記による。

8.10.2 工法

1. 合板の張付けは、目地通りよく、不陸、目違いなどのないように行う。
2. 留付けは、150mm内外にくぎ打ちする。なお、くぎ打ちに合わせて接着剤を併用する場合の留付けは、特記による。

8.11 内壁のせっこうボード張り・その他のボード張り

8.11.1 材料

1. せっこうボードの品質は、JIS A 6901（せっこうボード製品）の各種類に適合するもの、又はこれと同等以上の性能を有するものとする。
2. その他ボード類の品質は、次表に掲げるもの又はこれらと同等以上の性能を有するものとする。

材　種	規　格
インシュレーションボード	JIS A 5905（繊維板）の規格品
MDF	
HB	
吸音用軟質繊維板	JIS A 6301（吸音材料）の規格品
パーティクルボード	JIS A 5908（パーティクルボード）の規格品
化粧パーティクルボード	JIS A 5908（パーティクルボード）の規格品
木毛セメント板	JIS A 5404（木質系セメント板）の規格品
スレート	JIS A 5430（繊維強化セメント板）の規格品
けい酸カルシウム板（タイプ2）	
スラグせっこう板	

3. その他のボード類のホルムアルデヒドの発散量に関する品質については、特記による。
4. くぎ、木ねじ、接着剤及びパテなどは、各製造所の指定する材料とする。

8.11.2 工法

1. ボードの張付けは、次による。
   イ. ボードの張付けは、目地通りよく、不陸、目違いなどのないように行う。
   ロ. 下張りの上に張る場合は、主として接着剤を使用するが、必要に応じて、くぎ、木ねじを併用して張り付ける。

ハ. 直張りの場合は、くぎ又は木ねじを使用して張り付け、必要に応じて接着剤を併用する。

ニ. 下地へくぎ留めする場合は、くぎの間隔をボード周辺部については100mm内外とし、へりより10mm程度内側にくぎ打ちする。その他の中間部は、150mm内外の間隔とする。

ホ. 硬質繊維板は、少なくとも24時間前に水打ちしたものを使用する。

ヘ. 木毛セメント板張りの場合は、座金当てくぎ打ちとする。

2. 張り下地とする場合の張付けは、次による。

イ. 紙又は布張り下地となるボード類の張付けは、継目は突付け張りとし、特に周囲の継目は、すき間及び目違いのないように張り付ける。原則として継目をジョイントテープなどで補強をし、継目、くぎ頭などはJIS A 6914（せっこうボード用目地処理材）に適合するもの、又はこれらと同等の性能を有するもので、パテかいをして平に仕上げる。

ロ. 防火材料面の不陸直しに使用するパテは、無機質のものとする。

8.12 天井下地

8.12.1 野縁受け

1. 野縁受けの間隔は、900mm内外とし、野縁又は竿縁と交差する箇所でくぎ打ちする。
2. 継手の位置は、野縁交差箇所を避ける。継手は、突付け継ぎとし、両面添え木当てとするか、相添え継ぎとし、くぎ打ちとする。

8.12.2 野縁

1. 野縁の継手位置は、野縁受けとの交差箇所を避け、乱に配する。継手は、いすか継ぎ、くぎ打ち又は突付け継ぎ、添え木当てくぎ打ちとする。
2. 野縁の間隔は、竿縁天井の場合は450mmを標準とし、その他の天井の場合は、天井仕上材の各製造所の仕様による。
3. 塗り天井、打上げ天井などの野縁は、一方向に配置し、野縁受け下端に添え付け、くぎ打ちとする。

8.12.3 板野縁

1. 継手位置は、野縁の継手箇所を避け、乱に配する。継手は、受け材心で突付け継ぎとする。
2. 野縁は一方向に450mm内外に配置し、板野縁は間隔150mmを標準として、それぞれ野縁下端に添え付け、くぎ打ちとする。
3. 板野縁のホルムアルデヒドの発散量に関する品質については、特記による。

8.12.4 吊り木

1. 吊り木は、900mm内外に配置する。
2. 留付けは、下部は野縁受けに添え付け、くぎ打ちとする。上部は、吊り木受け、床ばり又は小屋ばりに添え付け、くぎ打ちとする。

8.12.5 吊り木受け

1. 吊り木受けは、900mm内外に配置する。
2. 小屋ばりに、なじみ欠きして乗せ掛け、かすがい打ち又はくぎ打ちとする。2階ばりなどには、受け木を打ち付け、これに乗せ掛け、かすがい打ち又はくぎ打ちとする。

8.13 天井張り

8.13.1 打上げ天井

板そばは相じゃくりとし、幅割合せとする。継手は、受け材心で相欠きとし、つぶし頭くぎ打ちとする。

8.13.2 竿縁天井

1. 回り縁は、柱当たりえり輪欠きとし、受け材当たり要所にくさび飼い、隠しくぎ打ちとする。入隅は、下端留め目違い入れとし、出隅は大留めとする。
2. 竿縁は、回り縁へ大入れとし、隠しくぎ打ちとする。
3. 天井板は、羽重ね25mm内外に割合せとする。羽重ね裏は削り合せとし、竿縁及び回り縁当たりに隠しくぎ打ちとする。
4. 天井板のホルムアルデヒドの発散量に関する品質については、特記による。

8.13.3 目透し天井

1. 目透し天井に用いる天井板は、裏桟付き目透し用化粧合板とする。
2. 目透し用化粧合板のホルムアルデヒドの発散量に関する品質については、特記による。
3. 板幅割り配置のうえ、野縁に裏桟間隔900mm内外に取り付ける。

8.13.4 せっこうボード張り・その他のボード張り

天井のせっこうボード張り及びその他のボード張りは、本章8.11（内壁のせっこうボード張り・その他のボード張り）に準ずる。なお、材料の品質・種類は、特記による。 8.11 ☞98頁

8.14 階段

8.14.1 側げた階段

1. 側げた階段を用いる場合は、次による。
   イ. 側げたは、段板及び蹴込み板当たりを大入れ彫りとする。側げたと軸組との取合いは、柱及び胴差しその他を欠き取りとするか、相欠きとし、柱その他へ隠しくぎ打ちとする。
   ロ. 段板は下端に蹴込み板じゃくりをし、側げたに大入れとする。その後、下端からくさびを飼い、くさびが抜け落ちないようくぎ打ちする。
   ハ. 蹴込み板の取付けは、側げた及び上段板にはさみ込み、下段板に添え付け、くぎ打ちとし、上及び両端とも裏面よりくさびを飼い、くさびが抜け落ちないようくぎ打ちする。
   ニ. 親柱を設ける場合の下部は、受け材に長ほぞ差しとし、こみ栓打ち、隠しくぎ打ちとする。
   ホ. 親柱を設ける場合の手すりは、親柱へ大入れ短ほぞ差しとし、接着剤等を用いて堅固に取り付ける。手すり子は、上下とも短ほぞ差しとする。
2. 上記のホルムアルデヒドの発散量に関する品質については、特記による。

8.14.2 その他の階段

側げた階段以外の階段とする場合は、特記による。

8.14.3 階段手すり、すべり止め

階段には手すりを設けるとともに、必要に応じて、すべり止め等の措置を講ずる。

8.15 バルコニーの床防水

8.15.1 バルコニー床をFRP塗膜防水仕上げとする床下地

バルコニー床をFRP塗膜防水仕上げとする床下地は、本章5.10.1（跳出しバルコニー）の6による。 5.10.1の6 ☞57頁

8.15.2 FRP塗膜防水

1. FRP塗膜防水は、ガラスマット補強材を2層以上としたものとする。仕様は、JASS 8に規定するL-FF又はこれと同等以上の防水性能を有するものとする。なお、防水層の上にモルタル等の仕上げを施す場合は、各製造所の保護仕様のものとする。
2. 防水層の立上り高さは、外部開口部の下端で120mm以上、それ以外の部分で250

mm以上とする。

8.15.3 防水層立上りの建具まわり止水

1. サッシ取付けに対して防水工事があと施工となり、防水層を直接サッシ枠に重ねる場合は、次による。
   イ. 防水層は、サッシ下枠及びたて枠のくぎ打ちフィンの幅全体をおおう。くぎ打ちフィン面は、十分目荒らしをし、プライマーを塗布して、塗りむら等が生じないように防水層を施工する。
   ロ. サッシ枠と防水層端部の取合い部には、シーリング処理を施す。サッシたて枠と防水層立上りの取合い部についても同様とする。
2. サッシ取付けに対して、防水工事がさき施工となり、防水層の立上げを窓台上端までとする場合は、次による。
   イ. 防水層は、立上り下地板の上端部まで施工する。
   ロ. サッシたて枠と取り合う防水層端部には、シーリング処理を施す。
   ハ. 防水層にサッシが取り付く範囲は、くぎ打ちフィンと防水層の間に、防水上有効なパッキング材等を挿入する。ただし、これによらない場合は、特記による。
3. サッシ取付けに対して、防水工事がさき施工となり、壁内側へ防水層を巻き込む場合は、次による。
   イ. 防水層は、サッシ取付け部の窓台まで施工する。
   ロ. サッシ下枠が載る巻き込み防水層上面は、防水層の塗厚を均一とし、サッシ枠にゆがみが生じないよう施工する。
   ハ. 防水層を柱の側面まで立ち上げる場合は、サッシたて枠の取付けに支障が生じない立上げ方とする。
   ニ. 防水層にサッシが取り付く範囲は、サッシくぎ打ちフィンと防水層の間に、防水上有効なパッキング材等を挿入する。ただし、これによらない場合は、特記による。
4. 2及び3において、サッシたて枠が防水層に取り付く部分は、その上部の防水層がない部分との下地面の差により、サッシ枠にゆがみが生じないよう防水層の厚さを調整する。ただし、防水層の厚さによる調整としない場合は、特記による。

8.15.4 その他の防水工法

その他の防水工法は、各製造所の仕様によるものとし、特記による。

8.15.5 排水処理

1. 排水ドレンは、原則として複数箇所設置する。やむを得ず1箇所となる場合は、オーバーフロー管を設ける。
2. バルコニーの排水管は、原則として屋内を通らない経路とする。ただし、やむを得ず屋内を経由する場合は、適切な防水処理および結露防止措置を行い、点検口を設置する。

8.16 バルコニー手すり

8.16.1 手すり上部の防水

1. 手すりには、金属製の笠木を設ける。
2. 手すり壁の防水紙は、手すり壁に外壁内通気措置を施す場合は、本章8.4.1（一般事項）の1のイにより、手すり壁をモルタル下地ラス張り工法とする場合は、本章9.2.2（材料）の1による。手すり壁の上端に張る鞍掛けシートは、改質アスファルトルーフィング、先張り防水シート、鞍掛けシート又はこれと同等以上の性能を有するものとする。なお、先張り防水シート及び鞍掛けシートの品質としては、一般社団法人日本防水材料協会のJWMA規格A01がある。 8.4.1の1 ☞95頁 9.2.2の1 ☞103頁
3. 手すり壁の上端部は、次のいずれかによる。

イ．立ち上げた防水紙を手すり上端部まで張り上げる場合

(イ)手すり壁の外側及び内側の防水紙は、手すり壁上端位置まで張り上げる。

(ロ)手すり壁の上端部の下地は、幅100mm以上の両面粘着防水テープを長手方向に通し張りする。

(ハ)両面粘着防水テープの上に鞍掛けシートを長手方向に張り掛け、手すり壁の外側及び内側に100mm程度立ち下げる。鞍掛けシートの立下り部分は、ステープルで留め付ける。

(ニ)鞍掛けシートの上から笠木を留め付ける。笠木取付け金物（ホルダー）の固定用ねじと鞍掛けシートとの取合い部には、シーリングを充填する。

ロ．立ち上げた防水紙を手すり上端部で重ねる場合

(イ)手すり壁の外側及び内側の防水紙は、手すり壁上端からそれぞれ反対側に巻き込み、150mm以上立ち下げる。防水紙の立下り部分は、ステープル又は防水テープで留め付ける。

(ロ)鞍掛けシートは、手すり壁上端で折り曲げ、手すり壁の外側及び内側に100mm程度立ち下げる。鞍掛けシートの立下り部分は、ステープル又は防水テープで留め付ける。

(ハ)笠木を取り付ける位置の鞍掛けシートに両面防水テープを張り、防水テープの上から笠木を留め付ける。

4. 手すり壁と外壁との取合い部は、手すり壁の防水紙を外壁の防水紙の裏に差し込み、防水テープで有効に止水する。
5. 手すり壁に飾り窓（風窓）を設置する場合は、1から3に準ずる。

8.16.2 外壁内通気措置

手すり壁に外壁内通気措置を施す場合は、本章8.4（外壁内通気措置）による。 8.4 ☞95頁

8.16.3 笠木手すり

1. 笠木手すりは、支柱部分から笠木の内部に雨水が浸入しにくく、浸入した雨水は排出しやすい構造のものとする。
2. 笠木手すりは、熱応力等による伸縮に対して、止水材の破断等が生じにくい構造のものとする。

9.左官工事

9.1 一般事項

9.1.1 下地工法

1. 外壁を湿式仕上げとする場合は、壁体内通気を可能とする構造とし、本章8.4.1（一般事項）の1及び本章8.4.2（工法）による。ただし、次のいずれかによる場合は、この限りではない。
   イ．軒の出及びけらばの出を60cm以上とする。
   ロ．軒の出及びけらばの出を30cm以上とし、かつ外壁には雨水の浸入を防止する有効な仕上げを施す。
2. 外壁を湿式仕上げとする場合は、下地をラス張りとする。ただし、平ラスは用いない。これによらない場合は、特記による。

8.4.1の1 ☞95頁
8.4.2 ☞95頁

9.1.2 下地処理

1. 下地は、塗付け直前によく清掃する。
2. コンクリート・コンクリートブロックなどの下地は、あらかじめ適度の水湿しを行う。
3. 木毛セメント板の下地は、継目の目透し部にモルタルを詰め込む。

9.1.3 養生

1. 施工にあたっては、近接する他の部材及び他の仕上げ面を汚損しないように紙張り、シート掛け、板おおいなどを行い、施工面以外の部分を保護する。
2. 塗り面の汚損や早期乾燥を防止するため、通風、日照を避けるよう外部開口部の建具には窓ガラスをはめるとともに、塗面には、シート掛け、散水などの措置をする。
3. 寒冷期には、暖かい日中を選んで施工するように努める。気温が2℃以下の場合及びモルタルが適度に硬化しないうちに2℃以下になるおそれのある場合は、作業を中止する。やむを得ず作業を行う場合は、板囲い、シートおおいなどを行うほか、必要に応じて採暖する。なお、工事監理者がいる場合には、その指示を受ける。

9.2 モルタル下地ラス張り工法

9.2.1 一般事項

1. モルタル下地ラス張りとする場合は、壁体内通気を可能とする構造とし、本章8.4.1（一般事項）の1及び本章8.4.2（工法）による。これによらない場合は、本章9.1.1（下地工法）の1のイ又はロによることとし、ラス張りは本章9.2.3（波形ラス張り）、本章9.2.5（ラスシート張り）又は本章9.2.6（特殊なラス張り）による。
2. モルタル下地ラス張りは、胴縁の上に面材若しくはラス下地板等を設けてラス張りを行う場合（二層下地工法）は、本章9.2.3（波形ラス張り）による。また、面材若しくはラス下地板等を用いないで、胴縁の上に直接ラス張りを行う場合（単層下地工法）は、本章9.2.4（紙付きリブラス張り）による。
3. ラスを用いない工法の場合は、特記による。

8.4.1の1 ☞95頁
8.4.2 ☞95頁
9.1.1の1 ☞103頁
9.2.3、9.2.5、9.2.6 ☞104頁
9.2.3 ☞104頁
9.2.4 ☞104頁

9.2.2 材料

1. 防水紙は、JIS A 6005（アスファルトルーフィングフェルト）に適合するアスファルトフェルト430、改質アスファルトフェルト又はこれらと同等以上の性能を有するものとする。
2. 波形ラスの品質は、JIS A 5505（メタルラス）に適合するW700で、防錆処理をしたものとする。
3. 紙付きリブラスの品質は、JIS A 5505（メタルラス）に適合するリブラスCで防錆処理したものとする。
4. 特殊ラスの品質は、0.7kg/m²以上とし、防錆処理をしたもので、モルタルの塗厚が

十分確保できるような製品とする。

5. ラスシートの品質は、JIS A 5524（ラスシート（角波亜鉛鉄板ラス））に適合するものでLS1（非耐力壁）、LS4（耐力壁）、又はこれと同等以上の性能を有するものとする。
6. ラスの取付け金物はステープルとし、JIS A 5556（工業用ステープル）に適合するL1019J（線厚0.6mm×線幅1.15mm×足長さ19mm以上）、又はこれと同等以上の性能を有するものとする。
7. ラスシートの取付け金物は、板厚0.3mm以上、径15mm以上の座金を付けたN38くぎとし、いずれも防錆処理したものとする。

9.2.3 波形ラス張り

1. 防水紙は、継目を縦、横とも90mm以上重ね合わせる。留付けはステープルを用い、継目部分は約300mm間隔に、その他の箇所は要所に行い、たるみ、しわのないように張る。ただし、軒裏の場合は、防水紙を省略する。
2. 波形ラスの継目は縦、横とも30mm以上重ね継ぐ。ラスの留付けは、ステープルで100mm以内に、ラスの浮き上がり、たるみのないよう下地板に千鳥に打ち留める。
3. 出隅及び入隅などの継目は、突付けとし、200mm幅の共材のラス（平ラスF450以上）を中央から90°に折り曲げ、上から張り重ねる。また開口部には、200mm×100mmの共材のラス（平ラスF450以上）を各コーナーにできる限り近づけて、斜めに二重張りとする。
4. シージングインシュレーションボードの上に張る場合の打留めは、特記による。

9.2.4 紙付きリブラス張り

1. 紙付きリブラスの張り方は、壁面ごとに下部から留付け上げ、横方向には千鳥状に張り、留め付ける。横方向の継目は30mm以上60mm以内に重ね、縦方向の継目は端部リブ山を重ね、開口端部では継目を設けない。
2. ラスの留付けは、T線以上の線径と足長さが25mm以上のステープルを用い、必ず胴縁下地の上ですべてのリブを留め付ける。
3. 出隅、入隅部は突合せとし、補強用平ラスを90°に曲げて下張りしたラスの上から固定する。

9.2.5 ラスシート張り

1. ラスシートLS1を使用する場合は、継目は1山重ね、受け材当たり（間柱又は胴縁等）に、本章9.2.2（材料）の7の座金付きN38くぎを間隔200mm以内に平打ちする。なお、ラスシートLS1のうち、板厚が0.19mmのものを使用する場合の受け材の間隔は、455mm以内とする。 9.2.2の7 ☞104頁
2. 張り方は、受け材が柱又は間柱の場合は横張り、胴縁の場合は縦張りとし、横張り、縦張りとも下部より上部へ向かって漏水しないよう入念に張り上げる。なお、斜め張りは行ってはならない。
3. ラスシートLS4を使用する場合は、本章5.3.3（構造用面材の張り方）の9による。 5.3.3の9 ☞48頁

9.2.6 特殊なラス張り

モルタル塗厚及び下地材等への保持が十分確保できるような製品とし、特記による。

9.3 モルタル塗り

9.3.1 材料

1. 普通ポルトランドセメント及び白色セメントの品質は、JIS R 5210（ポルトランドセメント）に適合するもの、又はこれと同等の性能を有するものとする。
2. 砂は、有害量の鉄分、塩分、泥土、塵芥及び有機物を含まない良質なものとする。
3. 水は、有害量の鉄分、塩分、硫黄分及び有機不純物などを含まない清浄なものとする。
4. 混和材として用いる消石灰の品質は、JIS A 6902（左官用消石灰）に適合するもの、又はこれと同等以上の性能を有するものとする。
5. ポルトランドセメントに骨材、混和材料又は顔料などを工場で配合したセメント類を用いる場合は、特記による。

9.3.2 調合

モルタルの調合（容積比）は、下表を標準とする。

下　地	塗付け箇所	下塗り・ラスこすり	むら直し・中塗り	上塗り
		セメント：砂	セメント：砂	セメント：砂：混和材
コンクリート コンクリートブロック	床	−	−	1：2
	内　壁	1：2	1：3	1：3：適量
	外　壁 その他	1：2	1：3	1：3：適量
メタルラス ラスシート	内　壁	1：3	1：3	1：3：適量
	天　井	1：2	1：3	1：3：適量
	外　壁 その他	1：3	1：3	1：3
木毛セメント板	内　壁	1：2	1：3	1：3：適量
	外　壁 その他	1：2	1：3	1：3

注1）混和材（剤）は消石灰、ドロマイトプラスター、ポゾラン、合成樹脂などとする。
2）ラスこすりには、必要であれば、すさ（つた）を混用してもよい。
3）適量とは、セメントに対する容積比で、無機質系の場合は20％以下、合成樹脂系の場合は0.1～0.5％以下とし、各々製造所の仕様による。

9.3.3 塗厚

塗厚は、下表を標準とする。

下　地	塗付け箇所	塗　厚（mm） 下塗り・ラスこすり	むら直し	中塗り	上塗り
コンクリート コンクリートブロック 木毛セメント板	床	−	−	−	25
	内　壁	6	0～6	6	3
	外　壁 その他	6	0～9	0～6	6
メタルラス ラスシート	内　壁	ラス面より1mm程度厚くする	0～6	6	6
	天井・ひさし		−	0～6	3
	外　壁 その他		0～9	0～9	6

9.3.4 壁塗り工法

1. 下塗り（ラスこすり）は、次による。
   イ. こて圧を十分にかけてこすり塗りをし、塗厚はラスを被覆するようにし、こては下から上に塗り付ける。水引き加減を見て木ごてでならし、目立った空隙を残さない。下塗り面は、金ぐしの類で全面にわたり荒し目をつける。

ロ．塗り付けた後、2週間以上できるだけ長期間放置して、次の塗付けにかかる。

2. むら直しは、次による。

イ．下塗りは乾燥後、著しいひび割れがあれば、目塗りをし、下地面が平たんになっていない部分又は凹部は、つけ送りしつつむら直しを行い、金ぐしの類で荒し目をつける。

ロ．むら直しのあと、下塗りと同様の放置期間をおく。

3. 中塗りは、次による。

定規ずりしながら、こて圧を十分にかけて平たんに塗り付ける。繰形部は型板を用い、隅、角、ちり回りは、中塗り前に定規ずりをする。

4. 上塗りは、次による。

中塗りの硬化の程度を見計らい、隅、角及びちり回りに注意して、こて圧を十分に塗り付け、水引き程度を見てむらなく平たんに塗り上げる。なお、仕上げについては、特記による。

9.3.5 床塗り工法

床塗りは、次による。

イ．床コンクリート面にモルタル塗りを施す場合は、コンクリート打込み後、なるべく早く取りかかる。

ロ．コンクリート打込み後、日数の経ったものは、純セメントペーストを十分に流し、ほうきの類でかきならした後、塗付けにかかる。なお、吸水調整材を使用する場合は、各製造所の仕様による。

ハ．塗付けは、硬練りモルタルとし、水平、勾配など十分注意しながら定規ずりを行い、水引き具合を見ながら、こてで平滑に押さえ仕上げる。

9.3.6 防水モルタル

1. 材料は、本章9.3.1（材料）によるものとし、防水剤は製造所の特記による。 9.3.1 ☞105頁
2. 調合は、各製造所の仕様による。
3. 塗厚は、20mmとする。
4. 工法は、次のとおりとする。

イ．下地処理を行う。

ロ．防水モルタルは、材料を正確に計量し、十分に練り混ぜる。

ハ．下塗りは、水勾配等を考えて、金ごてで入念に塗り付け、荒し目をつける。

ニ．上塗りは、塗厚均等に、金ごてで入念に塗り付ける。

9.4 せっこうプラスター塗り

9.4.1 材料

1. せっこうプラスターの品質は、JIS A 6904（せっこうプラスター）に適合するもの、又はこれと同等以上の性能を有するものとし、種類は既調合プラスター及び現場調合プラスターとする。ただし、製造後6ヵ月以上経過したものは使用しない。
2. すさを混入する場合は、白毛すさで長さ30mm程度のものとする。

9.4.2 調合・塗厚

調合(容積比)及び塗厚は、下表を標準とする。

下地	塗り層の種別	骨材配合比(容積比)				白毛すさ(g)、プラスター20kg当たり	塗厚(mm)
		せっこうプラスター 既調合プラスター 上塗り用	せっこうプラスター 既調合プラスター 下塗り用	せっこうプラスター 現場調合プラスター	砂		壁
コンクリート コンクリートブロック ラス 木毛セメント板	中塗り	−	1.0	−	2.0	200	8.0
	上塗り	1.0	−	−	−	−	3.0
せっこうラスボード	下塗り	−	注2	1.0	1.5	−	8.0
	中塗り	−	注2	1.0	2.0	−	6.0
	上塗り	1.0	−	−	−	−	3.0

注1) コンクリート下地、コンクリートブロック下地、ラス下地及び木毛セメント板下地は、むら直しまでモルタル塗りの仕様による。
2) 既調合プラスター(下塗り用)を使用する場合は、現場調合プラスターの塗厚欄のみ適用する。

9.4.3 コンクリート下地、コンクリートブロック下地、ラス下地及び木毛セメント板下地の場合の工法

1. 下塗り(ラスこすり)及びむら直しは、本章9.3.4(壁塗り工法)の1及び2による。 9.3.4の1·2 ☞105頁
2. 中塗りは、次による。
   イ. セメントモルタルによる下塗りが完全に乾燥したのち、既調合プラスター下塗り用を練り上げ、一度薄くこすり塗りをしたのち、中塗りを行う。
   ロ. 水引き加減を見て、木ごてで打ち直しをしたのち、平たんに押さえる。
3. 上塗りは、次による。
   イ. 中塗りが半乾燥の時期に、既調合プラスター上塗り用を金ごてを用いて押さえるように平たんに塗り付ける。
   ロ. 水引き加減を見て、仕上げごてを用いてなで上げ、必要に応じて最後に水はけで仕上げる。

9.4.4 せっこうラスボード下地の場合の工法

1. 下塗りは、次による。
   イ. せっこうラスボード下地の点検後、現場調合プラスターを一度下ごすり塗りしたのち、平たんに塗り付ける。
   ロ. 水引き加減を見て、木ごてを用いてむら直しをする。
2. 中塗り及び上塗りは、次による。
   イ. 下塗りの翌日後、中塗りを行う。
   ロ. 工法は、本章9.4.3(コンクリート下地、コンクリートブロック下地、ラス下地及び木毛セメント板下地の場合の工法)の2及び3に準ずる。 9.4.3の2·3 ☞107頁

9.4.5 せっこうボード下地の場合の工法

既調合プラスターを使用し、調合及び工法等は製造所の仕様によることとし、特記による。

9.5 繊維壁塗り

9.5.1 材料

1. 繊維壁材の品質は、JIS A 6909(建築用仕上塗材)に適合するもの、又はこれと同等以上の性能を有するものとし、種類は内装水溶性樹脂系薄付け仕上塗材とする。ただし、耐湿性、耐アルカリ性又はカビ抵抗性を必要とする場合は、特記による。
2. 材料は、水に濡らさないよう保管し、製造後2年以上経過したものは使用しない。
3. 材料のホルムアルデヒドの発散量に関する品質については、特記による。

9.5.2 調合・混練等

1. 容器に指定量の水を入れ、合成樹脂エマルションを使用する場合は、これを混合したのち、製品包装の全量をよくほぐしながら加え、均一になるよう練り混ぜる。
2. 混練り方法及び混水量は、各製造所の仕様による。
3. 色変わりを防ぐため、繊維壁材は施工途中で不足することのないように準備する。

9.5.3 塗厚

こて塗り又は吹付けいずれの場合も、下地が見えない程度の塗厚に仕上げる。

9.5.4 工法

1. こて塗りの場合は、次による。
   イ. 塗付けの途中で繊維の固まりなどができたときは、これを取り除き、塗り見本の模様と等しくなるように塗り広げる。
   ロ. 仕上げは、水引き加減を見計らい、上質の仕上げごてを水平に通し、返しこてをせず、こてむらを取る。ただし、その際に押さえすぎないように注意する。
2. 吹付けの場合は、次による。
   イ. スプレーガンノズルを下面に対して直角に保ち、模様むら、吹き継ぎむら及び吹き残しのないように注意して施工する。
   ロ. スプレーガンの種類、ノズルの口径、吹付け圧、吹付け距離などの吹付け条件は、繊維壁材の種類によって異なるので、製造業者の指定による。
3. 施工は乾燥した日を選んで行い、仕上げ後は通風を与えてなるべく早く乾燥させる。

9.6 しっくい塗り

9.6.1 材料

1. 消石灰の品質は、JIS A 6902（左官用消石灰）に適合するもの、又はこれと同等以上の性能を有するものとする。
2. 砂、水及びすさは、本章9.3.1（材料）の2及び3並びに次による。 9.3.1の2·3 ☞105頁
   イ. 上浜すさ、白毛すさの類とし、強じんで雑物のない乾燥十分なもの
   ロ. 長さは、150mm内外に切ったもの
3. のりは、角又の類、又は化学のりとする。
4. 顔料は、耐アルカリ性の無機質なもので、強い直射日光に対して著しく変色せず、金物をさびさせないものとする。

9.6.2 塗厚

塗厚は、特記がなければ、壁は15mm、天井は12mmを標準とする。

9.6.3 ラス下地の場合の工法

1. ラス下地に調合（容積比）1：3のセメントモルタルの下こすりをし、荒し目をつけ十分乾燥させる。
2. 乾燥後、その上にしっくいで一度薄くこすり塗りを施し、乾燥させる。
3. むら直しは、地むらなく行う。中塗りは、ちり回りを正確に行う。
4. 上塗りは、中塗りの水引き加減を見計らい、こて圧を十分に塗り上げる。

9.6.4 せっこうラスボード下地の場合の工法

下塗り、中塗り及び上塗りは、本章9.4.4（せっこうラスボード下地の場合の工法）に準ずる。 9.4.4 ☞107頁

9.7 土壁塗り

9.7.1 小舞下地

1. 材料は、次による。

イ．間渡し竹は、篠竹の丸竹（径12mm以上、3年以上の肉厚のもの）又は真竹の割竹（径40～60mm、3年以上のものを4～8個に割ったもの）とする。

ロ．小舞竹は、篠竹又は真竹で、いずれも割竹とする。

ハ．小舞縄は、しゅろ、あさ又はわら縄などとする。

2. 工法は、次による。

イ．間渡し竹は、篠竹の丸使い又は真竹の割竹使いとし、縦・横とも柱貫などの際より約60mm通し、間渡しは300mm内外とし、両端は彫り込み、貫当たりくぎ打ちとする。

ロ．小舞竹は、縦45mm、横35mm内外の間隔とし、間渡し竹当たりは必ず小舞縄でからみ付ける。塗込み貫は、しのぎ削りに荒しを付し、上部はけた類に彫り込み、通し貫当たりにくぎ打ちとする。

ハ．特殊な小舞下地とする場合は、各製造所の仕様によることとし、特記する。

9.7.2 材料

1. 壁土は、良土（荒木田土の類）を用いる。
2. 下塗り及び裏返し塗り用壁土には、わらずさを混入した練り置きものを用いる。
3. むら直し及び中塗り用壁土には、細かい目のふるいを通過したものに、砂及びわらずさを適量混入した練り置きものを用いる。

9.7.3 工法

1. 下塗りは、小舞下地に十分すり込んだのち塗り付け、裏返し塗りをする。下塗りが十分乾燥したのち、むら直しをする。
2. 中塗りは、むら直しが十分乾燥したのち、むらなく塗り付け、平滑にこて押えする。
3. 上塗りは、中塗り乾燥後、繊維壁仕上げの場合は、本章9.5（繊維壁塗り）により、しっくい仕上げの場合は、本章9.6（しっくい塗り）により行う。その他の仕上げの場合は、特記による。 9.5 ☞107頁 9.6 ☞108頁

10.内外装工事

10.1 タイル張り

10.1.1 材料

1. 陶磁器質タイルの品質は、JIS A 5209（セラミックタイル）に適合するもの、又はこれと同等以上の性能を有するものとする。
2. 使用するタイルの形状、寸法、色合い、裏型などは、あらかじめ見本品を提出して、建築主又は工事監理者の承諾を受ける。
3. 下地モルタルは、現場調合とする場合は、本章9.3.2（調合）による。又、既調合モルタルを使用する場合は、製造所によるものとし、特記による。 9.3.2 ☞105頁
4. 接着剤の品質は、JIS A 5548（セラミックタイル張り内装用有機系接着剤）に適合するもの、又はこれと同等以上の性能を有するものとする。なお、内装工事に使用する接着剤のホルムアルデヒドの発散量に関する品質については、特記によることとし、トルエン、キシレンの放散が極力小さいものを使用する。有機溶剤系接着剤を使用する場合は、その使用量を最小限におさえ、十分に養生期間を設ける等の配慮をする。
5. 混和剤は、特記による。なお、工事監理者がいる場合は、その承認を受ける。

10.1.2 下地ごしらえ

1. 下地面はあらかじめ、本章9.2（モルタル下地ラス張り工法）に準じて厚さ10mm以上のモルタルを、木ごてを使用して押え塗りとする。 9.2 ☞103頁
2. 積上げ張りについては、不陸直し程度にモルタルを塗り、荒し目をつける。

10.1.3 床タイル張り工法

1. 床タイル及びモザイクタイルの場合は、砂とセメントを十分にから練りして、適度の湿りをもたせたモルタルを敷きならしたのち、セメントペーストを用いて張り付ける。
2. 張付けは、目地割りに基づき水糸を引き通しておき、隅、角、その他要所をおさえ、通りよく水勾配に注意して行う。
3. 化粧目地詰めは、モルタルが硬化した後に、目地部分を清掃したのちに行う。また、乾燥状態に応じて、適当な水湿しを行う。

10.1.4 壁タイル張り

1. 工法別の張付けモルタルの塗厚は、次表による。

工法別張付け用モルタルの塗厚

区分			タイル	モルタル塗厚（mm）
外装タイル張り	圧着張り（一枚張り）		小口平、二丁掛程度の大きさまで	4～6
	モザイクタイル張り		50mm二丁以下	3～5
内装タイル張り	積上げ張り（ダンゴ張り）		各種	15～40
	圧着張り	一枚張り	100mm　108mm　150mm　200mm	3～4
		ユニット張り	150mm以下	3～4
	モザイクタイル張り		50mm二丁以下	3～5
	接着剤張り		300mm角以下	2～3

2. 積上げ張りは、次により行う。
   イ. 張付けの順序は、目地割りに基づき水糸を引き通しておき、窓、出入口まわり、隅、角などの役物を先に行う。
   ロ. 張付けは、タイル裏面に張付けモルタルをのせ、モルタルがすき間なく十分な

じむように、タイルを下地に押しつけ、通りよく平らに下部から上部へ張り上げる。

ハ. 張付けモルタルが十分でなく、すき間ができた場合は、モルタルを補充する。

ニ. 1日の張上げ高さは、1.2m程度までとする。

3. 圧着張りは、次により行う。

イ. 張付けの順序は、2のイによる。なお、一般平壁部分は原則として、上部から下部へ張り進める。

ロ. 張付けは、下地側に張付けモルタルをむらなく平らに塗り付け、直ちにタイルを張り付けて、タイルの周辺からモルタルが盛り上がるまで、木づちの類を用いてたたき締める。

4. モザイクタイル張りは、次により行う。

イ. 張付けの順序は、3のイによる。

ロ. 張付け用モルタルを塗り付けたのち、タイルを張り付け、モルタルが軟らかいうちに、縦、横及び目地の通りをそろえて、目地部分にモルタルが盛り上がるまで、木づちの類を用いてたたき締める。

ハ. 表紙張りのモザイクタイルは、張付け後、時期を見計らい、水湿しをして紙をはがし、タイルの配列を直す。

5. 接着剤張りは、次により行う。

イ. 接着剤張り下地面(中塗り)の乾燥期間は、夏季にあっては1週間以上、その他の季節にあっては2週間以上を原則とし、十分乾燥させる。

ロ. 接着剤の塗布面積、塗布量、塗布後の放置時間等は、それぞれ各製造所の仕様によることとし、工事監理者がいる場合は、その承認を受ける。

ハ. 接着剤の塗付けは、金ごてを用いて下地面に押し付けるように塗り広げ、くし目ごてでくし目をつける。

ニ. タイルの張付けは、壁面上部からタイルをもみ込むようにして張り付け、木づちの類を用いて十分たたき押さえる。

ホ. 目地直しは、張り付けたタイルが自由に動く間に行う。

10.1.5 養生等

1. 屋外施工の場合で、強い直射日光、風雨などにより、タイルの接着に悪影響を受けるおそれのある場合は、あらかじめシートでおおい養生する。
2. やむを得ず寒冷期に作業を行う場合は、板囲い、シートおおいなどを行うほか、必要に応じて採暖する。
3. タイル張り施工中及びモルタルの硬化中に、タイル張り面に振動や衝撃などが加わらないように十分注意する。
4. タイル張り終了後は、よごれを取り除く等、タイル表面の清掃を行う。やむを得ず清掃に酸類を用いる場合は、清掃前に十分水湿しをするとともに、清掃後は直ちに水洗いを行い、酸分が残らないようにする。

10.2 畳敷き

10.2.1 材料

畳(畳床及び畳表を含む。)の品質は、特記による。

10.2.2 工法

1. 畳ごしらえは、畳割りに正しく切り合わせる。縁幅は、表2目を標準とし、筋目通りよく、たるみなく縫い付ける。また、畳材には手掛けを付ける。
2. 敷込みは、敷居や畳寄せ部などで段違い、すき間が生じないよう、また不陸などがないように行う。
3. 縁なし畳は、特記による。

10.3 タフテッドカーペット敷き

10.3.1 材料

1. タフテッドカーペットは、次による。
   イ．品質及び種類は、特記による。
   ロ．風合い、色合いなどは、見本品を工事監理者に提出して承認を受ける。
2. 下敷き材は、特記による。
3. 取付け用付属品は、次による。
   イ．グリッパーの寸法は、下敷き材の厚さに相応したものとする。
   ロ．くぎ、木ねじなどは、黄銅又はステンレス製とする。
4. 接着剤は、使用する材料の製造所の指定するものとし、工事監理者がいる場合には、その承認を受ける。なお、内装工事に使用する接着剤のホルムアルデヒドの発散量に関する品質については、特記によることとし、トルエン、キシレンの放散が極力小さいものを使用する。有機溶剤系接着剤を使用する場合は、その使用量を最小限におさえ、十分に養生期間を設ける等の配慮をする。

10.3.2 工法

敷込みは、グリッパー工法又は全面接着工法とし、その適用は特記による。ただし、特記がなければグリッパー工法とする。

10.4 ビニル床タイル張り

10.4.1 材料

1. ビニル床タイルの品質は、特記による。
2. 接着剤の品質は、JIS A 5536（床仕上げ材用接着剤）に適合するもの、又は同等以上のものとし、工事監理者がいる場合には、その承認を受ける。なお、内装工事に使用する接着剤のホルムアルデヒドの発散量に関する品質については、特記によることとし、トルエン、キシレンの放散の量が極力小さいものを使用する。有機溶剤系接着剤を使用する場合は、その使用量を最小限におさえ、十分に養生期間を設ける等の配慮をする。

10.4.2 工法

1. 張付けは、次による。
   イ．接着剤を下地面全面に、くし目ごてを用いて塗布する。なお、必要に応じて、仕上材裏面にも塗布する。
   ロ．張り方は、不陸、目違い及びたるみ等のないよう、べた張りとする。
2. 張付け後、接着剤の硬化を見計らい、全面を水ぶき等で清掃したうえ、乾燥後は、水溶性ワックスなどを用いてつや出しを行う。

10.5 ビニル床シート張り

10.5.1 材料

1. ビニル床シートの品質は、特記による。
2. 接着剤の品質は、本章10.4.1（材料）の2による。 10.4.1の2 ☞112頁

10.5.2 工法

1. 仮敷きは、必要に応じて行うものとするが、施工にあたっては、割付けより長めに切り、巻きぐせが取れ、十分伸縮するまで敷き並べる。
2. 本敷き及び張付けは、次による。
   イ．はぎ目及び継手の位置は、各製造所の仕様による。なお、工事監理者がいる場合は、その承認を受ける。
   ロ．施工に先立ち、下地面の清掃を十分に行ったのち、はぎ目、継目、出入口際及び柱付きなどは、すき間のないように切り込みを行う。

ハ. 接着剤を下地全面に平均に塗布するとともに、必要に応じて仕上材裏面にも塗布し、不陸、目違い及びたるみ等のないよう、べた張りとする。

ニ. やむを得ず寒冷期に施工する場合は、気温に応じて適切な養生を行う。

10.6 壁紙張り

10.6.1 材料

1. 壁紙の品質、種別は特記による。また、接着剤及びシーラーの品質、種類は、壁紙の製造所の指定するものとし、工事監理者がいる場合は、その承認を受ける。
2. 接着剤のホルムアルデヒドの発散量に関する品質については、特記による。

10.6.2 工法

1. 壁紙は、下地に直接又は袋張り（下地上、和紙を使う方法）とし、たるみや模様などのくい違いがないよう、裁ち合わせて張り付ける。
2. 押縁、ひもなどを使用する場合は、通りよく接着剤、くぎ等で留め付ける。

10.7 仕上塗材仕上げ

10.7.1 材料

1. 薄付け仕上塗材（セメントリシン、樹脂リシンなど）の品質は、JIS A 6909（建築用仕上塗材）に適合するもの、又はこれと同等以上の性能を有するものとし、種類は次表により特記する。

種　　類	呼 び 名
内装セメント系薄付け仕上塗材	内装薄塗材C
内装消石灰・ドロマイトプラスター系薄付け仕上塗材	内装薄塗材L
外装けい酸質系薄付け仕上塗材	外装薄塗材Si
内装けい酸質系薄付け仕上塗材	内装薄塗材Si
外装合成樹脂エマルション系薄付け仕上塗材	外装薄塗材E
内装合成樹脂エマルション系薄付け仕上塗材	内装薄塗材E
可とう形外装合成樹脂エマルション系薄付け仕上塗材	可とう形外装薄塗材E
防水形外装合成樹脂エマルション系薄付け仕上塗材	防水形外装薄塗材E
外装合成樹脂溶液系薄付け仕上塗材	外装薄塗材S

2. 複層仕上塗材（吹付けタイルなど）の品質は、JIS A 6909（建築用仕上塗材）に適合するもの、又はこれと同等以上の性能を有するものとし、種類は次表により、特記する。

種　　類	呼 び 名
ポリマーセメント系複層仕上塗材	複層塗材CE
けい酸質系複層仕上塗材	複層塗材Si
合成樹脂エマルション系複層仕上塗材	複層塗材E
防水形合成樹脂エマルション系複層仕上塗材	防水形複層塗材E
反応硬化型合成樹脂エマルション系複層仕上塗材	複層塗材RE

3. 厚付け仕上塗材（吹付けスタッコなど）の品質は、JIS A 6909（建築用仕上塗材）に適合するもの、又はこれと同等以上の性能を有するものとし、種類は次表により特記する。

種　　類	呼 び 名
外装セメント系厚付け仕上塗材	外装厚塗材C
内装セメント系厚付け仕上塗材	内装厚塗材C
内装消石灰・ドロマイトプラスター系厚付け仕上塗材	内装厚塗材L
外装けい酸質系厚付け仕上塗材	外装厚塗材Si
内装けい酸質系厚付け仕上塗材	内装厚塗材Si
外装合成樹脂エマルション系厚付け仕上塗材	外装厚塗材E
内装合成樹脂エマルション系厚付け仕上塗材	内装厚塗材E

4. 上記のホルムアルデヒドの発散量に関する品質については、特記による。

10.7.2 下地処理

1. 下地面の乾燥期間は、次表による。

下地	モルタル面	ドロマイトプラスター面
乾燥期間	夏期　7日以上	14日以上
	冬期　14日以上	

2. 仕上塗材仕上げの下地処理は、次による。
   イ. モルタル及びプラスター下地などでき裂がある場合は、必要に応じてV形にはつり、仕上げに支障のないようモルタル又はJIS A 6916（建築用下地調整塗材）に適合するもの、又はこれと同等以上の性能を有するセメント系下地調整塗材などを充填し、14日程度放置する。
   ロ. モルタル及びプラスターなどの下地の場合は、補修箇所にサンダーがけを行い平滑にする。

10.7.3 工法

1. 工法は、吹付け、ローラー塗り又はこて塗りとし、特記による。
2. 練り混ぜ、塗付け等は、各製造所の仕様による。

10.7.4 注意事項及び養生

1. 仕上げ場所の気温が5℃未満又は湿度が85%以上の場合は、原則として、仕上げを行ってはならない。やむを得ず仕上げ塗りを行う場合は、板囲い、シートおおいなどを行うほか、必要に応じて採暖する。
2. 夏季に直射日光を受ける壁面に仕上げを行う場合は、急激な乾燥を防止するため、板囲い、シートおおいなどを行い、セメント系仕上塗材は、散水などの措置を講ずる。
3. 外部の仕上げ塗りは、降雨のおそれがある場合又は強風時には、原則として、仕上げを行ってはならない。
4. 仕上げ後、仕上げ面に変色、色むらが生じた場合は、その面の仕上げ直しを行う。
5. 仕上げ面の周辺及び取付け済みの部品などに、汚染や損傷を与えないように、養生用の板又はテープなどにより保護する。

11.建具まわり工事

11.1 外部建具及び止水

11.1.1 材料

1. サッシは、JIS A 4706（サッシ）に適合するもの、又はこれと同等以上の品質と性能を有するものとする。
2. ドアは、JIS A 4702（ドアセット）に適合するもの、又はこれと同等以上の品質と性能を有するものとする。
3. 金属製雨戸の品質は、JIS A 4713（住宅用雨戸）に適合するもの、又はこれと同等以上の品質と性能を有するものとする。
4. 防火戸の指定は、特記による。なお、アルミ製建具の場合は、建築基準法に基づき指定を受けたものとする。
5. 金属製網戸の品質は、特記による。ただし、特記のない場合は、外面おさまり全可動式とし、網は合成樹脂製とする。
6. 外部建具に用いるガラスの品質及び種類は、特記による。

11.1.2 工法

建具の組立ては、各製造所の仕様によることとし、特記による。

11.1.3 サッシの取付け

1. サッシの取付けは、原則として、次のいずれかの方法による。ただし、これらによりがたい場合は、防水紙とサッシの取合い、サッシの取付け安定性、外壁仕上材の損傷防止等に考慮し、特記による。
   イ. 軸組の上に防風防水材を張る構造の場合は、柱、まぐさ、窓台等にサッシを堅固に取り付ける。
   ロ. ラス下地板、構造用面材等、柱の外側に板材又はボード類を張る構造の場合は、板材又はボード類と同じ厚さの面合せ材を張り、この上にサッシくぎ打ちフィンを被せて取り付ける。
   ハ. 外張断熱工法とする場合は、十分な断面寸法の面合せ材に取り付ける。
   ニ. 内付けサッシを取り付ける場合は、各サッシ製造所の指定する方法とし、特記による。
2. 前項ロ及びハで、枠の内側にもくぎ打ち又はねじ留めが必要なサッシを取り付ける場合は、柱又は面合せ材に十分な掛かり代が残るように取り付ける。
3. 外壁の入隅部に取り付くサッシは、おおむね150mm以上、入隅と反対側に寄せて取り付ける。ただし、外張断熱工法とする場合は、おおむね150mmに断熱材の厚さを加えた寸法分、入隅と反対側に寄せて取り付ける。

11.1.4 建具まわりの止水

1. 外壁開口部の窓台には、先張り防水シートを張る。窓台と柱の入隅部は、防水テープ又はサッシ枠材角部防水役物等を用いてすき間が生じないように止水処理を施す。
2. 先張り防水シートの品質基準は、次による。
   イ. サッシ開口部窓台に用いる先張り防水シートは、「日本防水材料協会規格 先張り防水シート及び鞍掛けシートJWMA-A01」又はこれと同等以上の性能を有するものとする。
   ロ. 両面防水テープは、JIS A 6112（住宅用両面粘着防水テープ）の性能基準に準ずるものとする。
3. 前項の止水処理後、本章11.1.3（サッシの取付け）に基づきサッシを取り付ける。 11.1.3 ☞115頁
4. サッシ周囲の防水テープは、サッシのたて枠と上枠に貼る。防水テープの貼り方は、両たて枠、上枠の順とする。防水テープの種類は、両面テープとする。

5. 防水テープの幅は、次のイ又はロとする。なお、通気構法等のサッシ外周胴縁が取り付く場合は、サッシくぎ打ちフィンに外周胴縁が重ならない取付け方法で、防水テープの幅を決めるものとする。
   イ. サッシ外周胴縁が取り付かない場合は、くぎ打ちフィンの幅とテープが、下地材に十分粘着できる幅を足し合わせた幅以上の寸法とする。
   ロ. サッシ外周胴縁が取り付く場合は、くぎ打ちフィンの幅と外周胴縁の幅を足し合わせた幅以上の寸法とする。
6. 防風防水材の張り方は、先張り防水シートの裏に差し込み、開口部両側、開口部上部の順に張る。重ね合せ幅は、本章8.4.2（工法）の2による。 8.4.2の2 ☞95頁
7. サッシ外周胴縁は、防風防水材の施工後、くぎ打ちフィンに重ならないように取り付ける。
8. 乾式外壁仕上げは、サッシの周囲をシーリング処理する。
9. 内付けサッシの止水は、各サッシ製造所の指定する方法とし、特記による。

11.1.5 モルタル塗り仕上げ外壁内通気構造のサッシまわり止水

モルタル塗り仕上げの外壁内通気構造とする場合、通気胴縁の上に施工するモルタル下地の種類に応じて、次のいずれかの止水処理を行う。

イ. □ラス下地板の場合は、サッシたて枠と取り合うラス下地板端部に、防水テープの下地材を取り付けた後、サッシの周囲に両面テープを下枠、両たて枠、上枠の順に張り、防水紙を下から順に張り上げる。

ロ. □ボード系下地の場合は、サッシの周囲に両面テープを下枠、両たて枠、上枠の順に張り、防水紙を下から順に張り上げる。

ハ. □ラスなしボード（ラス網を必要としないモルタル下地専用のボード）類の場合は、特記による。

ニ. □防水紙付きリブラス等を張る工法（単層下地工法）の場合は、各下地材製造所の仕様によることとし、特記による。

ホ. □イからニによらない場合は、特記による。

11.2 内部建具

11.2.1 材料

1. 建具に使用する木材の品質は、十分乾燥した心去り材とし、割れ、ゆがみなどの欠点のないものとする。木材以外の材料を用いる場合は、特記による。
2. 接着剤の品質は、特記による。ただし、雨露にさらされる箇所に使用する場合は、耐水性、耐候性に効果のあるものとする。
3. 合板の耐水性は、雨がかり及びこれに準ずる箇所に使用する場合は、JASに定める1類とし、その他は2類とする。
4. 建具及び合板のホルムアルデヒドの発散量に関する品質については、特記による。

11.2.2 工法

建具の組立て及び取付けについては、各製造所の仕様によることとし、特記による。特記がない場合は、下記による。

1. 框及び桟の仕口は、ほぞ組又はだぼ組とし、接着剤を併用して密着する。
2. ほぞは、框の見込み厚が36mm以上の場合は2枚ほぞ、36mm未満の場合は1枚ほぞとする。
3. 打抜きほぞとする場合は割りくさび締めとし、打込みほぞとする場合は接着剤を使用する。
4. 雨がかりの引戸の召合せは、いんろうじゃくり又は雇いざねじゃくりとする。

11.2.3 障子

用材の樹種は特記によるものとし、特記がない場合は、上下桟は框に短ほぞ差しとする。

組子は、相欠きに組み合わせ、框及び桟にほぞ差しとする。

11.2.4 ふすま

和ぶすまの部材種別及び周囲縁の仕上げは、特記による。

量産ふすまは、各製造所の仕様によることとし、紙張り及び周囲縁等の仕様は、特記による。

11.2.5 内装ドア等

1. 内装ドア
   - イ. ユニット(枠付き)
     形状、寸法表面仕上げ及び色彩等は、特記による。
   - ロ. リーフ(フラッシュ戸、框戸)
     種別、形状、寸法及び表面仕上げ等は、特記による。
2. クロゼットドア
   仕様は、特記による。
3. 浴室ドア
   仕様は、特記による。

11.3 建具金物

11.3.1 建具金物の品質

建具金物は、形状、寸法が正しく、機構が円滑で表面に傷等の欠点のない良質なものとする。

11.3.2 丁番

丁番の形式及び寸法は、建具の種類に応じたものとする。

11.3.3 戸車・レール

戸車及びレールの形状は、建具の種類及び使用目的に応じたものとし、特記による。

11.3.4 錠前

1. サムターン付きシリンダー面付き箱錠及びシリンダー彫込み箱錠は、特記による。
2. 各住居玄関扉用及び勝手口の扉用の錠前は、特記による(用心鎖等の安全装置及びドアスコープを設ける。)。ただし、特記がない場合は、下記による。
   - イ. サムシリンダー付きシリンダー面付き箱錠とする。シリンダー彫込み箱錠を使用する場合は、シリンダー本締錠（補助錠）を設け、二重ロックとする。この場合、シリンダー本締錠は、シリンダー彫込み箱錠と同一製造所の製品とする。
   - ロ. 鍵は、扉1箇所につき3本を1組とする。
3. 便所の錠前は、特記による。ただし、特記がなければ下記による。
   内締錠（押しボタン式締錠、サムターン式空錠等で非常解錠装置付き）とし、ステンレス製とする。
4. 上記以外の建具用金物は、特記による。

12. 塗装工事

12.1 一般事項

12.1.1 材料

1. 塗料の品質は、すべてJISに適合したもの、又はこれと同等以上の性能を有するものとし、特記による。なお、内装工事に使用する塗料のホルムアルデヒドの発散量に関する品質については、特記によることとし、トルエン、キシレンの放散が極力小さいものを使用する。有機溶剤系塗料を使用する場合は、その使用量を最小限におさえ、十分に養生期間を設ける等の配慮をする。
2. マスチック塗材は、特記製造所の製品とし、種別及び仕上材塗りは、特記による。

12.1.2 塗り見本

あらかじめ塗り見本を提出し、建築主又は工事監理者の承認を受けるとともに、必要に応じて施工面に見本塗りを行う。

12.1.3 塗り工法一般

1. 塗料は、使用直前によくかき混ぜ、必要に応じて、こしわけを行う。
2. 研磨紙ずり及び水とぎが必要な場合は、付着物などの清掃後、パテかい、下塗り、中塗りなどのつど、仕上げの程度に適した研磨紙を用いて磨く。
3. 穴埋め及びパテかいを必要とする場合は、次による。
   イ. 穴埋めは、深い穴、大きなすき間などに、穴埋め用パテなどをへら又はこてを用いて押し込む。
   ロ. パテかいは、面の状況に応じて、面のくぼみ、すき間、目違いなどの部分に、パテをへら又はこてを用いて、なるべく薄く拾いつけてならす。
4. 塗り方は、塗料に適した工法とし、下記のいずれかによる。なお、色境、隅々などを乱さないよう十分注意し、区画線を明確に塗り分ける。
   イ. □はけ塗りは、塗料に適したはけを用いて、はけ目正しく一様に塗る。
   ロ. □吹付け塗りは、塗装用のスプレーガンを用いる。ガンの種類、口径及び空気圧は、用いる塗料の性状に応じて適切なものを選び、吹きむらのないように一様に吹き付ける。
   ハ. □ローラーブラシ塗りは、ローラーブラシを用いる。隅、ちり回りなどは、小ばけ又は専用のローラーを用い、全面が均一になるように塗る。
   ニ. □さび止め塗料塗りは、イ又はロによるほか、浸漬塗りとすることもできる。

12.1.4 素地ごしらえ

1. 木部の素地ごしらえは、塗面を傷つけないように注意し、よごれや付着物を水ぶきなどで除去したうえ、やに処理、節止め、穴埋めを行ったのち、研磨紙ずりを行う。
2. 鉄部及び亜鉛めっきの素地ごしらえは、スクレーパー、ワイヤーブラシなどを用いてよごれや付着物を除去し、溶剤ぶきを行って油類を除去したのち、鉄部はディスクサンダー、スクレーパー、ワイヤーブラシ、研磨紙ずりなどでさび落しを行う。
3. コンクリート、モルタル、プラスター面の素地ごしらえは、ブラシ、研磨紙、布などを用いてよごれや付着物を除去したうえ、穴埋め、パテかいを行ったのち、研磨紙ずりを行う。
4. せっこうボード、その他ボード面の素地ごしらえは、ブラシ、研磨紙、布などを用いてよごれや付着物を除去したうえ、パテかい、研磨紙ずりを行ったのち、全面にシーラーを塗布する。
5. 塗装にかかるまでに、素地を十分乾燥させる。

12.1.5 養生

工事中は、塗装面並びに塗装面以外の部分に、汚染や損傷を与えないように十分注意し、必要に応じて適正な養生を行う。

12.2 工法

12.2.1 合成樹脂調合ペイント塗り

1. 合成樹脂調合ペイントの塗料は、JIS K 5516（合成樹脂調合ペイント）に適合するもの、又はこれと同等以上の性能を有するものとし、種類は特記による。特記がなければ、JIS K 5516（合成樹脂調合ペイント）の1種とする。
2. 木部は、下塗りとして合成樹脂調合ペイントを塗布し、パテかい、研磨紙ずりののち、中塗り及び上塗りを行う。
3. 鉄部及び亜鉛めっき面は、さび止め塗料塗り後、穴埋め、パテかい、研磨紙ずり又は水とぎ後、中塗り及び上塗りを行う。

12.2.2 合成樹脂エマルションペイント塗り

1. 合成樹脂エマルションペイント塗りは、下地がコンクリート、モルタル、プラスター、せっこうボード、その他のボードなどの面に適用する。
2. 合成樹脂エマルションペイントの塗料は、JIS K 5663（合成樹脂エマルションペイント及びシーラー）に適合するもの、又はこれと同等以上の性能を有するものとし、JIS規格品を使用する場合、屋内塗りには2種を、屋外や湿気を発生する場所には1種を使用する。
3. 合成樹脂エマルションペイント塗りは、2回塗り以上とする。

12.2.3 クリヤーラッカー塗り

木部のクリヤーラッカー塗りは、下塗りとしてウッドシーラーを塗布し、目止めを必要とする材料の場合は目止め塗りを行い、研磨紙ずり後、上塗りを行う。

12.2.4 油性ステイン塗り・油性ステイン合成樹脂ワニス塗り

1. 木部の油性ステイン塗りは、1回塗り以上とし、塗り残しやむらがないように塗る。
2. 油性ステイン合成樹脂ワニス塗りは、上記1ののち、合成樹脂ワニス塗りとする。

12.2.5 マスチック塗材塗り

1. マスチック塗材塗りは、マスチック塗材を特殊多孔質ハンドローラーを用いて、1回工程で塗膜を作る塗装工事に適用する。
2. 工具は、多孔質のハンドローラーとする。
3. マスチック塗材は、施工に先立ち、かくはん機を用いて十分かくはんする。
4. 塗付けは、下地に配り塗りを行い、次いでならし塗りをしたのち、ローラー転圧による1回塗り工程により仕上げる。塗り幅は、800mm前後を標準とし、塗り継ぎ部が目立たないように、むらなく塗り付ける。
5. パターンの不ぞろいは、同一時間内に追掛け塗りをし、むら直しを行って調整する。
6. 凸面処理仕上げは、パターン付けを行い、凸部が適度に硬化したのち、押えローラーを用いて、見本と同様になるように行う。

13.給排水設備工事

13.1 一般事項

13.1.1 法令等の遵守

1. 上水道を引き込む場合及び給湯設備工事を行う場合は、次のいずれかによる。
   イ. □水道事業者が定める諸規定の適用を受ける場合は、その規定による。
   ロ. □水道事業者が定める諸規定の適用を受けない場合及び水道事業者の諸規定がない事項は、本章13.2（給水・給湯設備工事）による。 13.2 ☞120頁
2. 汚水管、雑排水管、雨水管等の工事を行う場合は、次のいずれかによる。
   イ. □下水道法・条例その他の関係諸規定が適用される場合は、その規定による。
   ロ. □下水道法・条例その他関係諸規定の適用を受けない場合及び諸規定に規定のない事項は、本章13.3（排水設備工事）による。 13.3 ☞120頁
3. 炊事室に設置される給排水配管及び給湯管が、仕上材等により隠されている場合には、配管設備を点検するために必要な開口部又は掃除口による清掃を行うために、必要な開口を当該仕上材等に設ける。

13.1.2 水圧試験等

1. 給水設備及び給湯設備の水圧試験は、特記による。
2. 器具取付け後に通水、通湯試験を行う。
3. 排水設備は、衛生器具等の取付け完了後に通水試験を行う。

13.2 給水・給湯設備工事

13.2.1 材料

1. 衛生設備設計図及び配管計画書に基づく各経路の管、継手、弁類及び給水栓の品質は、特記による。
2. 高温設定が可能な給湯器を使用する場合は、管及び継手の品質は、各製造所の仕様による。
3. 防露・保温材の品質は、特記による。

13.2.2 配管

配管の施工は、特記による。

13.2.3 その他

1. 給湯設備は、転倒・移動しないよう適切に設置する。
2. 給湯設備工事は、建築基準法、同法施行令、同法告示、同法に基づく条例その他関係法令に基づいて施工する。

13.3 排水設備工事

13.3.1 材料

衛生設備設計図及び配管計画書に基づく各経路の管及び継手の品質は、特記による。

13.3.2 配管

配管の施工は、特記による。

13.3.3 ます

1. ますの構造は、特記による。
2. ますの施工は、特記による。

14. ガス設備工事・ガス機器等設置工事

14.1 一般事項

14.1.1 法令等の遵守

1. 都市ガス用設備工事は、ガス事業法、同施行令、同施行規則、ガス工作物の技術上の基準を定める省令、同告示、同解釈例、その他関係法令及びガス事業者が規定する供給約款、技術基準等に基づきガス事業者が設計、施工、検査を行う。
   都市ガス機器等設置工事は、ガス事業法、同施行令、同施行規則、特定ガス消費機器の設置工事の監督に関する法律、同施行令、同施行規則、消防法、ガス機器の設置基準及び実務指針（一般財団法人日本ガス機器検査協会発行）、その他関係法令に基づき施工する。
2. 液化石油ガス用設備工事・液化石油ガス機器等設置工事は、高圧ガス保安法、同法施行令、同法液化石油ガスの保安規則及び同規則関係基準、同法容器保安規則、液化石油ガスの保安の確保及び取引の適正化に関する法律、同法施行令、同法施行規則及び同規則関係基準、特定ガス消費機器の設置工事の監督に関する法律、同施行令、同施行規則、消防法、ガス機器の設置基準及び実務指針（一般財団法人日本ガス機器検査協会発行）、並びにその他関係法令に基づき施工する。なお、工事の施工にあたっては、液化石油ガス設備士（液化石油ガスの保安の確保及び取引の適正化に関する法律に規定する液化石油ガス設備士をいう。）が工事の施工、検査及び試験を行う。
3. 炊事室に設置されるガス配管が、仕上材等により隠されている場合には、配管設備を点検するために必要な開口部又は掃除口による清掃を行うために必要な開口を、当該仕上材等に設ける。

14.2 ガス設備工事

14.2.1 都市ガス設備の材料

管及び継手の品質は、特記による。

14.2.2 液化石油ガス設備の材料

管及び継手の品質は、特記による。

14.2.3 配管

配管の施工は、特記による。

14.2.4 ガス栓の取付け

ガス栓の取付けは、特記による。

14.3 ガス機器等

14.3.1 ガス機器

ガス機器は、特記による。

14.3.2 ガス漏れ警報器

ガス漏れ警報器は、特記による。

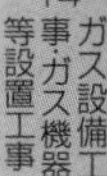

15. 電気工事

15.1 一般事項

15.1.1 法令等の遵守

この工事は、電気事業法、電気設備に関する技術基準を定める省令、電気用品安全法、建築基準法、消防法、電気工事士法、その他関係法令、一般社団法人日本電気協会が定める内線規程及び各電力会社の供給規程に基づいて施工する。

15.1.2 試験

1. 電力設備工事の絶縁抵抗の試験は、配線の電線相互間、電線と大地間及び機器と大地間について、開閉器等で区切ることのできる区間ごとに測定し、絶縁抵抗値は、機器を含み2MΩ以上とする。
2. 弱電設備工事の絶縁抵抗の試験は、電線相互間及び電線と大地間について、1回路又は一系統ごとに測定し、絶縁抵抗値は機器を含み1MΩ以上とする。ただし、絶縁抵抗試験を行うのに不適当な部分は、これを除外して行う。
3. 絶縁抵抗測定試験が完了したあとは、必要な手順に従って通電のうえ、各種動作試験を行い、不都合な点のある場合は、適正な動作をするように調整する。
4. 接地抵抗測定試験の抵抗値は、D種接地工事では100Ω以下とし、C種接地工事では10Ω以下とする。

15.2 電力設備工事・弱電設備工事

15.2.1 器具及び材料

電気設計図に基づく各回路の器具及び材料は、特記による。

15.2.2 施工

電力設備・弱電設備の施工は、特記による。

16. 衛生設備工事・雑工事

16.1 衛生設備工事

1. 洗面器、手洗い器、大小便器、キッチンユニット、浴槽、バスユニット及び洗面化粧ユニットなどの品質は、特記による。
2. 混合水栓は、特記による。

16.2 浄化槽工事

16.2.1 一般事項

1. 浄化槽は、建築基準法施行令第32条（汚物処理性能に関する技術的基準）に適合するものとして、国土交通大臣が定めた構造方法（昭和55年建設省告示第1292号（屎尿浄化槽及び合併処理浄化槽の構造方法を定める件））によるもの、又は同大臣の認定を受けた合併処理浄化槽とし、かつ特定行政庁の定める取扱い要綱などによる。
2. 浄化槽の処理対象人員の算定方法は、JIS A 3302（建築物の用途別による屎尿浄化槽の処理対象人員算定基準）による。

16.2.2 設置工事

浄化槽の設置は、特記による。

16.3 便槽工事

便槽工事は、特記による。

16.4 局所換気設備

16.4.1 一般事項

1. 台所などの火気使用室の換気設備及び浴室、洗面所、便所などの水蒸気・臭気が発生する部分の換気設備に係る事項は、この項による。
2. 炊事室、浴室及び便所には、機械換気設備又は換気のできる窓を設ける。
3. 局所換気設備の工事は、建築基準法、同法施行令、同法告示、同法に基づく条例その他関係法令及び一般社団法人日本電気協会が定める内線規程に基づいて施工する。

16.4.2 機器及び材料等

1. ダクト類及び継手類の品質は、特記による。
2. 換気扇及び関連部品は、特記による。
3. 換気設備は、衛生上有効な換気を確保するため、計算によって確かめられた換気風量を有するものとする。

16.4.3 施工

局所換気設備の施工は、特記による。

16.5 居室等の換気設備

16.5.1 一般事項

1. 居間、食堂、台所、寝室、個室、和室その他これらに類する目的のために継続的に使用する場所において、建材の仕上材や家具等からのホルムアルデヒドの発散に対処するために設置する換気設備は、特記による。
2. この工事は、建築基準法、同法施行令、同法告示、同法に基づく条例その他関係法令に基づいて施工する。

16.6 雑工事

16.6.1 住宅用防災機器

住宅用防災機器は、特記による。

16.6.2 太陽光発電システム・太陽熱温水器等

太陽光発電システム・太陽熱温水器等は、特記による。

17. 準耐火構造の住宅の仕様

17.1 45分準耐火構造の住宅の仕様

17.1.1 一般事項

1. 45分準耐火構造の住宅（建築基準法第2条第9号の3のイに該当する住宅をいう。）の防火仕様は、この項による。
   ただし、界壁及び界床を除く主要構造部の各部分を、耐火構造(建築基準法施行令(以下「令」という。)第107条に規定する構造をいう。)又は国土交通大臣の準耐火構造の認定(建築基準法第2条第7号の2及び令第112条第2項の規定に基づく認定をいう。)を受けたものとする場合には、この項によらず特記による。
2. 層間変形角が1/150以内であることを確認することとする。ただし、計算又は実験により、主要構造部が防火上有害な変形、き裂その他の損傷を生じないことが確認されている場合においては、この限りでない。

17.1.2 外壁の耐力壁

17.1.2.1 外壁の耐力壁の室内に面する部分

1. 外壁の耐力壁の室内に面する部分の防火被覆は、次のいずれかとする。
   イ. □厚さ15mm以上のせっこうボード（強化せっこうボードを含む。以下同じ。）張り
   ロ. □厚さ12mm以上のせっこうボードの上に、厚さ9 mm以上のせっこうボード張り
   ハ. □厚さ12mm以上のせっこうボードの上に、厚さ9 mm以上の難燃合板張り
   ニ. □厚さ9 mm以上のせっこうボードの上に、厚さ12mm以上のせっこうボード張り
   ホ. □厚さ9mm以上の難燃合板の上に、厚さ12mm以上のせっこうボード張り
   ヘ. □厚さ7mm以上のせっこうラスボードの上に、厚さ8mm以上のせっこうプラスター塗り
2. 1に掲げる材料の品質は、JISに適合するもの、又はこれらと同等以上の性能を有するものとする。
3. 防火被覆材の取付け方法は、次による。
   イ. 防火被覆材は、柱、間柱その他の垂直部材及び土台、はり、胴差しその他の横架材に、長さ40mm以上のGNFくぎ、木ねじ、ステープル、タッピンねじ又はこれらに類する留め金具で確実に留め付ける。ただし、被覆材を2枚重ねて張る場合は、2枚目に張る防火被覆材は、1枚目の防火被覆材と目地が重ならないように割付け、長さ50mm以上の留め金具で留め付ける。
   ロ. 留め金具の間隔は、防火被覆材の周辺部は150mm以下、中間部は200mm以下とする。なお、防火被覆材を面材耐力壁として使用するときの留め金具の間隔は、せっこうボードを使用する場合は周辺部及び中間部ともに150mm以下とし、せっこうボード以外の材料を使用する場合は特記による。
   ハ. 防火被覆材は、目地部分及び取合い部分の裏面に当て木を設け、留め付ける。なお、間柱その他の構造材をもって当て木にかえることができる。
   ニ. 当て木の断面寸法は、30mm×40mmを標準とする。

17.1.2.2 外壁の耐力壁の屋外に面する部分

1. 外壁の耐力壁の屋外に面する部分の防火被覆は、次のいずれかによる。
   イ. □厚さ12mm以上のせっこうボードの上に金属板張り
   ロ. □木毛セメント板又はせっこうボードの上に、厚さ15mm以上のモルタル又はしっくい塗り
   ハ. □モルタルの上にタイルを張ったもので、その厚さの合計が25mm以上のもの
   ニ. □セメント板又はかわらの上にモルタルを塗ったもので、その厚さの合計25

mm以上のもの

ホ. □厚さ25mm以上のロックウール保温板の上に金属板張り

2. 1に掲げる材料の品質は、JISに適合するもの、又はこれと同等以上の性能を有するものとする。

3. 防火被覆材の取付け方法は、次による。

イ. 防火被覆材は、500mm 以下の間隔で配置した柱、間柱その他の垂直部材及び土台、はり、胴差しその他の横架材に、長さ40mm以上のGNFくぎ、木ねじ、ステープル、タッピンねじ又はこれらに類する留め金具で確実に留め付ける。ただし、被覆材を2枚重ねて張る場合は、2枚目に張る防火被覆材は、1枚目の防火被覆材と目地が重ならないように割付け、長さ50mm以上の留め金具で留め付ける。

ロ. 留め金具の間隔は、防火被覆材の周辺部は150mm以下、中間部は200mm以下とする。なお、防火被覆材を面材耐力壁として使用するときの留め金具の間隔は、せっこうボードを使用する場合は周辺部及び中間部ともに150mm以下とし、せっこうボード以外の材料を使用する場合は特記による。

ハ. 防火被覆材は、目地部分及び取合い部分の裏面に当て木を設け、留め付ける。なお、間柱その他の構造材をもって当て木にかえることができる。

ニ. 当て木の断面寸法は、30mm × 40mmを標準とする。

17.1.3 外壁の非耐力壁

17.1.3.1 外壁の非耐力壁の室内に面する部分

1. 外壁の非耐力壁の室内に面する部分の防火被覆は、次のいずれかによる。ただし、延焼のおそれのある部分については、本章17.1.2.1（外壁の耐力壁の室内に面する部分）の1による。 17.1.2.1の1 ☞125頁

イ. □厚さ12mm以上のせっこうボード張り

ロ. □厚さ8mm以上のスラグせっこう系セメント板張り

2. 1に掲げる材料の品質は、JISに適合するもの、又はこれと同等以上の性能を有するものとする。

3. 防火被覆材の取付け方法は、本章17.1.2.1（外壁の耐力壁の室内に面する部分）の3による。 17.1.2.1の3 ☞125頁

17.1.3.2 外壁の非耐力壁の屋外に面する部分

1. 外壁の非耐力壁の屋外に面する部分の防火被覆は、本章17.1.2.2（外壁の耐力壁の屋外に面する部分）の1による。 17.1.2.2の1 ☞125頁

2. 1に掲げる材料の品質は、JISに適合するもの、又はこれと同等以上の性能を有するものとする。

3. 防火被覆の取付け方法は、本章17.1.2.2（外壁の耐力壁の屋外に面する部分）の3による。 17.1.2.2の3 ☞126頁

17.1.4 界壁以外の内壁

1. 界壁以外の内壁の室内に面する部分の防火被覆は、次のいずれかとする。

イ. □厚さ15mm以上のせっこうボード（強化せっこうボードを含む。以下同じ。）張り

ロ. □厚さ12mm以上のせっこうボードの上に、厚さ9 mm以上のせっこうボード張り

ハ. □厚さ12mm以上のせっこうボードの上に、厚さ9mm以上の難燃合板張り

ニ. □厚さ9mm以上のせっこうボードの上に、厚さ12mm以上のせっこうボード張り

ホ. □厚さ9mm以上の難燃合板の上に、厚さ12mm以上のせっこうボード張り

ヘ. □厚さ7mm以上のせっこうラスボードの上に、厚さ8mm以上のせっこうプラスター塗り

2. 1に掲げる材料の品質は、JISに適合するもの、又はこれらと同等以上の性能を有するものとする。
3. 防火被覆材の取付け方法は、本章17.1.2.1（外壁の耐力壁の室内に面する部分）の3による。 17.1.2.1の3 ☞125頁

17.1.5 界壁

連続建ての住戸間の界壁の仕様は、次によることとし、小屋裏又は天井裏まで達せしめる。

1. 界壁の厚さ（仕上材料の厚さを含まないものとする。）を100mm以上とする。
2. 界壁の内部に厚さが25mm以上のグラスウール（かさ比重0.02以上）又は厚さが25mm以上のロックウール（かさ比重0.04以上）のいずれかを充填する。
3. 界壁の両面は、厚さが12mm以上のせっこうボードを2枚張りとする。
4. せっこうボードの留付けは、本章17.1.2.1（外壁の耐力壁の室内に面する部分）の3による。 17.1.2.1の3 ☞125頁

17.1.6 柱

1. 柱の防火被覆は、本章17.1.4（界壁以外の内壁）に準ずる。ただし、本章17.1.2（外壁の耐力壁）又は本章17.1.4（界壁以外の内壁）に掲げる防火被覆を設けた壁の内部にあるものについては、これによらないことができる。 17.1.4 ☞126頁 17.1.2 ☞125頁 17.1.4 ☞126頁
2. 前号に掲げる防火被覆によらない場合は、次による。
   イ. 令第46条第2項第1号イ及びロに掲げる基準に適合するものとする。
   ロ. 昭和62年建設省告示第1902号（第2号の規定については、2.5cmを3.5cmと読み替えて適用する。）に基づき、通常の火災により建築物全体が容易に倒壊するおそれのない構造とする。この場合において、柱を接合する部分は、昭和62年建設省告示第1901号（第1号の規定については、2.5cmを3.5 cmと読み替えて適用する。）に適合する構造とする。

17.1.7 界床以外の床（最下階の床を除く）

17.1.7.1 床の表側の部分

1. 床の表側の部分の防火被覆は、次のいずれかとする。
   イ. □畳敷きの床（ポリスチレンフォームの畳床を除く。）
   ロ. □厚さ12mm以上の構造用合板、構造用パネル、パーティクルボード又はデッキプレート（以下「合板等」という。）の上に、厚さ9mm以上のせっこうボード張り
   ハ. □厚さ12mm以上の合板等の上に、厚さ8mm以上の硬質木片セメント板張り
   ニ. □厚さ12mm以上の合板等の上に、厚さ9mm以上の軽量気泡コンクリート張り
   ホ. □厚さ12mm以上の合板等の上に、厚さ9mm以上のモルタル、コンクリート（軽量コンクリート及びシンダーコンクリートを含む。）敷き流し
   ヘ. □厚さ12mm以上の合板等の上に、厚さ9 mm以上のせっこうを塗ったもの
   ト. □厚さ30mm以上の木材（木材で造られた荒床の厚さを含む。）
2. 1に掲げる材料の品質は、JIS若しくはJASに適合するもの、又はこれらと同等以上の性能を有するものとする。

17.1.7.2 床の裏側の部分又は直下の天井

1. 床の裏側の部分又は直下の天井の防火被覆は、次のいずれかとする。
   イ. □厚さ15mm以上の強化せっこうボード張り
   ロ. □厚さ12mm以上の強化せっこうボード張りとし、その裏側に厚さ50mm以上のロックウール（かさ比重0.024以上）又は厚さ50mm以上のグラスウール（かさ比重0.024以上）のいずれかを充填
2. 1に掲げる材料の品質は、JISに適合するもの、又はこれと同等以上の性能を有する

ものとする。

3. 防火被覆材の取付け方法は、次による。

イ. 防火被覆材は、根太、野縁等の横架材に、長さ40mm以上のGNFくぎ、木ねじ、ステープル、タッピンねじ又はこれらに類する留め金具で確実に留め付ける。ただし、被覆材を2枚重ねて張る場合は、2枚目に張る防火被覆材は、1枚目の防火被覆材と目地が重ならないように割付け、長さ50mm以上の留め金具で留め付ける。

ロ. 留め金具の間隔は、防火被覆材の周辺部は100mm以下、中間部は150mm以下とする。

ハ. 防火被覆材の目地部分及び取合い部分は、その裏面に当て木を設ける。なお、根太、野縁等の横架材をもって当て木にかえることができる。

ニ. 当て木の断面寸法は、30mm×40mmを標準とする。

17.1.8 界床

重ね建ての住戸間の界床の仕様は、次による。

17.1.8.1 床の表側の部分

1. 床の表側の部分の防火被覆は、次のいずれかとする。

イ. □畳敷きの床（ポリスチレンフォームの畳床を除く。）

ロ. □厚さ12mm以上の構造用合板、構造用パネル、パーティクルボード又はデッキプレート（以下「合板等」という。）の上に、厚さ12mm以上のせっこうボード張り

ハ. □厚さ12mm以上の合板等の上に、厚さ12mm以上の硬質木片セメント板張り

ニ. □厚さ12mm以上の合板等の上に、厚さ12mm以上の軽量気泡コンクリート板張り

ホ. □厚さ12mm以上の合板等の上に、厚さ12mm以上のモルタル、コンクリート（軽量コンクリート及びシングーコンクリートを含む。）敷き流し

ヘ. □厚さ12mm以上の合板等の上に、厚さ12mm以上のせっこう敷き流し

ト. □厚さ40mm 以上の木材（木材で造られた荒床の厚さを含む。）

2. 1に掲げる材料の品質は、JIS若しくはJASに適合するもの、又はこれらと同等以上の性能を有するものとする。

17.1.8.2 床の裏側の部分又は直下の天井

1. 床の裏側の部分又は直下の天井の防火被覆は、次のいずれかとする。

イ. □厚さ12mm以上のせっこうボードの上に、厚さ12mm以上のせっこうボード張りとし、その裏側に厚さ50mm以上のロックウール（かさ比重0.024以上）又は厚さ50mm以上のグラスウール（かさ比重0.024以上）のいずれかを充填

ロ. □厚さ12mm以上の強化せっこうボードの上に、厚さ12mm以上の強化せっこうボード張り

ハ. □厚さ15mm以上の強化せっこうボードの裏側に、厚さ50mm以上のロックウール（かさ比重0.024以上）又は厚さ50mm以上のグラスウール（かさ比重0.024以上）のいずれかを充填

ニ. □厚さ12mm以上の強化せっこうボードの上に、厚さ9mm以上のロックウール吸音板張り

2. 1に掲げる材料の品質は、JISに適合するもの、又はこれと同等以上の性能を有するものとする。

3. 防火被覆材の取付け方法は、本章17.1.7.2（床の裏側の部分又は直下の天井）の3による。 17.1.7.2の3 ☞128頁

17.1.9 はり

1. はりの防火被覆は、本章17.1.7.2（床の裏側の部分又は直下の天井）に準ずる。ただし、本章17.1.7（界床以外の床（最下階の床を除く））に掲げる防火被覆を設けた床の内部 17.1.7.2 ☞127頁
17.1.7 ☞127頁

にあるものについては、これによらないことができる。

2. 前号に掲げる防火被覆を行わない場合は、次による。
   イ. 令第46条第2項第1号イ及びロに掲げる基準に適合するものとする。
   ロ. 昭和62年建設省告示第1902号（第2号の規定については、2.5cmを3.5cmと読み替えて適用する。）に基づき、通常の火災により建築物全体が容易に倒壊するおそれのない構造とする。この場合において、はりを接合する部分は、昭和62年建設省告示第1901号（第1号の規定については、2.5cmを3.5cmと読み替えて適用する。）に適合する構造とする。

17.1.10 屋根・軒裏

1. 屋根（軒裏を除く。）の表側の部分は不燃材料で造り又はふき、屋根の裏側の部分又は屋根の直下の天井の防火被覆は、次のいずれかとする。
   イ. □厚さ12mm以上の強化せっこうボード張り
   ロ. □厚さ9mm以上のせっこうボード2枚張り
   ハ. □厚さ12mm以上のせっこうボード張りとし、その裏側に厚さ50mm以上のロックウール（かさ比重0.024以上）又は厚さ50mm以上のグラスウール（かさ比重0.024以上）のいずれかを充填
   ニ. □厚さ12mm以上の硬質木片セメント板張り
   ホ. □厚さ20mm以上の鉄網モルタル塗り
   ヘ. □繊維混入けい酸カルシウム板を2枚以上張ったもので、その厚さの合計が16mm以上のもの
   ト. □本章17.1.2.2（外壁の耐力壁の屋外に面する部分）の1に掲げる防火被覆材 17.1.2.2の1 ☞125頁
2. 軒裏（外壁によって小屋裏又は天井裏と防火上有効に遮られているものを除く。）の防火被覆は、次のいずれかとする。
   イ. □厚さ12mm以上の硬質木片セメント板張り
   ロ. □厚さ20mm以上の鉄網モルタル塗り
   ハ. □繊維混入けい酸カルシウム板を2枚以上張ったもので、その厚さの合計が16mm以上のもの
   ニ. □本章17.1.2.2（外壁の耐力壁の屋外に面する部分）の1に掲げる防火被覆材 17.1.2.2の1 ☞125頁
3. 1及び2に掲げる材料の品質は、JISに適合するもの、又はこれと同等以上の性能を有するものとする。
4. 防火被覆材の取付け方法は、次による。
   イ. 防火被覆材は、たる木、根太、野縁等の横架材に、長さ40mm以上のGNFくぎ、木ねじ、ステープル、タッピンねじ又はこれらに類する留め金具で確実に留め付ける。ただし、被覆材を2枚重ねて張る場合は、2枚目に張る防火被覆材は、1枚目の防火被覆材と目地が重ならないように割付け、長さ50mm以上の留め金具で留め付ける。
   ロ. 留め金具の間隔は、防火被覆材の周辺部は100mm以下、中間部は150mm以下とする。
   ハ. 防火被覆材の目地部分及び取合い部分は、その裏面に当て木を設ける。なお、たる木、根太、野縁等の横架材をもって当て木にかえることができる。
   ニ. 当て木の断面寸法は、30mm×40mmを標準とする。

17.1.11 階段

階段を木材で造る場合は、段板及び段板を支えるけたは、次のいずれかとする。

   イ. □厚さ6cm以上とする。
   ロ. □厚さ3.5cm以上とし、段板の裏側を本章17.1.10（屋根・軒裏）の1のイからニ又はトの被覆材により被覆し、かつ、ささら桁の外側を本章17.1.3.1（外壁の非耐力壁の室内に面する部分）（屋外側の場合は、本章17.1.2.2（外壁の耐力壁の屋外に面する部分））の1の被覆材により被覆する。 17.1.10の1 ☞129頁 17.1.3.1の1 ☞126頁 17.1.2.2の1 ☞125頁

ハ. □段板の裏側を本章17.1.7.2（床の裏側の部分又は直下の天井）の1の被覆材により被覆し、かつ、ささら桁の外側を本章17.1.4（界壁以外の内壁）（屋外側の場合は、本章17.1.2.2（外壁の耐力壁の屋外に面する部分））の1の被覆材により被覆する。

17.1.7.2の1 ☞127頁
17.1.4の1 ☞126頁
17.1.2.2の1 ☞125頁

17.1.12 その他の措置

17.1.12.1 壁内部の措置

耐火構造以外の主要構造部である壁については、防火被覆の内部での火災伝播を有効に防止するため、次のいずれか又はこれらと同等以上のファイヤーストップ材を3m以内ごとに設ける。ただし、軒げた、はり、胴差し等の横架材がファイヤーストップ材としての機能を果たしている場合は、この限りでない。

イ. □幅が柱等と同寸法以上、せいが3.5cm以上の木材
ロ. □厚さ12mm以上のせっこうボード
ハ. □厚さ8mm以上のスラグせっこう系セメント板
ニ. □厚さ50mm以上のロックウール（かさ比重0.024以上）
ホ. □厚さ50mm以上のグラスウール（かさ比重0.024以上）

17.1.12.2 壁と床等の接合部の措置

耐火構造以外の主要構造部である壁と床及び屋根の接合部、階段と床の接合部に、防火被覆の内部での火災伝播を有効に防止するために、ファイヤーストップ材を設ける。なお、ファイヤーストップ材の種類は、本章17.1.12.1（壁内部の措置）による。

17.1.12.1 ☞130頁

17.1.12.3 照明器具等の周辺の措置

防火被覆を施した壁、床又は天井に設ける照明器具、天井換気孔、コンセントボックス、スイッチボックスその他これらに類するものの周辺部には、防火上支障のない措置を講じる。

17.1.12.4 外壁の開口部

外壁の開口部に設ける建具は、特記による。

17.2 1時間準耐火構造の住宅の仕様

17.2.1 一般事項

1. 1時間準耐火構造の住宅の防火性能は、この項による。ただし、主要構造部の各部分を耐火構造（建築基準法施行令（以下「令」という。）第107条に規定する耐火性能を有する構造をいう。）又は国土交通大臣の1時間準耐火構造の認定（令第112条第2項の規定に基づく認定をいう。）を受けたものとする場合は、この項によらず特記による。
2. 層間変形角が1/150以内であることを確認することとする。ただし、計算又は実験により、主要構造部が防火上有害な変形、き裂その他の損傷を生じないことが確認されている場合においては、この限りでない。

17.2.2 外壁の耐力壁

17.2.2.1 外壁の耐力壁の室内に面する部分

1. 外壁の耐力壁の室内に面する部分の防火被覆は、次のいずれかとする。

イ. □厚さ12mm以上のせっこうボード（強化せっこうボードを含む。以下同じ。）の上に、厚さ12mm以上のせっこうボード張り
ロ. □厚さ8mm以上のスラグせっこう系セメント板の上に、厚さ12mm以上のせっこうボード張り
ハ. □厚さ16mm以上の強化せっこうボード張り
ニ. □厚さ9mm以上の難燃合板の上に、厚さ12mm以上の強化せっこうボード張り
ホ. □厚さ9 mm以上のせっこうボードの上に、厚さ12mm以上の強化せっこうボード張り

ヘ. □厚さ12mm以上の強化せっこうボードの上に、厚さ9mm以上の難燃合板張り

ト. □厚さ12mm以上の強化せっこうボードの上に、厚さ9mm以上のせっこうボード張り

2. 1に掲げる材料の品質は、JISに適合するもの、又はこれらと同等以上の性能を有するものとする。

3. 防火被覆材の取付け方法は、本章17.1.2.1（外壁の耐力壁の室内に面する部分）の3による。 17.1.2.1の3 ☞125頁

17.2.2.2 外壁の耐力壁の屋外に面する部分

1. 外壁の耐力壁の屋外に面する部分の防火被覆は、次のいずれかによる。

イ. □厚さ18mm以上の硬質木片セメント板張り

ロ. □厚さ20mm以上の鉄網モルタル塗り

2. 1に掲げる材料の品質は、JISに適合するもの、又はこれと同等以上の性能を有するものとする。

3. 防火被覆材の取付け方法は、本章17.1.2.2（外壁の耐力壁の屋外に面する部分）の3による。 17.1.2.2の3 ☞126頁

17.2.3 外壁の非耐力壁

17.2.3.1 外壁の非耐力壁の室内に面する部分

1. 外壁の非耐力壁の室内に面する部分の防火被覆は、本章17.1.3.1（外壁の非耐力壁の室内に面する部分）の1（ただし書きを除く。）による。ただし、延焼のおそれのある部分については、本章17.2.2.1（外壁の耐力壁の室内に面する部分）の1による。 17.1.3.1の1 ☞126頁 17.2.2.1の1 ☞130頁

2. 1に掲げる材料の品質は、JISに適合するもの、又はこれと同等以上の性能を有するものとする。

3. 防火被覆材の取付け方法は、本章17.1.2.1（外壁の耐力壁の室内に面する部分）の3による。 17.1.2.1の3 ☞125頁

17.2.3.2 外壁の非耐力壁の屋外に面する部分

1. 外壁の非耐力壁の屋外に面する部分の防火被覆は、本章17.1.2.2（外壁の耐力壁の屋外に面する部分）の1による。ただし、延焼のおそれのある部分については、次のいずれかによる。 17.1.2.2の1 ☞125頁

イ. □厚さ18mm以上の硬質木片セメント板張り

ロ. □厚さ20mm以上の鉄網モルタル塗り

2. 1に掲げる材料の品質は、JISに適合するもの、又はこれと同等以上の性能を有するものとする。

3. 防火被覆材の取付け方法は、本章17.1.2.2（外壁の耐力壁の屋外に面する部分）の3による。 17.1.2.2の3 ☞126頁

17.2.4 界壁以外の内壁

1. 界壁以外の内壁の室内に面する部分の防火被覆は、次のいずれかとする。

イ. □厚さ12mm以上のせっこうボード（強化せっこうボードを含む。以下同じ。）の上に、厚さ12mm以上のせっこうボード張り

ロ. □厚さ8mm以上のスラグせっこう系セメント板の上に、厚さ12mm以上のせっこうボード張り

ハ. □厚さ16mm以上の強化せっこうボード張り

ニ. □厚さ9mm以上の難燃合板の上に、厚さ12mm以上の強化せっこうボード張り

ホ. □厚さ9mm以上のせっこうボードの上に、厚さ12mm以上の強化せっこうボード張り

ヘ. □厚さ12mm以上の強化せっこうボードの上に、厚さ9mm以上の難燃合板張り

ト. □厚さ12mm以上の強化せっこうボードの上に、厚さ9mm以上のせっこうボード張り

2. 1に掲げる材料の品質は、JISに適合するもの、又はこれらと同等以上の性能を有するものとする。

3. 防火被覆材の取付け方法は、本章17.1.2.1（外壁の耐力壁の室内に面する部分）の3による。 17.1.2.1の3 ☞125頁

17.2.5 界壁

連続建ての住戸間の界壁の仕様は、本章17.1.5（界壁）による。 17.1.5 ☞127頁

17.2.6 柱

1. 柱の防火被覆は、本章17.2.4（界壁以外の内壁）に準ずる。ただし、本章17.2.2（外壁の耐力壁）又は本章17.2.4（界壁以外の内壁）に掲げる防火被覆を設けた壁の内部にあるものについては、これによらないことができる。 17.2.4 ☞131頁 17.2.2 ☞130頁 17.2.4 ☞131頁

2. 前号に掲げる防火被覆を行わない場合は、次による。
   イ. 令第46条第2項第1号イ及びロに掲げる基準に適合するものとする。
   ロ. 昭和62年建設省告示第1902号（第2号の規定については、2.5cmを4.5cmと読み替えて適用する。）に基づき、通常の火災により建築物全体が容易に倒壊するおそれのない構造とする。この場合において、柱を接合する部分は、昭和62年建設省告示第1901号（第1号の規定については、2.5cmを4.5cmと読み替えて適用する。）に適合する構造とする。

17.2.7 界床以外の床（最下階の床を除く）

17.2.7.1 床の表側の部分

1. 床の表側の部分の防火被覆は、次のいずれかとする。
   イ. □畳敷きの床（ポリスチレンフォームの畳床を除く。）
   ロ. □厚さ12mm以上の構造用合板、構造用パネル、パーティクルボード又はデッキプレート（以下「合板等」という。）の上に、厚さ12mm以上のせっこうボード張り
   ハ. □厚さ12mm以上の合板等の上に、厚さ12mm以上の硬質木片セメント板張り
   ニ. □厚さ12mm以上の合板等の上に、厚さ12mm以上の軽量気泡コンクリート板張り
   ホ. □厚さ12mm以上の合板等の上に、厚さ12mm以上のモルタル、コンクリート（軽量コンクリート及びシンダーコンクリートを含む。）敷き流し
   ヘ. □厚さ12mm以上の合板等の上に、厚さ12mm以上のせっこう敷き流し
   ト. □厚さ40mm 以上の木材（木材で造られた荒床の厚さを含む。）

2. 1に掲げる材料の品質は、JIS若しくはJASに適合するもの、又はこれらと同等以上の性能を有するものとする。

17.2.7.2 床の裏側の部分又は直下の天井

1. 床の裏側の部分又は直下の天井の防火被覆は、次のいずれかとする。
   イ. □厚さ12mm以上のせっこうボードの上に、厚さ12mm以上のせっこうボード張りとし、その裏側に厚さ50mm以上のロックウール（かさ比重0.024以上）又は厚さ50mm以上のグラスウール（かさ比重0.024以上）のいずれかを充填
   ロ. □厚さ12mm以上の強化せっこうボードの上に、厚さ12mm以上の強化せっこうボード張り
   ハ. □厚さ15mm以上の強化せっこうボードの裏側に、厚さ50mm以上のロックウール（かさ比重0.024以上）又は厚さ50mm以上のグラスウール（かさ比重0.024以上）のいずれかを充填
   ニ. □厚さ12mm以上の強化せっこうボードの上に、厚さ9mm以上のロックウー

ル吸音板張り

2. 1に掲げる材料の品質は、JISに適合するもの、又はこれと同等以上の性能を有するものとする。

3. 防火被覆材の取付け方法は、次による。

イ. 防火被覆材は、根太、野縁等の横架材に、長さ40mm以上のGNFくぎ、木ねじ、ステープル、タッピンねじ又はこれらに類する留め金具で確実に留め付ける。ただし、被覆材を2枚重ねて張る場合は、2枚目に張る防火被覆材は、1枚目の防火被覆材と目地が重ならないように割付け、長さ50mm以上の留め金具で留め付ける。

ロ. 留め金具の間隔は、防火被覆材の周辺部は100mm以下、中間部は150mm以下とする。

ハ. 防火被覆材の目地部分及び取合い部分は、その裏面に当て木を設ける。なお、根太、野縁等の横架材をもって当て木にかえることができる。

ニ. 当て木の断面寸法は、30mm×40mmを標準とする。

17.2.8 界床

重ね建ての住戸間の界床の仕様は、本章17.2.7（界床以外の床（最下階の床を除く））による。 17.2.7 ☞132頁

17.2.9 はり

1. はりの防火被覆は、本章17.2.7.2（床の裏側の部分又は直下の天井）に準ずる。ただし、本章17.2.7（界床以外の床（最下階の床を除く））に掲げる防火被覆を設けた床の内部にあるものについては、これらによらないことができる。 17.2.7.2 ☞132頁 17.2.7 ☞132頁

2. 前号に掲げる防火被覆を行わない場合は、次による。

イ. 令第46条第2項第1号イ及びロに掲げる基準に適合するものとする。

ロ. 昭和62年建設省告示第1902号（第2号の規定については、2.5cmを4.5cmと読み替えて適用する。）に基づき、通常の火災により建築物全体が容易に倒壊するおそれのない構造とする。この場合において、はりを接合する部分は、昭和62年建設省告示第1901号（第1号の規定については、2.5cmを4.5cmと読み替えて適用する。）に適合する構造とする。

17.2.10 屋根・軒裏

1. 屋根（軒裏を除く。）の表側の部分は不燃材料で造り又はふき、屋根の裏側の部分又は屋根の直下の天井の防火被覆は、次のいずれかとする。

イ. □厚さ12mm以上の強化せっこうボード張り

ロ. □厚さ9mm以上のせっこうボード2枚張り

ハ. □厚さ12mm以上のせっこうボード張りとし、その裏側に厚さ50mm以上のロックウール（かさ比重0.024以上）又は厚さ50mm以上のグラスウール（かさ比重0.024以上）のいずれかを充填

ニ. □厚さ12mm以上の硬質木片セメント板張り

ホ. □厚さ20mm以上の鉄網モルタル塗り

ヘ. □繊維混入けい酸カルシウム板を2枚以上張ったもので、その厚さの合計が16mm以上のもの

ト. □本章17.1.2.2（外壁の耐力壁の屋外に面する部分）の1に掲げる防火被覆材 17.1.2.2の1 ☞125頁

2. 延焼のおそれのある部分にある軒裏（外壁によって小屋裏又は天井裏と防火上有効に遮られている軒裏を除く。）の防火被覆は、次のいずれかとする。

イ. □厚さ15mm以上の強化せっこうボードの上に金属板を張ったもの

ロ. □厚さ18mm以上の硬質木片セメント板張り

ハ. □厚さ20mm以上の鉄網モルタル塗り

ニ. □繊維混入けい酸カルシウム板を2枚以上張ったもので、その厚さの合計が

16mm以上のもの

3. 軒裏（延焼のおそれのある部分にある軒裏及び外壁によって小屋裏又は天井裏と防火上有効に遮られている軒裏を除く。）の防火被覆は、次のいずれかとする。
   イ. □厚さ12mm以上の硬質木片セメント板張り
   ロ. □厚さ20mm以上の鉄網モルタル塗り
   ハ. □繊維混入けい酸カルシウム板を2枚以上張ったもので、その厚さの合計が16mm以上のもの
   ニ. □本章17.1.2.2（外壁の耐力壁の屋外に面する部分）の1に掲げる防火被覆材 17.1.2.2の1 ☞125頁
4. 1から3に掲げる材料の品質は、JISに適合するもの、又はこれと同等以上の性能を有するものとする。
5. 防火被覆材の取付け方法は、次による。
   イ. 防火被覆材は、たる木、根太、野縁等の横架材に、長さ40mm以上のGNFくぎ、木ねじ、ステープル、タッピンねじ又はこれらに類する留め金具で確実に留め付ける。ただし、被覆材を2枚重ねて張る場合は、2枚目に張る防火被覆材は、1枚目の防火被覆材と目地が重ならないように割付け、長さ50mm以上の留め金具で留め付ける。
   ロ. 留め金具の間隔は、防火被覆材の周辺部は100mm以下、中間部は150mm以下とする。
   ハ. 防火被覆材の目地部分及び取合い部分は、その裏面に当て木を設ける。なお、たる木、根太、野縁等の横架材をもって当て木にかえることができる。
   ニ. 当て木の断面寸法は、30mm × 40mmを標準とする。

17.2.11 階段

階段を木材で造る場合は、段板及び段板を支えるけたは、本章17.1.11（階段）による。 17.1.11 ☞129頁

17.2.12 その他の措置

17.2.12.1 壁内部の措置

耐火構造以外の壁の内部の措置は、本章17.1.12.1（壁内部の措置）による。 17.1.12.1 ☞130頁

17.2.12.2 壁と床等の接合部の措置

耐火構造以外の主要構造部である壁と床及び屋根の接合部、並びに階段と床の接合部の防火措置は、本章17.1.12.2（壁と床等の接合部の措置）による。 17.1.12.2 ☞130頁

17.2.12.3 照明器具等の周辺の措置

防火被覆を施した壁、床又は天井に設ける照明器具、天井換気孔、コンセントボックス、スイッチボックスその他これらに類するものの周辺部の措置は、本章17.1.12.3（照明器具等の周辺の措置）による。 17.1.12.3 ☞130頁

17.2.12.4 外壁の開口部

外壁の開口部に設ける建具は、特記による。

18. 省令準耐火構造の住宅の仕様

18.1 一般事項

1. 省令準耐火構造の住宅の仕様は、この項による。
2. 本項のアンダーライン「＿＿＿」の部分は、省令準耐火構造の住宅の基準であるため、当該部分の材料又は仕様以外とする場合は、住宅金融支援機構の認めたものとする。
3. 本項は、すべての構造耐力上主要な部分の軸組材に、製材、集成材又は単板積層材を用いた住宅に適用する。ただし、18.12（その他）の6による鉄筋コンクリート造としたものについては、この限りではない。 18.12の6 ☞140頁

18.2 屋根、外壁及び軒裏

1. 屋根は、次のいずれかとする。
   - イ. □不燃材料（建築基準法第2条第9号に規定する不燃材料をいう。）で造るか、又はふく。
   - ロ. □準耐火構造（屋外に面する部分を準不燃材料で造ったものに限る。）とする。
   - ハ. □耐火構造（屋外に面する部分を準不燃材料で造ったもので、かつ、その勾配が水平面から30°以内のものに限る。）の屋外面に断熱材（ポリエチレンフォーム、ポリスチレンフォーム、硬質ポリウレタンフォームその他これらに類する材料を用いたもので、その厚さの合計が50mm以下のものに限る。）及び防水材（アスファルト防水工法、改質アスファルトシート防水工法、塩化ビニル樹脂系シート防水工法、ゴム系シート防水工法又は塗膜防水工法を用いたものに限る。）を張ったものとする。
   - ニ. □前各号に定めるもの以外の仕様とする場合は、建築基準法施行令第136条の2の2第1号及び第2号の規定に適合するものとして、国土交通大臣が認めるものとする。
2. 外壁及び軒裏は、次のいずれかとする。
   - イ. □防火構造（建築基準法第2条第8号に規定する構造をいう。以下同じ。）とする。
   - ロ. □建築基準法第2条第8号の規定に基づき国土交通大臣が認めるものとする。
3. 2に掲げる材料の品質は、JISに適合するもの、又はこれと同等以上の性能を有するものとする。

18.3 界壁以外の部分の内壁

1. 外壁の室内に面する部分の防火被覆又は構造は、次のいずれかによる。ただし、外壁を防火構造の認定を受けたものとする場合は、2のロ又はハとすることができる。また、防火被覆材の取付け方法は、本章18.7（壁張り）による。 18.7 ☞137頁
   - イ. □厚さ12mm以上のせっこうボード張り
   - ロ. □厚さ9.5mm以上のせっこうボード2枚張り
   - ハ. □防火構造
2. 1以外の室内に面する壁の防火被覆又は構造は、次のいずれかによる。防火被覆材の取付け方法は、本章18.7（壁張り）による。 18.7 ☞137頁
   - イ. □厚さ12mm以上のせっこうボード張り
   - ロ. □厚さ9mm以上のせっこうボード2枚張り
   - ハ. □厚さ7mm以上のせっこうラスボード張りの上に、厚さ8mm以上のプラスター塗り
   - ニ. □防火構造
3. 柱及び間柱と1及び2の防火被覆材の間に面材（「補助面材」という。以下同じ。）を設ける場合は、次のいずれかとし、その厚さは9mm以上とする。ただし、ハのHBの厚さは、5mm以上とすることができる。

イ. □構造用合板
ロ. □構造用パネル
ハ. □MDF(ミディアムデンシティファイバーボード)又はHB(ハードボード)
ニ. □パーティクルボード
ホ. □木質系セメント板で、不燃材料又は準不燃材料であるもの
ヘ. □パルプセメント板で、不燃材料又は準不燃材料であるもの
ト. □繊維強化セメント板で、不燃材料又は準不燃材料であるもの（ただしスレートの波板を除く。）
チ. □火山性ガラス質複層板で、不燃材料又は準不燃材料であるもの
リ. □せっこうボード製品で、不燃材料又は準不燃材料であるもの

4. 1、2及び3に掲げる材料の品質は、JIS若しくはJASに適合するもの、又はこれと同等以上の性能を有するものとする。

18.4 界床以外の部分の天井

18.4.1 上階に床がない部分の天井

1. 室内に面する天井の防火被覆は、次のいずれかとする。防火被覆材の取付け方法は、本章18.8（天井張り）による。 18.8 ☞138頁
   イ. □厚さ12mm以上のせっこうボード張り
   ロ. □厚さ9mm以上のせっこうボード2枚張り
   ハ. □厚さ9mm以上のせっこうボード張りの上に、厚さ9mm以上のロックウール化粧吸音板張り
2. 1に掲げる材料の品質は、JISに適合するもの、又はこれと同等以上の性能を有するものとする。

18.4.2 上階に床がある部分の天井

1. 室内に面する天井の防火被覆及びその取付け方法は、次のいずれかとする。
   イ. □防火被覆2枚張りの場合
   防火被覆は、次のいずれかとする。防火被覆材の取付け方法は、本章18.8（天井張り）による。 18.8 ☞138頁
   (イ) □厚さ9mm以上のせっこうボード2枚張り
   (ロ) □厚さ9mm以上のせっこうボード張りの上に、厚さ9mm以上のロックウール化粧吸音板張り
   ロ. □天井の防火被覆の耐火性能を強化する場合
   防火被覆は、厚さ12mm以上の強化せっこうボードとする。防火被覆材の取付け方法は、本章18.8（天井張り）による。 18.8 ☞138頁
2. 1に掲げる材料の品質は、JISに適合するもの、又はこれと同等以上の性能を有するものとする。

18.4.3 天井の防火被覆材の下地

室内に面する天井の防火被覆材の下地は、木製又は鋼製とし、次による。

1. □木製下地とする場合は、次の各号によるものとする。
   イ. 野縁は30mm×38mm以上又は35mm×35mm以上の木材とし、340mm以下の間隔で野縁受けに取り付ける。
   ロ. 野縁受けは30mm×38mm以上又は35mm×35mm以上の木材とし、1m以下の間隔で吊り木に取り付ける。
   ハ. 吊り木は30mm×38mm以上又は35mm×35mm以上の木材とし、1m以下の間隔で吊り木受け又ははりに取り付ける。
2. □鋼製下地とする場合は、次の各号によるものとする。
   イ. 野縁は、原材料が溶融亜鉛めっき鋼板（JISに規定するもので、両面等厚めっきの最小付着量表示記号Z12以上のもの）又はガルバリウム鋼板（JISに規定する

もので、両面等厚めっきの最小付着量表示記号AZ120以上のもの）の角形鋼で、幅及び高さがともに40mm以上、厚さが0.4mm以上のものとし、340mm以下の間隔で野縁受けに取り付ける。

ロ．野縁受けの断面寸法は、[- 30 × 30 × 1.6又は [- 12 × 38 × 0.9とし、野縁のたわみが野縁受けの設置間隔の1/750以下となるよう取り付ける。

ハ．吊りボルト及び吊り金具の間隔は、1.5m以下とする。

3. □本章18.4.2（上階に床がある部分の天井）の1のロにより、天井の防火被覆材を1枚張りとする場合は、防火被覆材の裏面に、次のいずれかの措置を講ずる。 18.4.2の1 ☞136頁

イ．□厚さ50mm以上のロックウール（かさ比重0.024以上）、厚さ50mm以上のグラスウール（かさ比重0.024以上）、又は厚さ100mm以上のグラスウール（かさ比重0.01 以上）のいずれかを充填する。

ロ．□天井の防火被覆材の目地部分には、野縁、野縁受け又は当て木を設ける。当て木は、30mm × 38mm以上若しくは35mm × 35mm以上の木材若しくは鋼材、又は厚さ0.4mm × 幅90mm以上の鋼板とする。

18.5 界壁

連続建ての住戸間の界壁の仕様は次によるか、若しくは1時間準耐火構造の界壁とし、小屋裏又は天井裏まで達せしめる。

1. 界壁の厚さ（仕上げ材料の厚さを含まないものとする。）を100mm以上とする。
2. 界壁の内部に厚さが25mm以上のグラスウール（かさ比重0.02以上）又は厚さが25mm以上のロックウール（かさ比重0.04以上）のいずれかを充填する。
3. 界壁の両面は、厚さが12mm以上のせっこうボードを2枚張りとする。
4. せっこうボードの留付けは、本章18.7.3(界壁部留付け)による。 18.7.3 ☞138頁

18.6 界床

重ね建ての住戸間の界床の防火被覆及び構造は、本章17.2.7（界床以外の床（最下階の床を除く））による。 17.2.7 ☞132頁

18.7 壁張り

18.7.1 1枚張り

界壁以外の部分の室内に面する壁の防火被覆材を、1枚張りとする場合の下地及び留付けは、次による。

1. 防火被覆材は柱、間柱その他の垂直部材及び土台、はり、胴差しその他の横架材に、GNF40、長さ40mm以上のステープル、長さ28mm以上の木ねじ、タッピンねじ又はこれらと同等以上の品質及び寸法の留め金具で確実に留め付ける。ただし、国土交通大臣の認定を受けた耐力壁の場合の留付けに用いるくぎ等及び留付け方法は、特記による。
2. 留め金具の間隔は、防火被覆材の外周部及び中間部ともに150mm以下とする。ただし、本章18.7.1(1枚張り)の4により柱又は間柱を切り欠くことで留付けができない部分が生じる場合には、省略分を近傍に増し打ちする。 18.7.1の4 ☞137頁
3. 防火被覆材は、目地部分及び取合い部分の裏面に当て木を設け留め付ける。当て木は間柱その他の構造材のうち、当て木の断面寸法以上のものをもってかえることができる。なお、天井の防火被覆材の下地を鋼製下地とする場合には、天井と壁の取合い部に設ける鋼製ランナーを当て木とすることができる。
4. 柱及び間柱の間隔は500mm以下とし、間柱の断面寸法は30mm × 105mm以上とする。やむを得ず、構造器具又は設備器具の設置により、柱又は間柱を切り欠く場合は、本項18.12(その他)の3のロに規定する断熱材により防火上支障のないよう処理する。 18.12の3 ☞139頁
5. 当て木の断面寸法は、次による。

イ．防火被覆材の目地部分に設ける場合は、45mm × 105mm以上の木材とする。

ロ. 床又は天井と壁の取合い部、壁と壁との取合い部に設ける場合は、次による。

（イ）木材及び角形鋼の場合は、30mm × 38mm 以上又は35mm × 35mm 以上とする。

（ロ）天井と壁の取合い部に設ける鋼製ランナーの場合は、防火被覆材と接する部分が高さ40mm以上、幅30mm以上とする。

6. 補助面材が設けられている部分については、補助面材の当て木又は間柱に接する部分を、当て木又は間柱の断面寸法に含まれるものとみなすことができる。

18.7.2 2枚張り

界壁以外の部分の室内に面する壁の防火被覆材を、2枚張りとする場合の下地及び留付けは、次による。

1. 防火被覆材は柱、間柱その他の垂直部材及び土台、はり、胴差しその他の横架材に、1枚目に張る防火被覆材（以下「1枚目ボード」という。）においては、GNF40、長さ40mm以上のステープル、長さ28mm以上の木ねじ、タッピンねじ又はこれらに類する留め金具で、2枚目に張る防火被覆材（以下「2枚目ボード」という。）においては、GNF50、長さ50mm以上のステープル、長さ40mm以上の木ねじ、タッピンねじ又はこれらと同等以上の品質及び寸法の留め金具で確実に留め付ける。
2. 留め金具の間隔は、1枚目ボードの外周部及び中間部はともに150mm以下、2枚目ボードの外周部及び中間部はともに200mm以下とする。ただし、本章18.7.2（2枚張り）の4により柱又は間柱を切り欠くことで留付けができない部分が生じる場合には、省略分を近傍に増し打ちする。 18.7.2の4 ☞138頁
3. 防火被覆材は、壁の外周部を除き、1枚目と2枚目ボードの目地が一致しないように配置する。やむを得ず目地が一致する場合は、当該部分の裏面に当て木を設ける。なお、間柱その他の構造材をもって当て木にかえることができる。
4. 柱、間柱の間隔及び間柱の断面寸法は、本章18.7.1（1枚張り）の4による。 18.7.1の4 ☞137頁
5. 当て木の断面寸法は、本章18.7.1（1枚張り）の5による。 18.7.1の5 ☞137頁
6. 補助面材を設ける場合は、本章18.7.1（1枚張り）の6による。 18.7.1の6 ☞138頁

18.7.3 界壁部留付け

界壁の部分の防火被覆材の留付けは、次による。

1. 防火被覆材は柱、間柱その他の垂直部材及び土台、はり、胴差しその他の横架材に、GNF40、長さ40mm以上の木ねじ、ステープル、タッピンねじ又はこれらと同等以上の品質及び寸法の留め金具で確実に留め付ける。ただし、2枚目に張るせっこうボードは、長さ50mm以上の留め金具で留め付ける。
2. 留め金具の間隔は、外周部は150mm以下、中間部は200mm以下とする。
3. 防火被覆材は、壁の外周部を除き1枚目と2枚目のボードの目地が一致しないように配置する。やむを得ず目地が一致する場合は、当該部分の裏面に当て木を設ける。なお、間柱その他の構造材をもって当て木にかえることができる。
4. 当て木の断面寸法は、30mm × 38mm 以上又は35mm × 35mm 以上の木材とする。

18.8 天井張り

18.8.1 1枚張り

界床以外の部分の室内に面する天井の防火被覆材を、1枚張りとする場合の留付けは、次の各号に適合するものとする。

1. 防火被覆材は根太、野縁等に、GNF40、長さ40mm以上のステープル、長さ28mm以上の木ねじ、タッピンねじ又はこれらと同等以上の品質及び寸法の留め金具で確実に留め付ける。
2. 留め金具の間隔は、外周部は150mm以下、中間部は200mm以下とする。

18.8.2　2枚張り

界床以外の部分の室内に面する天井の防火被覆材を、2枚張りとする場合の留付けは、次による。

1. 防火被覆材は根太、野縁等に、1枚目ボードにおいては、GNF40、長さ40mm以上のステープル、長さ28mm以上の木ねじ、タッピンねじ又はこれらと同等以上の品質及び寸法の留め金具で、2枚目ボードにおいては、GNF50、長さ50mm以上のステープル、長さ40mm以上の木ねじ、タッピンねじ又はこれらと同等以上の品質及び寸法の留め金具で確実に留め付ける。
2. 留め金具の間隔は、1枚目ボードの外周部及び中間部はともに300mm以下、2枚目ボードの外周部は150mm以下、中間部は200mm以下とする。
3. 上階に床がある部分の天井における防火被覆材は、天井の外周部を除き1枚目と2枚目ボードの目地が一致しないように配置する。やむを得ず目地が一致する場合の当該部分の裏面の仕様は、本章18.4.3（天井の防火被覆材の下地）の3による。 18.4.3の3 ☞137頁

18.9 柱

柱の防火被覆は、屋外に面する部分にあっては、本章18.2（屋根、外壁及び軒裏）の2に、室内に面する部分にあっては、本章18.3（界壁以外の部分の内壁）及び本章18.5（界壁）のいずれかに準じる。ただし、本章18.2（屋根、外壁及び軒裏）の2、本章18.3（界壁以外の部分の内壁）及び本章18.5（界壁）に掲げる防火被覆を設けた壁の内部にあるものについては、これによらないことができる。

18.2の2 ☞135頁
18.3 ☞135頁
18.5 ☞137頁
18.2の2 ☞135頁
18.3 ☞135頁
18.5 ☞137頁

18.10 はり

1. はりの防火被覆は、屋外に面する部分にあっては、本章18.2（屋根、外壁及び軒裏）の2に準じ、室内に面する部分にあっては、次のいずれかとする。ただし、本章18.2（屋根、外壁及び軒裏）の2、本章18.3（界壁以外の部分の内壁）から本章18.6（界床）に掲げる防火被覆を設けた壁及び天井の内部にあるものについては、これによらないことができる。
   イ. □厚さ9mm以上のせっこうボード2枚張り
   ロ. □厚さ12mm以上の強化せっこうボード張り
2. 本章18.8（天井張り）は、はりの防火被覆の留付けを、前項のイ又はロとした場合に準用する。この場合において、同項中「根太、野縁等」とあるのは、「はり、根太、野縁等」と読み替えるものとする。

18.2の2 ☞135頁
18.2の2 ☞135頁
18.3 ☞135頁
18.6 ☞137頁
18.8 ☞138頁

18.11 下がり天井

下がり天井（設備機器の設置その他の必要から天井面の一部を下げた部分をいう。）を設ける場合の防火被覆及び天井構成は、当該室の天井と同一とする。

18.12 その他

1. 壁及び天井の防火被覆の目地は、防火上支障のないよう処理する。
2. 壁又は天井の防火被覆を貫通して設備器具を取り付ける場合にあっては、当該器具又は当該器具の裏面を、当該部分に空隙が生じないよう不燃材料又は準不燃材料で造り又はおおうものとする。
3. 床又は天井と壁との取合い部、壁と壁との取合い部及び天井内部における間仕切り壁と横架材との間には、火炎が相互に貫通しないようファイヤーストップ材を設け、その材料は次のいずれかとする。ただし、上階に床が無い部分の天井の場合、天井内部における間仕切り壁と横架材との間のファイヤーストップ材を省略することができる。
   イ. □厚さ30mm以上の木材
   ロ. □厚さ50mm以上のロックウール（かさ比重0.024以上）、厚さ50mm以上のグラスウール（かさ比重0.024以上）、又は厚さ100mm以上のグラスウール（かさ

比重0.01以上）

ハ. □厚さ12mm以上のせっこうボード

4. 壁又は天井の防火被覆を部分的に貫通して木材を取り付ける場合、当該木材の寸法は、防火被覆を貫通する方向に30mm以上とする。なお、貫通する木材と防火被覆との目地部分及び取合い部分には、当て木を設ける。この場合の当て木は、断面寸法30mm×38mm以上又は35mm×35mm以上の木材とすることができる。

5. 本章18.3（界壁以外の部分の内壁）及び本章18.12（その他）の3の適用にあたっては、連続した室の面積の合計が10m²以内となる場合においては、火気を使用する室が含まれる場合を除き、それらをまとめて1室として取り扱うことができるものとする。 18.3 ☞135頁 18.12の3 ☞139頁

6. 外壁、界壁、界壁以外の部分の内壁、界床、界床以外の部分の天井、柱及びはりのうち、鉄筋コンクリート造によるものについては、本章18.2（屋根、外壁及び軒裏）から本章18.6（界床）、本章18.9（柱）及び本章18.10（はり）の規定は適用しない。 18.2 ☞135頁 18.6 ☞137頁 18.9 ☞139頁 18.10 ☞139頁

19. 耐火構造の住宅の仕様

19.1 一般事項

耐火構造(建築基準法第2条第7号に該当する構造をいう。)の住宅の防火仕様は、耐火構造の構造方法を定める件(平成12年建設省告示第1399号)によるか、又は国土交通大臣の認定を受けたものとすることとし、特記による。

〔第Ⅲ章〕 フラット35S(金利Bプラン)工事仕様書

フラット35S(金利Bプラン)の技術基準(※1)

フラット35S(金利Bプラン)をご利用いただく場合は、フラット35の技術基準に加えて、次表の1〜4のいずれか1つ以上の基準を満たす住宅であることが必要です。

1 省エネルギー性	断熱等性能等級5以上の住宅 または 一次エネルギー消費量等級6の住宅
2 耐　震　性	耐震等級(構造躯体の倒壊等防止)2以上の住宅
3 バリアフリー性	高齢者等配慮対策等級3以上の住宅
4 耐久性・可変性	劣化対策等級3の住宅、かつ、維持管理対策等級2以上の住宅 (共同住宅等の場合は、一定の更新対策(※2)が必要)

※1 各技術基準(建築物エネルギー消費性能基準に適合する住宅を除く。)は、「住宅の品質確保の促進等に関する法律」に基づく住宅性能表示制度の性能等級等と同じです。なお、住宅性能評価書を取得しなくても、所定の物件検査に合格すれば、フラット35S(金利Bプラン)をご利用いただけます。

※2 一定の更新対策とは、躯体天井高の確保(2.5m以上)及び間取り変更の障害となる壁または柱がないことです。

注) 以下のいずれかに該当する場合は、フラット35S及びフラット35維持保全型を利用できません。
- 住宅の全部または一部が土砂災害特別警戒区域(通称：レッドゾーン)内に含まれる場合
- 都市再生特別措置法(平成14年法律第22号)第88条第1項に基づく届出を行った場合において、同条第5項に基づく市町村長による公表の措置を受けたとき

フラット35S工事仕様書の使い方

(1) 〔第Ⅱ章〕工事仕様書のフラット35の基準事項に加え、「1. 省エネルギー性に関する基準(断熱等性能等級5)に係る仕様」、「2. 省エネルギー性に関する基準(一次エネルギー消費量等6)に係る仕様」、「3. 耐震住宅に関する基準(耐震等級(構造躯体の倒壊等防止)2)に係る仕様」、「4. バリアフリー性に関する基準(高齢者等配慮対策等級3)に係る仕様」または「5. 耐久性・可変性に関する基準(劣化対策等級3及び維持管理対策等級2など)に係る仕様」によってください。

(2) 本文のアンダーライン「＿＿＿」の部分は、基準に係る項目ですので、訂正するとフラット35Sが利用できない場合があります。
なお、アンダーライン「＿＿＿」以外の仕様については、ご自分の工事内容に合わせて当該仕様部分を適宜添削するなどしてご使用ください。

1.省エネルギー性に関する基準（断熱等性能等級5）に係る仕様

1.1 一般事項

1.1.1 総則

1. フラット35Sにおける省エネルギー性に関する基準のうち、断熱等性能等級5に適合する住宅の仕様は、この項による。
2. 本項におけるアンダーライン「＿＿＿」の付された項目事項は、フラット35Sにおける省エネルギー性に関する基準のうち、断熱等性能等級5に係る仕様であるため、当該部分の仕様以外とする場合は、住宅金融支援機構の認めたものとする。

1.1.2 適用

1. 地域の区分は、巻末付録3（地域の区分一覧表）による。 付録3 ☞218頁
2. □断熱等性能等級5に適合する仕様を計算により決定する場合、以下のイ及びロを満たすものとする。

イ．外皮平均熱貫流率及び冷房期の平均日射熱取得率は、以下の表に掲げる数値以下を満たすものとし、その仕様は特記による。

	地域の区分							
	1地域	2地域	3地域	4地域	5地域	6地域	7地域	8地域
外皮平均熱貫流率（W/(m²・K)）	0.4	0.4	0.5	0.6	0.6	0.6	0.6	—
冷房期の平均日射熱取得率	—				3.0	2.8	2.7	6.7

ロ．結露の発生を防止する対策については、本章1.1.2（適用）の3のへによる。 1.1.2の3 ☞145頁

3. □断熱等性能等級5に適合する仕様を仕様により決定する場合、以下のイからへまでを満たすものとする。

イ．断熱工事の施工部位は、本章1.2（施工部位）による。 1.2 ☞146頁

ロ．各部位の断熱性能は、本章1.3（断熱性能）による。 1.3 ☞147頁

ハ．開口部の断熱性能は、本章1.7（開口部の断熱性能）による。 1.7 ☞161頁

ニ．開口部の日射遮蔽措置は、本章1.8（開口部の日射遮蔽措置）による。 1.8 ☞162頁

ホ．気密工事は、充填断熱工法又は繊維系断熱材を用いた外張断熱工法による場合は本章1.5、発泡プラスチック系断熱材を用いた外張断熱工法による場合は本章1.6による。 1.5 ☞157頁 1.6 ☞160頁

へ．防湿材の施工、通気層の設置及び防風層の設置は、本章1.4.3（防湿材の施工）の2、本章1.4.7（壁の施工）の5及び6、本章1.4.9（屋根の施工）の2及び3による。 1.4.3の2 ☞154頁 1.4.7の5･6 ☞155頁 1.4.9の2･3 ☞156頁

1.1.3 断熱材

1. 断熱材の品質は、JISの制定のあるものはその規格に適合したもので、原則としてJISマーク表示品とする。
2. 断熱材の形状及び種類は、次表による。なお、これ以外の断熱材を使用する場合は、性能及び生産品質が確かめられたものとする。

形　状	種　類	
	材　種	材　料　名
フェルト状断熱材	無機繊維系断熱材	グラスウール断熱材
		ロックウール断熱材
ボード状断熱材	無機繊維系断熱材	グラスウール断熱材
		ロックウール断熱材
	有機繊維断熱材	木質繊維断熱材
		ポリエステル繊維断熱材
		建材畳床
	発泡プラスチック系断熱材	ビーズ法ポリスチレンフォーム断熱材
		押出法ポリスチレンフォーム断熱材
		硬質ウレタンフォーム断熱材
		ポリエチレンフォーム断熱材
		フェノールフォーム断熱材
吹込み用断熱材	無機繊維系断熱材	吹込み用グラスウール断熱材
		吹込み用ロックウール断熱材
	木質繊維系断熱材	吹込み用セルローズファイバー
現場発泡断熱材	発泡プラスチック系断熱材	建築物断熱用吹付け硬質ウレタンフォーム

3. 断熱材のホルムアルデヒドの発散量に関する品質については、特記による。

1.1.4 構造材及び主要な下地材

断熱構造部を構成する構造材（柱、はり、横架材等）及び主要な下地材（間柱、床根太等）には、含水率20％以下の乾燥した材料を用いる。

1.1.5 断熱材の保管・取扱い

1. 断熱材が雨などによって濡れることがないよう十分配慮する。
2. 無機繊維系断熱材については、断熱材の上に重量物を載せないように十分注意する。
3. 発泡プラスチック系断熱材については、火気に十分注意する。

1.1.6 養生

1. 断熱工事終了後、後続の工事によって断熱材及び防湿材が損傷を受けないよう、必要に応じて養生を行う。
2. 施工中、屋外に面する断熱材は、雨水による濡れ、あるいは直射日光による劣化などにより損傷を受けないよう、必要に応じてシート類で養生する。

1.1.7 注意事項

1. 断熱工事は、他種工事との関連に十分留意し、確実な施工に最も適した時期に実施する。
2. 使用する断熱材、防湿材の種類に応じ、工具、作業衣などをあらかじめ準備する。

1.2 施工部位

1.2.1 断熱構造とする部分

断熱工事の施工部位は、次による。ただし、本章1.2.2（断熱構造としなくてもよい部分）については、断熱構造としなくてもよい。 1.2.2 ☞147頁

イ. 住宅の屋根（小屋裏又は天井裏が外気に通じていない場合）、又は屋根の直下の天井（小屋裏又は天井裏が外気に通じている場合）

ロ. 外気に接する壁

ハ. 外気に接する床及びその他の床（床下換気孔等により外気と通じている床）

ニ. 外気に接する土間床等の外周部分の基礎壁及びその他の土間床等の外周部分の

基礎壁（床下換気孔等により外気と通じている床裏と接する土間床等の基礎壁）

1.2.2 断熱構造としなくてもよい部分

本章1.2.1（断熱構造とする部分）にかかわらず、断熱構造としなくてもよい部分は、次による。 1.2.1 ☞146頁

イ．居住区画に面する部位が断熱構造となっている物置、車庫、その他これに類する区画の外気に接する部位

ロ．外気に通じる床裏、小屋裏又は天井裏の壁で外気に接するもの

ハ．断熱構造となっている外壁から突き出した軒、袖壁、ベランダ、その他これらに類するもの

ニ．玄関土間、勝手口土間及び玄関土間又は勝手口土間につながる非居室の土間部分

ホ．床下換気孔等により外気に通じている場合で、バスユニットの裏面に断熱材が貼り付けられている、又は吹き付けられていることにより、断熱構造になっている浴室下部における土間床部分

1.3 断熱性能

1.3.1 一般事項

断熱材の熱抵抗値又は厚さは、この項による。

1.3.2 断熱材の種類

断熱材は、表1.3.2に掲げる種類の断熱材又は同表の熱伝導率を有する断熱材とする。

表1.3.2　記号別の断熱材の種類と規格

記号		断熱材の種類	λ：熱伝導率（W/(m·K)）
A	A-1	吹込み用グラスウール （LFGW1052、LFGW1352、LFGW1852） 木質繊維断熱材 （ファイバーボード1種1号、2号、2種1号A、2種2号A） 建材畳床（Ⅲ形）	λ＝0.052～0.051
A	A-2	グラスウール断熱材 通常品（10-50、10-49、10-48） 高性能品（HG10-47、HG10-46） 吹込み用ロックウール（LFRW2547、LFRW3046） 建材畳床（K、N形）	λ＝0.050～0.046
B		グラスウール断熱材 通常品（12-45、12-44、16-45、16-44、20-42、20-41） 高性能品（HG10-45、HG10-44、HG10-43、HG12-43、HG12-42、HG12-41） ロックウール断熱材（LA、LB、LC） ビーズ法ポリスチレンフォーム断熱材4号 ポリエチレンフォーム断熱材1種1号、2号 木質繊維断熱材（ファイバーボード2種1号B、2種2号B）	λ＝0.045～0.041
C	C-1	グラスウール断熱材 通常品（20-40） 木質繊維断熱材 （ファイバーマット、ファイバーボード2種1号C、2種2号C） 吹込み用グラスウール （LFGW2040、LFGW3240、LFGW3540） ロックウール断熱材（LD） 押出法ポリスチレンフォーム断熱材1種b（A） 吹込み用セルローズファイバー （LFCF2540、LFCF4040、LFCF4540、LFCF5040、LFCF5540） 吹付け硬質ウレタンフォーム断熱材A種3	λ＝0.040～0.039

C	C-2	グラスウール断熱材 通常品(24-38、32-36、40-36、48-35、64-35) 高性能品(HG14-38、HG14-37、HG16-38、HG16-37、HG16-36、HG20-38、HG20-37、HG20-36、HG20-35、HG24-36、HG24-35、HG28-35、HG32-35) 吹込み用グラスウール(LFGW2238、LFGW3238) ロックウール断熱材(MA、MB、MC、HA、HB) ビーズ法ポリスチレンフォーム断熱材2号、3号 押出法ポリスチレンフォーム断熱材1種b(B、C) ポリエチレンフォーム断熱材2種 フェノールフォーム断熱材2種1号(AⅠ、AⅡ)、3種1号(AⅠ、AⅡ) 吹込み用ロックウール(LFRW6038)	$\lambda = 0.038 \sim 0.035$
D		グラスウール断熱材 通常品(80-33、96-33) 高性能品(HG20-34、HG24-34、HG24-33、HG28-34、HG28-33、HG32-34、HG32-33、HG36-34、HG36-33、HG36-32、HG36-31、HG38-34、HG38-33、HG38-32、HG38-31、HG40-34、HG40-33、HG40-32、HG48-33、HG48-32、HG48-31) ロックウール断熱材(HC) ビーズ法ポリスチレンフォーム断熱材1号 押出法ポリスチレンフォーム断熱材2種b(A、B、C) フェノールフォーム断熱材2種2号(AⅠ、AⅡ) 硬質ウレタンフォーム断熱材1種1号(Ⅰ、Ⅱ) ポリエチレンフォーム断熱材3種 吹付け硬質ウレタンフォーム断熱材A種1、2	$\lambda = 0.034 \sim 0.029$
E		押出法ポリスチレンフォーム断熱材 スキン層なし3種a(A、B、C)、3種b(A、B、C) スキン層付き3種a(AⅠ、AⅡ、BⅠ、BⅡ、CⅠ、CⅡ)、3種b(AⅠ、AⅡ、BⅠ、BⅡ、CⅠ、CⅡ) 硬質ウレタンフォーム断熱材 1種2号(Ⅰ、Ⅱ)、3号(Ⅰ、Ⅱ)、 2種1号(AⅠ、AⅡ)、2号(AⅠ、AⅡ、BⅠ、BⅡ)、 3種1号(AⅠ、AⅡ、BⅠ、BⅡ、CⅠ、CⅡ、DⅠ、DⅡ)、 3種2号(AⅠ、AⅡ、BⅠ、BⅡ、CⅠ、CⅡ、DⅠ、DⅡ) フェノールフォーム断熱材2種3号(AⅠ、AⅡ) 吹付け硬質ウレタンフォーム断熱材A種1H、2H	$\lambda = 0.028 \sim 0.023$
F		押出法ポリスチレンフォーム断熱材 スキン層なし3種a(D、E)、3種b(D、E) スキン層付き3種a(DⅠ、DⅡ、EⅠ、EⅡ)、3種b(DⅠ、DⅡ、EⅠ、EⅡ) 硬質ウレタンフォーム断熱材2種 1号(BⅠ、BⅡ、CⅠ、CⅡ、DⅠ、DⅡ、EⅠ、EⅡ)、 2号(CⅠ、CⅡ、DⅠ、DⅡ、EⅠ、EⅡ、FⅠ、FⅡ) フェノールフォーム断熱材1種 1号(AⅠ、AⅡ、BⅠ、BⅡ、CⅠ、CⅡ、DⅠ、DⅡ、EⅠ、EⅡ)、 2号(AⅠ、AⅡ、BⅠ、BⅡ、CⅠ、CⅡ、DⅠ、DⅡ、EⅠ、EⅡ)、 3号(AⅠ、AⅡ、BⅠ、BⅡ、CⅠ、CⅡ、DⅠ、DⅡ、EⅠ、EⅡ)	$\lambda = 0.022$以下

1.3.3 一戸建ての住宅における断熱材の熱抵抗値又は厚さ

一戸建ての住宅における断熱材の熱抵抗値又は厚さは、地域の区分、施工部位、断熱材の種類及び断熱材の施工方法に応じ、次の早見表に掲げる数値以上とする。(「必要な熱抵抗値」の単位は$m^2 \cdot K/W$)

【早見表の活用にあたっての注意】

1. 以下の早見表の断熱材の厚さは、断熱材の各グループのうち、熱伝導率の最大値を用いて算出した厚さを5mm単位で切り上げたものである。したがって、使用する断熱材によっては、必要厚さを早見表に掲げる数値よりも低い値とすることが可能であり、この場合の断熱材の種類・厚さは特記する。

2. 部位（屋根又は天井、壁、床）によって異なる断熱材の施工方法（充填断熱工法、外張断熱工法又は内張断熱工法）を採用する場合には、当該施工方法に該当するそれぞれの熱抵抗値又は厚さを適用する。

3. 「土間床等の外周部分の基礎壁」の断熱材厚さは、当該基礎壁の外側、内側又は両側に、地盤面に垂直に施工される断熱材の厚さを示す。なお、断熱材の垂直方向の深さは、基礎底盤上端から基礎天端まで、又はこれと同等以上の断熱性能を確保できるものとすること。

1. 1地域及び2地域に建設する充填断熱工法の一戸建ての住宅における断熱材の熱抵抗値又は必要厚さは、次による。

部位 ＼ 断熱材の厚さ		必要な熱抵抗値	断熱材の種類・厚さ(単位：mm)							
			A-1	A-2	B	C-1	C-2	D	E	F
屋根又は天井	屋　根	6.9	360	345	315	280	265	235	195	155
	天　井	5.7	300	285	260	230	220	195	160	130
壁		4.0	210	200	180	160	155	140	115	90
床	外気に接する部分	5.0	260	250	225	200	190	170	140	110
	その他の部分	3.3	175	165	150	135	130	115	95	75
土間床等の外周部分の基礎壁	外気に接する部分	3.5	185	175	160	140	135	120	100	80
	その他の部分	1.2	65	60	55	50	50	45	35	30

2. 1地域及び2地域に建設する外張断熱工法又は内張断熱工法の一戸建ての住宅における断熱材の熱抵抗値又は必要厚さは、次による。

部位 ＼ 断熱材の厚さ		必要な熱抵抗値	断熱材の種類・厚さ(単位：mm)							
			A-1	A-2	B	C-1	C-2	D	E	F
屋根又は天井		6.3	330	315	285	255	240	215	180	140
壁		3.8	200	190	175	155	145	130	110	85
床	外気に接する部分	4.5	235	225	205	180	175	155	130	100
	その他の部分	−	−	−	−	−	−	−	−	−
土間床等の外周部分の基礎壁	外気に接する部分	3.5	185	175	160	140	135	120	100	80
	その他の部分	1.2	65	60	55	50	50	45	35	30

3. 3地域に建設する充填断熱工法の一戸建ての住宅における断熱材の熱抵抗値又は必要厚さは、次による。

部位 ＼ 断熱材の厚さ		必要な熱抵抗値	断熱材の種類・厚さ(単位：mm)							
			A-1	A-2	B	C-1	C-2	D	E	F
屋根又は天井	屋　根	5.7	300	285	260	230	220	195	160	130
	天　井	4.4	230	220	200	180	170	150	125	100
壁		2.7	145	135	125	110	105	95	80	60
床	外気に接する部分	5.0	260	250	225	200	190	170	140	110
	その他の部分	3.3	175	165	150	135	130	115	95	75
土間床等の外周部分の基礎壁	外気に接する部分	3.5	185	175	160	140	135	120	100	80
	その他の部分	1.2	65	60	55	50	50	45	35	30

4. 3地域に建設する外張断熱工法又は内張断熱工法の一戸建ての住宅における断熱材の熱抵抗値又は必要厚さは、次による。

部位 \ 断熱材の厚さ		必要な熱抵抗値	断熱材の種類・厚さ(単位：mm)							
			A-1	A-2	B	C-1	C-2	D	E	F
屋根又は天井		4.8	250	240	220	195	185	165	135	110
壁		2.3	120	115	105	95	90	80	65	55
床	外気に接する部分	4.5	235	225	205	180	175	155	130	100
	その他の部分	−	−	−	−	−	−	−	−	−
土間床等の外周部分の基礎壁	外気に接する部分	3.5	185	175	160	140	135	120	100	80
	その他の部分	1.2	65	60	55	50	50	45	35	30

5. 4地域、5地域、6地域及び7地域に建設する充填断熱工法の一戸建ての住宅における断熱材の熱抵抗値又は必要厚さは、次による。

部位 \ 断熱材の厚さ		必要な熱抵抗値	断熱材の種類・厚さ(単位：mm)							
			A-1	A-2	B	C-1	C-2	D	E	F
屋根又は天井	屋　根	5.7	300	285	260	230	220	195	160	130
	天　井	4.4	230	220	200	180	170	150	125	100
壁		2.7	145	135	125	110	105	95	80	60
床	外気に接する部分	3.4	180	170	155	140	130	120	100	75
	その他の部分	2.2	115	110	100	90	85	75	65	50
土間床等の外周部分の基礎壁	外気に接する部分	1.7	90	85	80	70	65	60	50	40
	その他の部分	0.7	40	35	35	30	30	25	20	20

6. 4地域、5地域、6地域及び7地域に建設する外張断熱工法又は内張断熱工法の一戸建ての住宅における断熱材の熱抵抗値又は必要厚さは、次による。

部位 \ 断熱材の厚さ		必要な熱抵抗値	断熱材の種類・厚さ(単位：mm)							
			A-1	A-2	B	C-1	C-2	D	E	F
屋根又は天井		4.8	250	240	220	195	185	165	135	110
壁		2.3	120	115	105	95	90	80	65	55
床	外気に接する部分	3.1	165	155	140	125	120	110	90	70
	その他の部分	−	−	−	−	−	−	−	−	−
土間床等の外周部分の基礎壁	外気に接する部分	1.7	90	85	80	70	65	60	50	40
	その他の部分	0.7	40	35	35	30	30	25	20	20

7. 8地域に建設する充填断熱工法の一戸建ての住宅における断熱材の熱抵抗値又は必要厚さは、次による。

部位 \ 断熱材の厚さ		必要な熱抵抗値	断熱材の種類・厚さ(単位：mm)							
			A-1	A-2	B	C-1	C-2	D	E	F
屋根又は天井	屋　根	1.0	55	50	45	40	40	35	30	25
	天　井	0.8	45	40	40	35	35	30	25	20
壁		−	−	−	−	−	−	−	−	−
床	外気に接する部分	−	−	−	−	−	−	−	−	−
	その他の部分	−	−	−	−	−	−	−	−	−
土間床等の外周部分の基礎壁	外気に接する部分	−	−	−	−	−	−	−	−	−
	その他の部分	−	−	−	−	−	−	−	−	−

8. 8地域に建設する外張断熱工法又は内張断熱工法の一戸建ての住宅における断熱材の熱抵抗値又は必要厚さは、次による。

部位＼断熱材の厚さ		必要な熱抵抗値	断熱材の種類・厚さ(単位：mm)							
			A-1	A-2	B	C-1	C-2	D	E	F
屋根又は天井		0.9	50	45	45	40	35	35	30	20
壁		–	–	–	–	–	–	–	–	–
床	外気に接する部分	–	–	–	–	–	–	–	–	–
	その他の部分	–	–	–	–	–	–	–	–	–
土間床等の外周部分の基礎壁	外気に接する部分	–	–	–	–	–	–	–	–	–
	その他の部分	–	–	–	–	–	–	–	–	–

1.3.4 共同住宅等における断熱材の熱抵抗値又は厚さ

共同住宅等(複合建築物の住宅部分を含む。以下本章において同じ。)における断熱材の熱抵抗値又は厚さは、地域の区分、施工部位、断熱材の種類及び断熱材の施工方法に応じ、次の早見表に掲げる数値以上とする。(「必要な熱抵抗値」の単位は$m^2 \cdot K/W$)

【早見表の活用にあたっての注意】

1. 以下の早見表の断熱材の厚さは、断熱材の各グループのうち、熱伝導率の最大値を用いて算出した厚さを5mm単位で切り上げたものである。したがって、使用する断熱材によっては、必要厚さを早見表に掲げる数値よりも低い値とすることが可能であり、この場合の断熱材の種類・厚さは特記する。
2. 部位(屋根又は天井、壁、床)によって異なる断熱材の施工方法(充填断熱工法、外張断熱工法又は内張断熱工法)を採用する場合には、当該施工方法に該当するそれぞれの熱抵抗値又は厚さを適用する。
3. 「土間床等の外周部分の基礎壁」の断熱材厚さは、当該基礎壁の外側、内側又は両側に、地盤面に垂直に施工される断熱材の厚さを示す。なお、断熱材の垂直方向の深さは、基礎底盤上端から基礎天端まで、又はこれと同等以上の断熱性能を確保できるものとすること。

1. 1地域及び2地域に建設する充填断熱工法の共同住宅等における断熱材の熱抵抗値又は必要厚さは、次による。

部位＼断熱材の厚さ		必要な熱抵抗値	断熱材の種類・厚さ(単位：mm)							
			A-1	A-2	B	C-1	C-2	D	E	F
屋根又は天井	屋　根	4.4	230	220	200	180	170	150	125	100
	天　井	3.4	180	170	155	140	130	120	100	75
壁		2.5	130	125	115	100	95	85	70	55
床	外気に接する部分	3.4	180	170	155	140	130	120	100	75
	その他の部分	2.1	110	105	95	85	80	75	60	50
土間床等の外周部分の基礎壁	外気に接する部分	1.2	65	60	55	50	50	45	35	30
	その他の部分	0.4	25	20	20	20	20	15	15	10

2. 1地域及び2地域に建設する外張断熱工法又は内張断熱工法の共同住宅等における断熱材の熱抵抗値又は必要厚さは、次による。

部位＼断熱材の厚さ		必要な熱抵抗値	断熱材の種類・厚さ(単位：mm)							
			A-1	A-2	B	C-1	C-2	D	E	F
屋根又は天井		3.7	195	185	170	150	145	130	105	85
壁		2.2	115	110	100	90	85	75	65	50
床	外気に接する部分	3.1	165	155	140	125	120	110	90	70
	その他の部分	–	–	–	–	–	–	–	–	–
土間床等の外周部分の基礎壁	外気に接する部分	1.2	65	60	55	50	50	45	35	30
	その他の部分	0.4	25	20	20	20	20	15	15	10

3. 3地域に建設する充填断熱工法の共同住宅等における断熱材の熱抵抗値又は必要厚さは、次による。

部位 ＼ 断熱材の厚さ		必要な熱抵抗値	断熱材の種類・厚さ(単位：mm)							
			A-1	A-2	B	C-1	C-2	D	E	F
屋根又は天井	屋　根	2.5	130	125	115	100	95	85	70	55
	天　井	2.0	105	100	90	80	80	70	60	45
壁		2.1	110	105	95	85	80	75	60	50
床	外気に接する部分	3.4	180	170	155	140	130	120	100	75
	その他の部分	2.1	110	105	95	85	80	75	60	50
土間床等の外周部分の基礎壁	外気に接する部分	1.0	55	50	45	40	40	35	30	25
	その他の部分	0.3	20	15	15	15	15	15	10	10

4. 3地域に建設する外張断熱工法又は内張断熱工法の共同住宅等における断熱材の熱抵抗値又は必要厚さは、次による。

部位 ＼ 断熱材の厚さ		必要な熱抵抗値	断熱材の種類・厚さ(単位：mm)							
			A-1	A-2	B	C-1	C-2	D	E	F
屋根又は天井		2.1	110	105	95	85	80	75	60	50
壁		1.8	95	90	85	75	70	65	55	40
床	外気に接する部分	3.1	165	155	140	125	120	110	90	70
	その他の部分	－	－	－	－	－	－	－	－	－
土間床等の外周部分の基礎壁	外気に接する部分	1.0	55	50	45	40	40	35	30	25
	その他の部分	0.3	20	15	15	15	15	15	10	10

5. 4地域、5地域、6地域及び7地域に建設する充填断熱工法の共同住宅等における断熱材の熱抵抗値又は必要厚さは、次による。

部位 ＼ 断熱材の厚さ		必要な熱抵抗値	断熱材の種類・厚さ(単位：mm)							
			A-1	A-2	B	C-1	C-2	D	E	F
屋根又は天井	屋　根	2.0	105	100	90	80	80	70	60	45
	天　井	1.6	85	80	75	65	65	55	45	40
壁		1.8	95	90	85	75	70	65	55	40
床	外気に接する部分	2.9	155	145	135	120	115	100	85	65
	その他の部分	1.7	90	85	80	70	65	60	50	40
土間床等の外周部分の基礎壁	外気に接する部分	0.6	35	30	30	25	25	25	20	15
	その他の部分	0.1	10	5	5	5	5	5	5	5

6. 4地域、5地域、6地域及び7地域に建設する外張断熱工法又は内張断熱工法の共同住宅等における断熱材の熱抵抗値又は必要厚さは、次による。

部位 ＼ 断熱材の厚さ		必要な熱抵抗値	断熱材の種類・厚さ(単位：mm)							
			A-1	A-2	B	C-1	C-2	D	E	F
屋根又は天井		1.7	90	85	80	70	65	60	50	40
壁		1.6	85	80	75	65	65	55	45	40
床	外気に接する部分	2.6	140	130	120	105	100	90	75	60
	その他の部分	－	－	－	－	－	－	－	－	－
土間床等の外周部分の基礎壁	外気に接する部分	0.6	35	30	30	25	25	25	20	15
	その他の部分	0.1	10	5	5	5	5	5	5	5

7. 8地域に建設する充填断熱工法の共同住宅等における断熱材の熱抵抗値又は必要厚さは、次による。

部位 ＼ 断熱材の厚さ		必要な熱抵抗値	断熱材の種類・厚さ(単位：mm)							
			A-1	A-2	B	C-1	C-2	D	E	F
屋根又は天井	屋　根	1.0	55	50	45	40	40	35	30	25
	天　井	0.8	45	40	40	35	35	30	25	20
壁		−	−	−	−	−	−	−	−	−
床	外気に接する部分	−	−	−	−	−	−	−	−	−
	その他の部分	−	−	−	−	−	−	−	−	−
土間床等の外周部分の基礎壁	外気に接する部分	−	−	−	−	−	−	−	−	−
	その他の部分	−	−	−	−	−	−	−	−	−

8. 8地域に建設する外張断熱工法又は内張断熱工法の共同住宅等における断熱材の熱抵抗値又は必要厚さは、次による。

部位 ＼ 断熱材の厚さ		必要な熱抵抗値	断熱材の種類・厚さ(単位：mm)							
			A-1	A-2	B	C-1	C-2	D	E	F
屋根又は天井		0.9	50	45	45	40	35	35	30	20
壁		−	−	−	−	−	−	−	−	−
床	外気に接する部分	−	−	−	−	−	−	−	−	−
	その他の部分	−	−	−	−	−	−	−	−	−
土間床等の外周部分の基礎壁	外気に接する部分	−	−	−	−	−	−	−	−	−
	その他の部分	−	−	−	−	−	−	−	−	−

1.3.5 断熱材の厚さの特例

床の「外気に接する部分」のうち、住宅の床面積の合計の5%以下の部分については、本章1.3.3(一戸建ての住宅における断熱材の熱抵抗値又は厚さ)及び本章1.3.4(共同住宅等における断熱材の熱抵抗値又は厚さ)における早見表において、「その他の部分」とみなすことができる。

1.3.3 ☞148頁
1.3.4 ☞151頁

1.4 断熱材等の施工

1.4.1 断熱材の加工

1. 切断などの材料の加工は、清掃した平たんな面上で、定規等を用い正確に行う。
2. 加工の際、材料に損傷を与えないように注意する。
3. ロールになったフェルト状断熱材を切断する場合は、はめ込む木枠の内のり寸法より5〜10mm大きく切断する。
4. ボード状断熱材は、専用工具を用いて、内のり寸法にあわせて正確に切断する。

1.4.2 断熱材の施工

1. 断熱材は、すき間なく施工する。
2. 断熱材を充填する場合は、周囲の木枠との間及び室内側下地材との間に、すき間が生じないよう均一にはめ込む。
3. 充填工法の場合は、フェルト状、ボード状又は吹込み用断熱材を、根太や間柱などの木枠の間にはめ込み、又は天井の上に敷き込むことにより取り付ける。
4. ボード状断熱材を充填する場合、すき間が生じたときは、現場発泡断熱材などで適切に補修する。
5. ボード状断熱材又はフェルト状断熱材を柱、間柱、たる木、軒げた、野地板等の外側に張り付ける(外張りする)場合は、断熱材の突付け部を、柱などの下地がある部分にあわせ、すき間が生じないようにくぎ留めする。
6. 耳付きの防湿層を備えたフェルト状断熱材を施工する場合は、耳を木枠の室内側見付け面に、間隔200mm内外でステープル留めとする。

7. 住宅の次に掲げる部位では、おさまりと施工に特に注意し、断熱材及び防湿材にすき間が生じないようにする。
   イ. 外壁と天井又は屋根との取合い部
   ロ. 外壁と床との取合い部
   ハ. 間仕切り壁と天井又は屋根及び床との取合い部
   ニ. 下屋の小屋裏の天井と壁の取合い部
8. 上記以外の取付けを行う場合は、特記による。

1.4.3 防湿材の施工

1. 防湿材は、次のいずれかに該当するもの、又はこれらと同等以上の透湿抵抗を有するものとする。
   イ. □ JIS A 6930（住宅用プラスチック系防湿フィルム）に適合するもの
   ロ. □ JIS Z 1702（包装用ポリエチレンフィルム）に適合するもので、厚さ0.05mm以上のもの
   ハ. □ JIS K 6781（農業用ポリエチレンフィルム）に適合するもので、厚さ0.05mm以上のもの
2. グラスウール、ロックウール、セルローズファイバー等の繊維系断熱材及びJIS A 9526に規定する吹付け硬質ウレタンフォームA種3、その他これらに類する透湿抵抗の小さい断熱材（以下「繊維系断熱材等」という。）を使用する場合は、外気等に接する部分に防湿材等を室内側に施工して防湿層を設ける。ただし、次のいずれかの場合は、当該部位について防湿層の設置を省略することができる。
   イ. 土塗り壁の外側に断熱層がある場合
   ロ. 床断熱において、断熱材下側が床下に露出する場合、又は湿気の排出を妨げない構成となっている場合
   ハ. 建設地の地域の区分が8地域の場合
   ニ. 断熱層が単一の材料で均質に施工され、透湿抵抗比（断熱層の外気側表面より室内側に施工される材料の透湿抵抗の合計値を、断熱層の外気側表面より外気側に施工される材料の透湿抵抗の合計値で除した値）が次の値以上である場合
      (イ) 1地域、2地域及び3地域で、壁は5、屋根又は天井は6
      (ロ) 4地域で、壁は3、屋根又は天井は4
      (ハ) 5地域、6地域及び7地域で、壁は2、屋根又は天井は3
   ホ. イからニと同等以上の結露の発生の防止に有効な措置を講ずる場合は、特記による。
3. 防湿材の施工は、次のいずれかによる。
   イ. □防湿材は、幅広の長尺シートを用い、連続させ、すき間のできないように施工する。また、継目は下地材のあるところで30mm以上重ね合わせる。
   ロ. □イによらず耳付きの防湿材を備えたフェルト状断熱材を用いる場合は、防湿材を室内側に向けて施工する。なお、防湿材の継目は、すき間が生じないよう十分突き付け施工する。すき間が生じた場合は、1の防湿材、アルミテープ等の防湿テープで補修する。
4. 防湿材は、電気配線や設備配管などにより破られないよう注意して施工する。万一、防湿材が破れた場合は、アルミテープ等の防湿テープで補修する。

1.4.4 防風材の施工

1. 防風材は、通気層を通る外気が断熱層に侵入することを防止する材料とし、十分な強度及び透湿性を有するもので、次のいずれか、又はこれらと同等以上の強度及び透湿性を有するものとする。
   イ. JIS A 6111（透湿防水シート）に適合するシート
   ロ. 合板

ハ. シージングボード
ニ. 火山性ガラス質複層板、MDF、構造用パネル（OSB）等の面材
ホ. 付加断熱材として使用される発泡プラスチック系断熱材、ボード状繊維系断熱材
ヘ. 付属防湿層付き断熱材の外気側シート

2. 繊維系断熱材等を屋根・外壁の断熱に用い、通気層がある場合は、防風材を断熱層の屋外側に施工して防風層を設ける。
3. 防風材は、すき間のないように施工する。
4. シート状防風材は、通気層の厚さを確保するため、ふくらまないように施工する。

1.4.5 基礎の施工

基礎断熱の場合の基礎の施工は、次による。

1. 床下空間を有する基礎断熱工法とする場合又は土間コンクリート床の場合、断熱位置は、基礎の外側、内側又は両側のいずれかとする。
2. 断熱材は吸水性が小さい材料を用い、原則として基礎底盤上端から基礎天端まで、打込み工法により施工する。
3. 断熱材の継目は、すき間ができないように施工する。型枠脱型後、すき間が生じているときは、現場発泡断熱材などで補修する。
4. 基礎の屋外側に設ける断熱材は、外気に接しないよう、外装仕上げを行う。
5. 基礎天端と土台との間には、すき間が生じないようにする。
6. 床下防湿及び防蟻措置は、Ⅱ-3.4.5（床下防湿・防蟻措置）による。 Ⅱ-3.4.5 ☞36頁
7. ポーチ、テラス、ベランダ等の取合い部分で、断熱欠損が生じないよう施工する。

1.4.6 床の施工

床断熱の場合の床の施工は、次による。

1. 最下階の床及び外気に接する床の断熱材の施工にあたっては、施工後、有害なたるみ、ずれ、屋内側の材料との間にすき間が生じないよう、原則として受け材を設ける。
2. 床下の換気は、Ⅱ-3.3.11（床下換気）による。 Ⅱ-3.3.11 ☞35頁
3. 地面からの水蒸気の発生を防ぐため、Ⅱ-3.3.15（床下防湿）による床下防湿工事を行う。 Ⅱ-3.3.15 ☞35頁
4. 土間コンクリート床は、Ⅱ-3.3.5（土間コンクリート床）による。 Ⅱ-3.3.5 ☞33頁

1.4.7 壁の施工

1. 断熱材の施工にあたっては、長期間経過してもずり落ちないよう施工する。
2. 断熱材は、原則として、土台からけたにすき間なくはめ込むか、又は外張りとする。
3. 断熱材は、筋かい、配管部分にすき間ができないように注意して施工する。
4. 配管部は、管の防露措置を行うとともに、断熱材は配管の屋外側に施工する。
5. 断熱層の屋外側に通気層を設け、壁内結露を防止する構造とする。通気層の施工は、Ⅱ-8.4（外壁内通気措置）による。 Ⅱ-8.4 ☞95頁
   ただし、次のいずれかに該当する場合は、通気層を設置しないことができる。
   イ. 1地域及び2地域以外で、防湿層にJIS A 6930（住宅用プラスチック系防湿フィルム）を用いる場合
   ロ. 1地域及び2地域以外で、防湿層が0.082m^2·s·Pa/ng以上の透湿抵抗を有する場合
   ハ. 1地域及び2地域以外で、断熱層の外気側にALCパネル又はこれと同等以上の断熱性及び吸湿性を有する材料を用い、防湿層が0.019m^2·s·Pa/ng以上の透湿抵抗を有する場合
   ニ. 断熱層が単一の材料で均質に施工され、透湿抵抗比が次の値以上である場合
   （イ）1地域、2地域及び3地域は5
   （ロ）4地域は3

(ハ) 5地域、6地域及び7地域は2

ホ．建設地の地域の区分が8地域の場合

へ．イからホと同等以上の結露の発生の防止に有効な措置を講ずる場合は、特記による。

6. 断熱層の屋外側に通気層を設け、かつ、繊維系断熱材等を使用する場合には、断熱材と通気層の間に、本章1.4.4（防風材の施工）の1による防風層を設ける。 1.4.4の1 ☞154頁

1.4.8 天井の施工

天井断熱の場合の天井の施工は、次による。

1. 天井の断熱材は、天井と外壁との取合い部、間仕切り壁との交差部、吊り木周囲の部分ですき間が生じないよう注意して、天井全面に施工する。
2. 天井の断熱材は、野縁と野縁間、又は野縁をまたいで天井全面に敷き込む。
3. 天井の断熱材により小屋裏換気経路がふさがれないように注意して施工する。
4. 小屋裏換気については、Ⅱ-8.9（小屋裏換気）による。 Ⅱ-8.9 ☞97頁
5. 埋込み照明器具（ダウンライト）を使用する場合には、器具を断熱材でおおうことができるS形ダウンライト等を使用し、グラスウール、ロックウール等の不燃性のフェルト状断熱材(S_B形を使用する場合は吹込み用断熱材でも可)を連続して施工し、断熱層を設ける。

1.4.9 屋根の施工

1. 屋根断熱の場合の屋根の施工は、次による。

イ．断熱材を屋根のたる木間に施工する場合は、施工後、有害なたるみ、ずれ、すき間などが生じないよう、原則として受け材を設ける。

ロ．断熱材を屋根のたる木の屋外側に取り付ける場合は、屋根と外壁の取合い部で、断熱材のすき間が生じないよう注意して施工する。

ハ．屋根断熱の入排気のための通気孔を設ける。

2. 断熱材の外側には、通気層を設ける。ただし、次のいずれかに該当する場合は、通気層を設置しないことができる。

イ．1地域及び2地域以外で、防湿層にJIS A 6930(住宅用プラスチック系防湿フィルム)を用いる場合

ロ．1地域及び2地域以外で、防湿層が0.082m^2·s·Pa/ng以上の透湿抵抗を有する場合

ハ．1地域及び2地域以外で、断熱層の外気側にALCパネル又はこれと同等以上の断熱性及び吸湿性を有する材料を用い、防湿層が0.019m^2·s·Pa/ng以上の透湿抵抗を有する場合

ニ．断熱層が単一の材料で均質に施工され、透湿抵抗比が次の値以上である場合

(イ) 1地域、2地域及び3地域は6

(ロ) 4地域は4

(ハ) 5地域、6地域及び7地域は3

ホ．建設地の地域の区分が8地域の場合

へ．イからホと同等以上の結露の発生の防止に有効な措置を講ずる場合は、特記による。

3. 断熱層の屋外側に通気層を設け、かつ、繊維系断熱材等を使用する場合には、断熱材と通気層の間に、本章1.4.4（防風材の施工）の1による防風層を設ける。 1.4.4の1 ☞154頁
4. 埋込み照明器具（ダウンライト）を使用する場合には、器具を断熱材でおおうことができるS形ダウンライト等を使用し、グラスウール、ロックウール等の不燃性のフェルト状断熱材(S_B形を使用する場合は吹込み用断熱材でも可)を連続して施工し、断熱層を設ける。

1.4.10 気流止め

1. 屋根又は天井と壁及び壁と床との取合い部においては、外気が室内に流入しないよう、当該取合い部に気流止めを設ける等、有効な措置を講じる。
2. 間仕切り壁と天井又は床との取合い部において、間仕切り壁の内部の空間が天井裏又は床裏に対し開放されている場合にあっては、当該取合い部に気流止めを設ける。
3. 外壁の内部の空間が、天井裏又は床裏に対し開放されている住宅の当該外壁に充填断熱工法により断熱施工する場合にあっては、当該外壁の上下端部と床、天井又は屋根との取合い部に気流止めを設ける。

1.5 気密工事（充填断熱工法又は繊維系断熱材を用いた外張断熱工法による場合）

1.5.1 一般事項

充填断熱工法又は繊維系断熱材を用いた外張断熱工法による気密工事は、この項による。

1.5.2 材料・工法一般

1. 気密工事に使用する気密材の種類及び品質は、次のとおりとする。ただし、1地域、2地域及び3地域において建設する場合の気密材はイ、ハ、ホ、トの材、又はこれと同等以上の気密性、強度、耐久性を有する材料とする。
   イ. 住宅用プラスチック系防湿フィルム（JIS A 6930（住宅用プラスチック系防湿フィルム））又はこれと同等以上の気密性を有するもの
   ロ. 透湿防水シート（JIS A 6111（透湿防水シート））又はこれと同等以上の気密性を有するもの
   ハ. 合板、せっこうボード、構造用パネル（JAS）又はこれと同等以上の気密性を有するもの
   ニ. 発泡プラスチック断熱材（JIS A 9521）、建築物断熱用吹付け硬質ウレタンフォーム（JIS A 9526）又はこれと同等以上の気密性を有するもの
   ホ. 乾燥木材等
   ヘ. 金属部材
   ト. コンクリート部材
2. 気密工事に使用する防湿フィルムは、JIS A 6930（住宅用プラスチック系防湿フィルム）に適合するもの、又はこれと同等以上の防湿性、強度及び耐久性を有するものとする。また、寸法は所定の重ね寸法が確保できるものとし、できるだけ幅広の長尺フィルムを用いる。
3. 防湿フィルムは連続させ、すき間のできないように施工する。また、継目は下地材のある部分で30mm以上重ね合わせ、その部分を合板、せっこうボード、乾燥した木材等で挟みつける。
4. 気密層の連続性を確保するため、気密材の継目の生じる部分に使用する気密補助材には、以下の材料その他これらに類する材料を用いる。
   イ. 気密テープ（ブチル系テープ、アスファルト系テープ等、気密性又は水密性のあるものとし、経年によって粘着性を失わないもの）
   ロ. 気密パッキン材（気密性のあるものとし、経年によって弾力性を失わないもの）
   ハ. 現場発泡断熱材（高い気密性を有するもの）
   ニ. シーリング材（経年によって弾性と付着力を失わないもの）

1.5.3 壁、床、天井（又は屋根）の施工

1. 防湿フィルムは、継目を縦、横とも下地材のある部分で30mm以上重ね合わせ、留め付ける。
2. 留付けはステープルを用い、継目部分は200～300mm程度の間隔に、その他の箇所は要所に行い、たるみ、しわのないように張る。
3. 防湿フィルムの端部は、下地材のある部分で気密テープを用いて留め付けるか、木材等で挟みつけくぎ留めする。

4. 真壁の柱部分、中間階床の横架材に乾燥木材（含水率20％以下のものをいう。以下同じ。）を使用した場合には、その部分に防湿フィルムを張らないことができる。
5. 床に防湿フィルムを張らない場合は、次による。
   イ．床下地板に構造用合板、構造用パネル、パーティクルボード等（「床合板等」という。以下同じ。）を用いる。
   ロ．床合板等の継目は、気密補助材で処理するか実加工品を使用、または床合板等を下地材がある部分で突き合わせて、その突合せ部をくぎで留め付ける。
   ハ．繊維系断熱材を用いる場合は、断熱材下部を床下に開放するか、又は湿気の排出を妨げない受け材により施工する。

1.5.4 壁、床、天井（又は屋根）の取合い部等の施工

1. 防湿フィルムは、屋根又は天井と壁、壁と床の取合い部、壁の隅角部で、これを構成する各部位が外気等に接する部分においては、下地材のある部分で30mm以上重ね合わせる。
2. 留付けはステープルを用い、継目部分は200～300mm程度の間隔に、その他の箇所は要所に行い、たるみ、しわのないように張る。
3. 最下階の床と外壁の取合い部は、次のいずれかとする。
   イ．□最下階の床と取り合う外壁部に、先張りの防湿フィルムを土台まで連続させ、気密テープによるか、木材等で挟みつけくぎ留めする。床の防湿フィルムは、外壁部にまわり込ませ、外壁部の防湿フィルム及び先張りの防湿フィルムと下地材のある部分で、30mm以上重ね合わせる。
   ロ．□床合板等を土台に直接くぎ留めし、床及び外壁の防湿フィルムは、下地材のある部分で、30mm以上重ね合わせるか、床合板等に気密補助材等を用いて留め付ける。
   ハ．□取合い部の外壁内に木材の気流止めを設け、床及び外壁の防湿フィルムは、下地材のある部分で30mm以上重ね合わせる。
   ニ．□本章1.5.3（壁、床、天井（又は屋根）の施工）の5により、床に防湿フィルムを張らない場合には、上記イ、ロ又はハに準じて施工を行い、床合板等と外壁の防湿フィルムとを気密補助材を用いて連続させる。 1.5.3の5 ☞158頁
   ホ．□床合板を気密材とする場合は、床合板等に気密補助材を用いて留め付ける。
4. その他の階の床と外壁の取合い部は、次のいずれかによる。
   イ．□その他の階の床と取り合う外壁部に、先張りの防湿フィルムを張る。先張り防湿フィルムと、はり等の横架材との取合いは、先張りの防湿フィルムを切り開き、フィルムの切り開き部分を留め代として、はり又は胴差し等の横架材にテープを併用して留め付ける。外壁断熱材施工後に、外壁の防湿フィルムは先張りの防湿フィルムと下地材のある部分で、30mm以上重ね合わせる。
   ロ．□下階の外壁の防湿フィルムを胴差し（乾燥木材に限る。）に留め付け、上階の外壁の防湿フィルムは、胴差しに直接くぎ留めされた床合板等に気密補助材を用いて留め付ける。なお、胴差しを配線等が貫通する場合は、その部分ですき間が生じないよう気密補助材を施工する。
5. 屋根の直下の天井（又は屋根）と外壁の取合い部は、次のいずれかによる。
   イ．□外壁の防湿フィルムを、けたまで連続させ留め付ける。防湿フィルムのけたへの留付けは、気密テープによるか、木材等で挟みつけくぎ留めする。また、天井の防湿フィルムは、下地材のある部分で30mm以上重ね合わせる。
   ロ．□屋根の直下の天井（又は屋根）と取り合う外壁部に、先張りの防湿フィルムをけたまで連続させ留め付ける。天井（又は屋根）の防湿フィルムは、外壁部にまわり込ませ、外壁部の防湿フィルム及び先張りの防湿フィルムと下地材のある部分で、30mm以上重ね合わせる。
   ハ．□取合い部の外壁内に木材の気流止めを設け、屋根の直下の天井（又は屋根）及び外壁の防湿フィルムは、下地材のある部分で30mm以上重ね合わせる。

6. 外壁と間仕切り壁の取合い部は、次のいずれかによる。
　イ. □外壁の防湿フィルムを留め付けてから、間仕切り壁を取り付ける。この部分で防湿フィルムを継ぐ場合は、下地材のある部分で30mm以上重ね合わせる。
　ロ. □外壁の間仕切り壁が取り付く部分に、先張りの防湿フィルムを張る。この場合、外壁の防湿フィルムは先張りの防湿フィルムに下地材のある部分で、30mm以上重ね合わせる。
　ハ. □外壁の防湿フィルム端部を、間仕切り壁が外壁に取り付く部分にある間柱(乾燥木材に限る。)に、本章1.5.3（壁、床、天井（又は屋根）の施工）の3により留め付ける。 1.5.3の3 ☞157頁
7. 最下階の床と間仕切り壁の取合い部は、次のいずれかによる。
　イ. □最下階の床の防湿フィルムを張る場合は、最下階の床の防湿フィルムを留め付けてから、間仕切り壁を取り付ける。この部分で防湿フィルムを継ぐ場合は、下地材のある部分で30mm以上重ね合わせる。
　ロ. □最下階の床の間仕切り壁が取り付く部分に、先張りの防湿フィルムを張る。この場合、最下階の床の防湿フィルムは、先張りの防湿フィルムに下地材のある部分で30mm以上重ね合わせる。
　ハ. □本章1.5.3（壁、床、天井（又は屋根）の施工）の5により床を施工したのち、間仕切り壁を施工する。 1.5.3の5 ☞158頁
　ニ. □床の防湿フィルム端部を床に取り付く部分の間仕切り壁下地材（乾燥木材に限る。）に、本章1.5.3（壁、床、天井(又は屋根)の施工）の3により留め付ける。 1.5.3の3 ☞157頁
8. 屋根の直下の天井(又は屋根)と間仕切り壁の取合い部は、次のいずれかによる。
　イ. □屋根の直下の天井(又は屋根)の防湿フィルムを留め付けてから、間仕切り壁を取り付ける。この部分で防湿フィルムを継ぐ場合は、下地材のある部分で30mm以上重ね合わせる。
　ロ. □屋根の直下の天井（又は屋根）の間仕切り壁が取り付く部分に、先張りの防湿フィルムを張る。この場合、屋根の直下の天井の防湿フィルムは、先張りの防湿フィルムに下地材のある部分で、30mm以上重ね合わせる。
　ハ. □天井の防湿フィルム端部を、天井に取り付く部分の間仕切り壁下地材（乾燥木材に限る。）に、本章1.5.3（壁、床、天井（又は屋根）の施工）の3により留め付ける。 1.5.3の3 ☞157頁
9. 下屋部分の床、天井、外壁の取合い部は、次による。
　イ. □その他の階の床と外壁の取合い部は、4による。
　ロ. □下屋部分の天井の防湿フィルムは、胴差しに留め付けた防湿フィルムと連続させるか、下地材のある部分で30mm以上重ね合わせる。

1.5.5 ボード状繊維系断熱材を用いた外張断熱工法による場合

ボード状繊維系断熱材を用いた、外張断熱工法による場合の防湿フィルムの施工は、次による。
　イ. 防湿フィルムは、縦横とも柱・間柱・下地材・たる木又は野地板などの外側(断熱材の内側）に施工し、その取合い部は下地材のある部分で30mm以上重ね合わせ、留め付ける。
　ロ. 防湿フィルムは屋根と外壁部、外壁部と床の取合い部、外壁の隅角部などの取合い部では、下地材のある部分で30mm以上重ね合わせ、留め付ける。
　ハ. 留付けはステープルを用い、継目部分は200～300mm程度の間隔に、たるみ、しわのないように張る。

1.5.6 基礎断熱部の取合い

基礎を断熱し、基礎部分を気密層とする場合には、土台と基礎の間に気密材又は気密補助材を施工すること等により、当該部分にすき間が生じないようにする。なお、基礎断熱とした場合は、最下階の床には気密層を施工しない。

1.5.7 細部の気密処理（1地域、2地域及び3地域において建設する場合）

1. 構造材が防湿フィルムを貫通する部分は、フィルムと構造材を気密テープ等で留め付ける。
2. 開口部等のまわりの施工は、次による。
   イ. 開口部まわりは、サッシ枠取付け部で結露が生じないよう、構造材や防湿フィルムとサッシ枠のすき間を気密補助材で処理する。
   ロ. 床下及び小屋裏等の点検口まわりは、防湿フィルムを点検口の枠材に、気密テープなどによって留め付ける。
   ハ. 断熱構造とする部分に用いる床下及び小屋裏点検口は、気密性の高い構造とする。
3. 設備配管まわりの施工は、次による。
   イ. 設備配管又は配線により外壁、天井、床の防湿フィルムが切れる部分は、貫通する外壁、天井、床のそれぞれの防湿フィルムを切り開き、切り開いた部分を留め代とし、設備配管又は配線に気密テープで留め付けるなど、気密層が連続するよう処理する。
   ロ. 電気配線のコンセント、スイッチボックスのまわりの施工は、次のいずれかとし、外壁、天井、床のそれぞれの防湿フィルムと気密テープで留め付ける。
   (イ) □気密措置が講じられた専用のボックスを使用する。
   (ロ) □コンセント、スイッチボックスのまわりを防湿フィルムでくるむ。

1.5.8 注意事項

1. 4地域、5地域、6地域、7地域及び8地域に建設する場合であっても、細部の気密処理の施工に十分注意する。
2. 燃焼系の暖房器具又は給湯機器を設置する場合には、密閉型又は屋外設置型の機器が設置できるように計画する。

1.6 気密工事（発泡プラスチック系断熱材を用いた外張断熱工法による場合）

1.6.1 一般事項

発泡プラスチック系断熱材を用いた外張断熱工法による場合の各部位の気密工事は、この項による。

1.6.2 材料・工法一般

1. 気密工事に使用する気密材の種類及び品質は、次のとおりとする。ただし、1地域、2地域及び3地域において建設する場合の気密材はイ、ハ、ホ、トの材、又はこれと同等以上の気密性、強度、耐久性を有する材料とする。
   イ. 住宅用プラスチック系防湿フィルム（JIS A 6930（住宅用プラスチック系防湿フィルム））又はこれと同等以上の気密性を有するもの
   ロ. 透湿防水シート（JIS A 6111（透湿防水シート））又はこれと同等以上の気密性を有するもの
   ハ. 合板、せっこうボード、構造用パネル（JAS）又はこれと同等以上の気密性を有するもの
   ニ. 発泡プラスチック断熱材（JIS A 9521）、建築物断熱用吹付け硬質ウレタンフォーム（JIS A 9526）又はこれと同等以上の気密性を有するもの
   ホ. 乾燥木材等
   ヘ. 金属部材
   ト. コンクリート部材
2. 気密工事に使用する防湿フィルムは、JIS A 6930（住宅用プラスチック系防湿フィルム）に適合するもの、又はこれと同等以上の防湿性、強度及び耐久性を有するものとする。また、寸法は所定の重ね寸法が確保できるものとし、できるだけ幅広の長尺フィルムを用いる。
3. 気密工事に使用する透湿防水シートは、JIS A 6111（透湿防水シート）に適合するも

の、又はこれと同等以上の気密性、強度及び耐久性を有するものとする。また、寸法は所定の重ね寸法が確保できるものとし、できるだけ幅広の長尺フィルムを用いる。ただし、1地域、2地域及び3地域においては使用しない。

4. 防湿フィルムは連続させ、すき間のできないように施工する。また、継目は下地材のある部分で30mm以上重ね合わせ、その部分を合板、せっこうボード、乾燥した木材、発泡プラスチック系断熱材等で挟みつける。
5. 気密層の連続性を確保するため、板状の気密材の相互の継目又はその他の材料との継目は、本章1.5.2（材料・工法一般）の4に掲げる気密補助材を施工する。 1.5.2の4 ☞157頁

1.6.3 壁、屋根及びその取合い部の施工

1. 1地域、2地域及び3地域において建設する場合の壁、屋根及びその取合い部の施工は、次のいずれかとする。
   イ. □発泡プラスチック系断熱材の屋内側に、防湿フィルムを張る。
   ロ. □発泡プラスチック系断熱材の屋内側に、構造用合板など通気性の低い乾燥した面材を張る。
   ハ. □発泡プラスチック系断熱材の屋外側に、透湿防水シートを張る。
2. 4地域、5地域、6地域、7地域及び8地域において建設する場合の壁、屋根及びその取合い部の施工は、次のいずれかとする。
   イ. □発泡プラスチック系断熱材の屋内側に、防湿フィルムを張る。
   ロ. □発泡プラスチック系断熱材の屋内側に、構造用合板など通気性の低い乾燥した面材を張る。
   ハ. □発泡プラスチック系断熱材の屋外側に、透湿防水シートを張る。
   ニ. □外張断熱に用いた発泡プラスチック系断熱材の継目を、気密補助材を用いてすき間が生じないように施工する。
   ホ. □2層以上の発泡プラスチック系断熱材の継目が重ならないように張る。
3. 屋根と壁の取合い部及び壁の隅角部においては、気密補助材を利用して、すき間が生じないようにする。
4. 外壁を発泡プラスチック系断熱材を用いた外張断熱工法とし、床又は天井を充填断熱工法とする場合には、床、天井の施工は本章1.5.3（壁、床、天井（又は屋根）の施工）により、床と外壁、天井と外壁との取合い部の施工は本章1.5.4（壁、床、天井（又は屋根）の取合い部等の施工）による。 1.5.3 ☞157頁 1.5.4 ☞158頁
5. 屋根を発泡プラスチック系断熱材を用いた外張断熱工法とし、外壁を充填断熱工法とする場合には、外壁の施工は本章1.5.3（壁、床、天井（又は屋根）の施工）により、屋根と外壁との取合い部の施工は本章1.5.4（壁、床、天井（又は屋根）の取合い部等の施工）による。 1.5.3 ☞157頁 1.5.4 ☞158頁

1.6.4 基礎断熱部の取合い等

基礎断熱部の取合い、細部の気密処理、注意事項については、それぞれ本章1.5.6（基礎断熱部の取合い）、本章1.5.7（細部の気密処理（1地域、2地域及び3地域において建設する場合））及び本章1.5.8（注意事項）による。 1.5.6 ☞159頁 1.5.7 ☞160頁 1.5.8 ☞160頁

1.7 開口部の断熱性能

1.7.1 開口部建具の種類

1. 開口部の断熱の仕様は、地域の区分及び建て方に応じ、下表の熱貫流率を満たすものとする。

地域の区分	熱貫流率(W/(m²·K))	
	一戸建ての住宅	共同住宅等
1・2地域	1.9以下	1.9以下
3地域	1.9以下	2.3以下
4・5・6・7地域	2.3以下	2.9以下
8地域		

2. 窓の合計面積が住宅の床面積の2%以下となるものについては、前記1によらず施工することができる。

1.7.2 開口部の気密性

開口部に用いる建具は、地域の区分に応じ、次の気密性能の等級に該当するものとする。

イ. 1地域、2地域及び3地域における開口部は、JIS A 4706(サッシ)に定める気密性等級「A-4」を満たすもの

ロ. 4地域、5地域、6地域、7地域及び8地域における開口部は、JIS A 4706(サッシ)に定める気密性等級「A-3」又は「A-4」を満たすもの

1.7.3 注意事項

1. 建具の重量によって、窓台、まぐさ等の建具取付け部に、有害な変形が生じないような配慮をする。
2. 建具の取付け部においては、漏水及び構造材の腐朽を防止するために、すき間が生じないようにする。

1.8 開口部の日射遮蔽措置

1.8.1 一戸建ての住宅における開口部の日射遮蔽措置

1. 5地域、6地域及び7地域における住宅の開口部（全方位）は、日射遮蔽措置を講じた次のいずれかとする。
   - イ. □開口部の日射熱取得率が0.59以下であるもの
   - ロ. □ガラスの日射熱取得率が0.73以下であるもの
   - ハ. □付属部材を設けるもの
   - ニ. □ひさし、軒等を設けるもの
2. 8地域における住宅の開口部(全方位)は、日射遮蔽措置を講じた次のいずれかとする。
   - イ. □開口部の日射熱取得率が0.53以下であるもの
   - ロ. □ガラスの日射熱取得率が0.66以下であるもの
   - ハ. □付属部材を設けるもの
   - ニ. □ひさし、軒等を設けるもの

1.8.2 共同住宅等における開口部の日射遮蔽措置

1. 8地域における住宅の開口部(北±22.5度の方位以外)は、日射遮蔽措置を講じた次のいずれかとする。
   - イ. □開口部の日射熱取得率が0.52以下であるもの
   - ロ. □ガラスの日射熱取得率が0.65以下であるもの
   - ハ. □付属部材を設けるもの
   - ニ. □ひさし、軒等を設けるもの

1.8.3 小窓等における日射遮蔽措置

開口部(開口部の面積の大部分が透明材料であるもの。また、天窓は除く。）の合計面積が、住宅の床面積の4%以下となるものについては、本章1.8.1及び1.8.2によらず施工することができる。

1.8.1 ☞162頁
1.8.2 ☞162頁

2. 省エネルギー性に関する基準(一次エネルギー消費量等級6)に係る仕様

2.1 一般事項

2.1.1 総則

1. フラット35Sにおける省エネルギー性に関する基準のうち、一次エネルギー消費量等級6に適合する住宅の仕様は、この項による。
2. 本項におけるアンダーライン「_____」の付された項目事項は、フラット35Sにおける省エネルギー性に関する基準のうち、一次エネルギー消費量等級6に係る仕様であるため、当該部分の仕様以外とする場合は、住宅金融支援機構の認めたものとする。

2.1.2 適用

本項の適用となる住宅は、次の1又は2のいずれかとする。

1. □一次エネルギー消費量等級6に適合する仕様を計算により決定する場合、住宅の品質確保の促進等に関する法律(平成11年法律第81号)に基づく評価方法基準(平成13年国土交通省告示第1347号)第5の5-2の一次エネルギー消費量等級6に規定されている対策が講じられていることとし、「住宅に関する省エネルギー基準に準拠したプログラム(https://house.app.lowenergy.jp/)」等を用いて、巻末付録3(地域の区分一覧表)の地域の区分及び床面積等に応じて算定した対象住宅の一次エネルギー消費量が基準一次エネルギー消費量を上回らないことを確認したものとし、その仕様は特記による。 付録3 ☞218頁
2. □一次エネルギー消費量等級6に適合する仕様を仕様により決定する場合、以下のイからトまでを満たすものとする。
   - イ. 基準一次エネルギー消費量及び住宅の一次エネルギー消費量の算出における地域の区分は、巻末付録3(地域の区分一覧表)による。 付録3 ☞218頁
   - ロ. 暖房設備は、本章2.2(暖房設備)による。 2.2 ☞163頁
   - ハ. 冷房設備は、本章2.3(冷房設備)による。 2.3 ☞164頁
   - ニ. 換気設備は、本章2.4(換気設備)による。 2.4 ☞164頁
   - ホ. 給湯設備は、本章2.5(給湯設備)による。 2.5 ☞164頁
   - へ. 照明設備は、本章2.6(照明設備)による。 2.6 ☞164頁
   - ト. 躯体の断熱性能は、本章2.7(躯体の断熱性能)による。 2.7 ☞164頁

2.2 暖房設備

1地域から7地域における暖房方式及び暖房設備は、次のいずれかによる。

1. □単位住戸全体を暖房する方式とする場合、暖房設備は熱交換換気設備を採用し、ダクト式セントラル空調機としたうえで、次の措置を講じる。
   - イ. ヒートポンプ式熱源とする
   - ロ. VAV方式を採用する
   - ハ. ダクトが通過する空間をすべて断熱区画内とする
2. □居室のみを暖房する方式とする場合、暖房設備は次のいずれかによる。
   - イ. □温水暖房用パネルラジエーターで配管に断熱被覆があるものとし、熱源は潜熱回収型の石油熱源機(エコフィール)
   - ロ. □温水暖房用パネルラジエーターで配管に断熱被覆があるものとし、熱源は潜熱回収型のガス熱源機(エコジョーズ)
   - ハ. □温水暖房用パネルラジエーターで配管に断熱被覆があるものとし、熱源は電気ヒートポンプ熱源機(フロン系冷媒に限る。)
   - ニ. □エネルギー消費効率の区分が(い)のルームエアコンディショナー(1地域又は2地域にあっては、熱交換換気設備を採用する。)

2.3 冷房設備

冷房方式及び冷房設備は、次のいずれかによる。

1. □単位住戸全体を冷房する方式とする場合、冷房設備はダクト式セントラル空調機とし、次の措置を講じる。
   イ．ヒートポンプ式熱源とする
   ロ．VAV方式を採用する
   ハ．ダクトが通過する空間をすべて断熱区画内とする
2. □居室のみを冷房する方式とする場合、冷房設備はエネルギー消費効率の区分が(い)のルームエアコンディショナーとする。

2.4 換気設備

換気設備は、次のいずれかによる。

1. □比消費電力が0.3W/(m³/h)以下の換気設備
2. □内径75mm以上のダクトを使用したダクト式第一種換気設備(DC(直流)モーター採用)
3. □内径75mm以上のダクトを使用したダクト式第二種換気設備
4. □内径75mm以上のダクトを使用したダクト式第三種換気設備
5. □壁付け式第二種換気設備
6. □壁付け式第三種換気設備
7. □熱交換換気設備(温度熱交換率70%以上)を採用し、全換気設備に内径75mm以上のダクトを使用した有効換気量が0.8以上のダクト式第一種換気設備(DC(直流)モーター採用)

2.5 給湯設備

1. 給湯設備は、次のいずれかによる。
   イ．□石油給湯機で、モード熱効率が84.9%以上であるもの(1～7地域に限る。)
   ロ．□ガス給湯機で、モード熱効率が86.6%以上であるもの(1～7地域に限る。)
   ハ．□電気ヒートポンプ給湯機(CO_2冷媒に限る。)で、年間給湯保温効率又は年間給湯効率が3.3以上であるもの
2. 給湯設備は、次の措置を講じる。
   イ．給湯機の配管は、ヘッダー方式とし、ヘッダー分岐後のすべての配管径を13A以下とする。
   ロ．浴室シャワー水栓は、手元止水機構及び小流量吐水機構を有する節湯水栓とする。
   ハ．高断熱浴槽を設置する。

2.6 照明設備

すべての照明設備は、LEDとする。

2.7 躯体の断熱性能

躯体及び開口部の断熱性能は、本章1(省エネルギー性に関する基準(断熱等性能等級5)に係る仕様)による。 1 ☞145頁

3. 耐震住宅に関する基準（耐震等級（構造躯体の倒壊等防止）2）に係る仕様

3.1 一般事項

3.1.1 総則

1. フラット35Sにおける耐震住宅に関する基準（耐震等級（構造躯体の倒壊等防止）2）に適合する住宅の仕様は、この項による。
2. 本項におけるアンダーライン「＿＿＿」の付された項目事項は、フラット35Sにおける耐震住宅に関する基準（耐震等級（構造躯体の倒壊等防止）2）に係る仕様であるため、当該部分の仕様以外とする場合は、住宅金融支援機構の認めたものとする。

3.1.2 基本原則

限界耐力計算、保有水平耐力計算等、又は階数が2以下の木造の建築物における基準等により、住宅性能表示制度「耐震等級（構造躯体の倒壊等防止）2」以上の耐震性能を確保することとする。

3.1.3 構造計算等

1. 3階建の住宅は、建築基準法および住宅性能表示制度「耐震等級（構造躯体の倒壊等防止）」1-1（3）イ又はロに基づく構造計算により、構造耐力上の安全性を確認したうえで、仕様を決めるものとする。
2. 階数が2以下の住宅は、建築基準法および住宅性能表示制度「耐震等級（構造躯体の倒壊等防止）」1-1（3）イ又はロに基づく構造計算、若しくはホに基づく階数が2以下の木造建築物における壁量計算等により、構造耐力上の安全性を確認したうえで、仕様を決めるものとする。

3.2 基礎

3.2.1 基礎

基礎の構造等は、Ⅱ-3.3（基礎工事）による。

Ⅱ-3.3 ☞32頁

3.3 耐力壁及び準耐力壁等

3.3.1 耐力壁

木造筋かい、木ずり、大壁造の面材耐力壁、真壁造の面材耐力壁の各仕様については、それぞれ、Ⅱ-5.1.9（木造筋かい）、Ⅱ-5.1.11（木ずり）、Ⅱ-5.3（大壁造の面材耐力壁）、Ⅱ-5.4（真壁造の面材耐力壁）による。

Ⅱ-5.1.9 ☞45頁
Ⅱ-5.1.11 ☞45頁
Ⅱ-5.3 ☞47頁
Ⅱ-5.4 ☞50頁

3.3.2 準耐力壁等

1. 木ずり準耐力壁等の仕様は、Ⅱ-5.1.11（木ずり）による。
2. 構造用合板、各種ボード類による面材準耐力壁等の種類等は、次表による。また、その構成方法は大壁方式とする。

Ⅱ-5.1.11 ☞45頁

面材準耐力壁の種　類	材　　料	くぎ打ちの方法		倍　率
		くぎの種類	くぎの間隔	
構造用合板	合板のJASに適合するもので、種類は特類とし、厚さは7.5mm以上とする。	N50	15cm以下	2.5×0.6×h/H
構造用パネル	構造用パネルのJASに適合するもの。			
構造用MDF	JIS A 5905(繊維板)に適合するもの。			
パーティクルボード	JIS A 5908（パーティクルボード）に適合するもので、種類は曲げ強さの区分が8タイプ以外のものとし、厚さは12mm以上とする。			
構造用パーティクルボード	JIS A 5908(パーティクルボード)に適合するもの。			
せっこうボード	JIS A 6901（せっこうボード製品）に適合するもので、厚さは12mm以上とする。	GNF40またはGNC40	15cm以下	0.9×0.6×h/H

※倍率において、h：木ずり若しくは面材が貼られている高さの合計
H：横架材間の内のり寸法

3.3.3 耐力壁線

各階の張り間方向及びけた行方向の耐力壁線の相互の間隔は、8m以下（各方向で筋かいを含まない壁、その他同等のじん性がある壁のみを用いている場合にあっては、12m以下とすることができる。）とする。

3.4 床組等

3.4.1 床組

1. 床組は、Ⅱ-5.8（床組）による。 Ⅱ-5.8 ☞54頁
2. 床面材は、下記のいずれかによる。
   イ. □ひき板床面材とする場合は、次による。
      (イ) ひき板の厚さは12mm以上、幅180mm以上とする。
      (ロ) 継手は、板10枚ごとに乱継ぎとし、継手は根太心で突付けとする。
      (ハ) 取付け及び存在床倍率は、次表による。
      (ニ) 板そばは、見えがくれの場合は添え付け、見えがかりの場合はすべり刃又は相じゃくりとする。
   ロ. □合板床面材とする場合は、次による。
      (イ) 合板の品質は、合板のJASに適合する構造用合板（特類又は1類）で、厚さ12mm以上のもの、又はこれと同等以上の性能を有するものとする。
      (ロ) 合板のホルムアルデヒドの発散量に関する品質については、特記による。
      (ハ) 取付け及び存在床倍率は、次表による。
   ハ. □構造用パネル床面材とする場合は、次による。
      (イ) 構造用パネルの品質は、構造用パネルのJASに適合する構造用パネル（1級、2級又は3級のものに限る。）で、厚さ12mm以上のもの、又はこれと同等以上の性能を有するものとする。
      (ロ) 構造用パネルのホルムアルデヒドの発散量に関する品質については、特記による。
      (ハ) 取付けおよび存在床倍率は、次表により、継目部分はすき間をあける。

面材の種類	根太		くぎ打ちの方法		存在床倍率
	工法	間隔	くぎの種類	くぎの間隔	
イ 厚さ12mm以上、幅180mm以上のひき板	転ばし	340mm以下	N50	150mm	0.30
		500mm以下			0.20
	半欠き	340mm以下	N50	150mm	0.36
		500mm以下			0.24
	落し込み	340mm以下	N50	150mm	0.39
		500mm以下			0.26
ロ 厚さ12mm以上の構造用合板 及び ハ 厚さ12mm以上の構造用パネル	転ばし	340mm以下	N50	150mm	1.00
		500mm以下			0.70
	半欠き	340mm以下	N50	150mm	1.60
		500mm以下			1.12
	落し込み	340mm以下	N50	150mm	2.00
		500mm以下			1.40

※ただし、床組等に用いる材料の強度を考慮して計算により存在床倍率を求める場合にあっては、この限りではない。

ニ. □根太を用いず、直接、構造用合板を床ばり又は胴差しに留め付ける場合は、次による。

(イ) 合板の品質は、合板のJASに適合する構造用合板（特類又は1類）で、厚さ24mm以上のもの、又はこれと同等以上の性能を有するものとする。

(ロ) 合板のホルムアルデヒドの発散量に関する品質については、特記による。

(ハ) 取付け及び存在床倍率は、下表による。

面材の種類	くぎ打ちの方法			存在床倍率
	くぎの種類	くぎの間隔	くぎ打ち箇所	
ニ 厚さ24mmの構造用合板	N75	150mm以下	川の字打ち	1.20
			4周打ち	3.00

※表中、くぎ打ち箇所を川の字打ちとする場合は、はり等の横架材の間隔が1m以下の場合に限る。
※床組等に用いる材料の強度を考慮して、計算により存在床倍率を求める場合にあっては、この限りではない。

3. 火打ちばりは、Ⅱ-5.8.7（火打ちばりによる床組の補強方法）により、その存在床倍率は下表による。 Ⅱ-5.8.7 ☞55頁

火打ち種類	平均負担面積	主たる横架材のせい*	存在床倍率
木製火打ち90mm×90mm以上 及び 鋼製火打ち	2.5m²以下	240mm以上	0.80
		150mm以上	0.60
		105mm以上	0.50
	3.3m²以下	240mm以上	0.48
		150mm以上	0.36
		105mm以上	0.30
	5.0m²以下	240mm以上	0.24
		150mm以上	0.18
		105mm以上	0.15

＊火打材に取り付くものをいう。

3.4.2 屋根面

1. たる木は、Ⅱ-5.5.6（たる木）による。 Ⅱ-5.5.6 ☞53頁

2. 屋根野地板は、下記のいずれかによる。

イ. □ひき板野地板とする場合は、次による。

(イ) ひき板の厚さは9mm以上、幅180mm以上とする。

(ロ) 継手は、板の登り10枚ごとに乱継ぎとし、継手はたる木心で突付けとする。

（ハ）取付け及び存在床倍率は、下表による。

（ニ）板そばは、見えがくれの場合は添え付け、見えがかりの場合はすべり刃又は相じゃくりとする。

ロ. □合板野地板とする場合は、次による。

（イ）合板の品質は、合板のJASに適合する構造用合板（特類又は1類）で、厚さ9mm以上のもの、又はこれと同等以上の性能を有するものとする。

（ロ）合板のホルムアルデヒドの発散量に関する品質については、特記による。

（ハ）取付け及び存在床倍率は、下表による。

ハ. □構造用パネル野地板とする場合は、次による。

（イ）構造用パネルの品質は、構造用パネルのJASに適合する構造用パネルで（1級、2級又は3級のものに限る。）厚さ9mm以上のもの、又はこれと同等以上の性能を有するものとする。

（ロ）構造用パネルのホルムアルデヒドの発散量に関する品質については、特記による。

（ハ）取付け及び存在床倍率は、下表による。

（ニ）軒並びに妻側の部分に使用する広小舞、登りよど、破風板等には、木材を使用する。

<table>
<tr><th rowspan="2" colspan="2">面材の種類</th><th colspan="2">たる木</th><th colspan="2">くぎ打ちの方法</th><th rowspan="2">屋根勾配</th><th rowspan="2">存在床倍率</th></tr>
<tr><th>工法</th><th>間隔</th><th>くぎの種類</th><th>くぎの間隔</th></tr>
<tr><td rowspan="3">イ</td><td rowspan="3">厚さ9mm以上、幅180mm以上のひき板</td><td rowspan="3">転ばし</td><td rowspan="3">500mm以下</td><td rowspan="3">N50</td><td rowspan="3">150mm</td><td>矩勾配以下</td><td>0.10</td></tr>
<tr><td>5寸勾配以下</td><td>0.20</td></tr>
<tr><td>3寸勾配以下</td><td>0.20</td></tr>
<tr><td rowspan="3">ロ
ハ</td><td rowspan="3">厚さ9mm以上の構造用合板
及び
厚さ9mm以上の構造用パネル</td><td rowspan="3">転ばし</td><td rowspan="3">500mm以下</td><td rowspan="3">N50</td><td rowspan="3">150mm</td><td>矩勾配以下</td><td>0.50</td></tr>
<tr><td>5寸勾配以下</td><td>0.70</td></tr>
<tr><td>3寸勾配以下</td><td>0.70</td></tr>
</table>

※ただし、屋根組等に用いる材料の強度を考慮して、計算により存在床倍率を求める場合にあっては、この限りではない。

3.4.3 小屋組（小屋床面）

小屋組（小屋床面）を、存在床倍率を有する構造とする場合は、本章3.4.1（床組）による。 3.4.1 ☞166頁

3.5 接合部

3.5.1 金物の品質

接合部の金物の品質は、Ⅱ-4.1.6（諸金物）による。 Ⅱ-4.1.6 ☞39頁

3.5.2 筋かい端部の仕口

筋かい端部における仕口は、Ⅱ-5.2.1（筋かい端部の仕口）による。 Ⅱ-5.2.1 ☞45頁

3.5.3 柱脚・柱頭の仕口

軸組の柱の柱脚及び柱頭の仕口は、Ⅱ-5.2.2（耐力壁となる軸組の柱と横架材の仕口）による。 Ⅱ-5.2.2 ☞45頁

3.5.4 胴差しと通し柱の仕口

胴差しの仕口の接合方法は、次に掲げるイからハの区分に応じ、それぞれ次に定めるも

ののいずれかとする。

イ. □胴差しを通し柱に継ぐ場合

胴差しを通し柱にかたぎ大入れ短ほぞ差しとし、羽子板ボルト（厚さ3.2mmの鋼板添え板に径12mmのボルトを溶接した金物）を用い、胴差しに対して径12mmのボルト締め、通し柱に対して厚さ4.5mm、40mm角の角座金を介しナット締めしたもの。

ロ. □通し柱を挟んで胴差し相互を継ぐ場合

胴差しを通し柱にかたぎ大入れ短ほぞ差しとし、短ざく金物（厚さ3.2mmの鋼板添え板）を用い、双方の胴差しに対しそれぞれ径12mmのボルト締めとしたもの。

ハ. □イ及びロの接合部の近傍に、断面寸法が90mm×90mm以上の筋かいが当たり、かつ、当該通し柱が出隅にあり、又は当該筋かいを含む軸組が外壁に直交して接する場合

15kNホールダウン金物（厚さ3.2mmの鋼板添え板）を用い、胴差しに対して径12mmのボルト3本、通し柱に対して当該ホールダウン金物に止め付けた径16mmのボルトを介して緊結したもの。

3.5.5 下屋等の横架材の継手・仕口

床組等の建物外周部に接する部分の継手及び仕口のうち、次に掲げるものにあっては、以下の表のいずれかとし、計算により必要な耐力を確認する。

イ. 2階の外壁と接する1階の小屋組及び屋根面において、当該小屋組及び屋根面の2階の外壁側の両端の仕口

ロ. 耐力壁線までの距離が1.5mを超える位置にある入隅部分の床組等の仕口

ハ. 相互の間隔が4mを超える耐力壁線に挟まれる、床組等の中間にある胴差し及び軒げたの継手及び仕口

仕　様	継手及び仕口の構造方法	存在接合部倍率
長ほぞ差しこみ栓打ち L字型かど金物	長ほぞ差しこみ栓打ち（こみ栓にかた木を用いたものに限る。）としたもの、若しくは、かど金物（厚さ2.3mmのL字型の鋼板添え板）を用い、双方の部材にそれぞれ長さ6.5cmの太め鉄丸くぎを5本平打ちしたもの、又はこれと同等の接合方法としたもの	0.70
T字型かど金物 山形プレート	かど金物（厚さ2.3mmのT字型の鋼板添え板）を用い、双方の部材にそれぞれ長さ6.5cmの太め鉄丸くぎを5本平打ちしたもの、若しくは、山形プレート（厚さ2.3mmのV字型の鋼板添え板）を用い、双方の部材にそれぞれ長さ9.0cmの太め鉄丸くぎを4本平打ちとしたもの、又はこれらと同等の接合方法としたもの	1.00
羽子板ボルト 短ざく金物	羽子板ボルト（厚さ3.2mmの鋼板添え板に径12mmのボルトを溶接した金物）を用い、一方の部材に対して径12mmのボルト締め、他方の部材に対して厚さ4.5mm、40mm角の角座金を介してナット締めをしたもの、若しくは、短ざく金物（厚さ3.2mmの鋼板添え板）を用い、双方の部材に対してそれぞれ径12mmのボルト締めとしたもの、又はこれらと同等の接合方法としたもの	1.40
羽子板ボルト＋スクリューくぎ 短ざく金物＋スクリューくぎ	羽子板ボルト（厚さ3.2mmの鋼板添え板に径12mmのボルトを溶接した金物）を用い、一方の部材に対して径12mmのボルト締め及び長さ50mm、径4.5mmのスクリューくぎ打ち、他方の部材に対して厚さ4.5mm、40mm角の角座金を介してナット締めしたもの、若しくは、短ざく金物（厚さ3.2mmの鋼板添え板）を用い、双方の部材に対して、それぞれ径12mmのボルト締め及び長さ50mm、径4.5mmのスクリューくぎ打ちとしたもの、又はこれらと同等の接合方法としたもの	1.60

10kN用 ホールダウン金物 （引寄せ金物）	ホールダウン金物（厚さ3.2mmの鋼板添え板）を用い、一方の部材に対して径12mmのボルト2本、他方の部材に対して当該ホールダウン金物に止め付けた径16mmのボルトを介して緊結したもの、又はこれと同等の接合方法としたもの	1.80
15kN用 ホールダウン金物 （引寄せ金物）	ホールダウン金物（厚さ3.2mmの鋼板添え板）を用い、一方の部材に対して径12mmのボルト3本、他方の部材に対して当該ホールダウン金物に止め付けた径16mmのボルトを介して緊結したもの、又はこれと同等の接合方法としたもの	2.80
20kN用 ホールダウン金物 （引寄せ金物）	ホールダウン金物（厚さ3.2mmの鋼板添え板）を用い、一方の部材に対して径12mmのボルト4本、他方の部材に対して当該ホールダウン金物に止め付けた径16mmのボルトを介して緊結したもの、又はこれと同等の接合方法としたもの	3.70
25kN用 ホールダウン金物 （引寄せ金物）	ホールダウン金物（厚さ3.2mmの鋼板添え板）を用い、一方の部材に対して径12mmのボルト5本、他方の部材に対して当該ホールダウン金物に止め付けた径16mmのボルトを介して緊結したもの、又はこれと同等の接合方法としたもの	4.70
15kN用 ホールダウン金物 （引寄せ金物） ×2組	ホールダウン金物（厚さ3.2mmの鋼板添え板）を用い、一方の部材に対して径12mmのボルト3本、他方の部材に対して当該ホールダウン金物に止め付けた径16mmのボルトを介して緊結したものを2組用いたもの	5.60
腰掛けあり 若しくは 大入れあり掛け ＋ 羽子板ボルト 若しくは 短ざく金物	双方の部材を腰掛けあり若しくは大入れあり掛けで接合し、羽子板ボルト（厚さ3.2mmの鋼板添え板に径12mmのボルトを溶接した金物）を用い、一方の部材に対して径12mmのボルト締め、他方の部材に対して厚さ4.5mm、40mm角の角座金を介してナット締めしたもの、若しくは双方の部材を腰掛けあり若しくは大入れあり掛けで接合し、短ざく金物（厚さ3.2mmの鋼板添え板）を用い、双方の部材に対してそれぞれ径12mmのボルト締めとしたもの、又はこれらと同等の接合方法としたもの	1.90
腰掛けあり 若しくは 大入れあり掛け ＋ 羽子板ボルト×2 若しくは 短ざく金物×2	双方の部材を腰掛けあり若しくは大入れあり掛けで接合し、羽子板ボルト（厚さ3.2mmの鋼板添え板に径12mmのボルトを溶接した金物）2個を用い、一方の部材に対して径12mmのボルト締め、他方の部材に対して2個の金物それぞれについて厚さ4.5mm、40mm角の角座金を介してナット締めしたもの、若しくは双方の部材を腰掛けあり若しくは大入れあり掛けで接合し、短ざく金物（厚さ3.2mmの鋼板添え板）2枚を用い、双方の部材に対してそれぞれ径12mmのボルト締めとしたもの	3.00

3.6 横架材及び基礎

小屋組、床組、基礎その他の構造耐力上主要な部分の部材の種別、寸法、量及び間隔については、構造計算又はスパン表等により、常時又は積雪時に作用する固定荷重及び積載荷重並びに積雪時に建築物に作用する積雪荷重による力が、上部構造及び基礎を通じて適切に力が地盤に伝わり、かつ、地震力及び風圧力に対し、上部構造から伝達される引張力に対して、基礎の耐力が十分であることを確かめること。

4. バリアフリー性に関する基準（高齢者等配慮対策等級3）に係る仕様

4.1 一般事項

4.1.1 総則

1. フラット35Sにおけるバリアフリー性に関する基準（高齢者等配慮対策等級3）の技術基準に適合する住宅の仕様は、この項による。
2. 本項におけるアンダーライン「＿＿＿」の付された項目事項は、フラット35Sにおけるバリアフリー性に関する基準（高齢者等配慮対策等級3）に係る仕様であるため、当該部分の仕様以外とする場合は、住宅金融支援機構の認めたものとする。
3. 「日常生活空間」とは、高齢者等の利用を想定する一の主たる玄関、便所、浴室、脱衣室、洗面所、寝室（以下「特定寝室」という。）、食事室及び特定寝室の存する階（接地階を除く。）にあるバルコニー、特定寝室の存する階にあるすべての居室並びにこれらを結ぶ一の主たる経路をいう。

4.2 部屋の配置

4.2.1 部屋の配置

特定寝室がある階には、便所を配置する。

4.3 住戸内の段差の解消

4.3.1 段差の解消

1. 日常生活空間内の床は、段差のない構造（仕上がり5mm以下の段差が生じるものを含む。以下同じ。）とする。ただし、次のイ～へに掲げる部分にあっては、この限りでない。なお、へに掲げる部分に踏み段を設ける場合、踏み段は1段とし、奥行は300mm以上、幅は600mm以上で、踏み段とバルコニーの端との距離を1,200mm以上とする。へに掲げる部分以外に踏み段を設ける場合は、踏み段の奥行は300mm以上、幅は600mm以上とする。
   - イ．玄関の出入口の段差で、くつずりと玄関外側の高低差を20mm以下とし、かつ、くつずりと玄関土間の高低差を5mm以下としたもの
   - ロ．勝手口その他の屋外に面する開口部（玄関を除く。以下、本項において「勝手口等」という。）の出入口及び上がり框の段差
   - ハ．玄関の上がり框の段差
   - ニ．浴室の出入口の段差で、20mm以下の単純段差とする、又は浴室内外の高低差を120mm以下、またぎ高さを180mm以下とし、かつ手すりを設置したもの
   - ホ．接地階を有する住宅のバルコニーの出入口の段差
   - へ．接地階を有しない住宅のバルコニーの出入口の段差のうち、次の（イ）～（ホ）に掲げる段差
     - （イ）180mm以下の単純段差
     - （ロ）250mm以下の単純段差とし、手すりを設置できるようにしたもの
     - （ハ）踏み段を設ける場合、360mm以下の単純段差とし、バルコニーと踏み段との段差及び踏み段と框との段差を180mm以下の単純段差としたもの
     - （ニ）屋内側及び屋外側の高さが180mm以下のまたぎ段差とし、手すりを設置できるようにしたもの
     - （ホ）踏み段を設ける場合、屋内側の高さが180mm以下で、屋外側の高さが360mm以下のまたぎ段差とし、バルコニーと踏み段との段差及び踏み段と框との段差を180mm 以下の単純段差とし、手すりを設置できるようにしたもの
2. 日常生活空間内の居室の部分の床のうち、次のイ～ホに掲げるすべてに適合するものとその他の部分の床との間には、300mm以上450mm以下の段差を設けることができるものとする。

イ．介助用車いすの移動の妨げとならない位置にあること

ロ．面積が3m²以上9m²（当該居室の面積が18m²以下の場合にあっては、当該面積の1/2）未満であること

ハ．当該部分の面積の合計が、当該居室の面積の1/2未満であること

ニ．間口（工事を伴わない撤去等により確保できる部分の長さを含む。）が1,500mm以上であること

ホ．その他の部分の床より高い位置にあること

3. 日常生活空間外の床は、段差のない構造とする。ただし、次のイ～へに掲げる部分にあっては、この限りではない。

イ．玄関の出入口の段差

ロ．玄関の上がり框の段差

ハ．勝手口等の出入口及び上がり框の段差

ニ．バルコニーの出入口の段差

ホ．浴室の出入口の段差

へ．室内又は室の部分の床とその他の部分の床の90mm以上の段差

4.3.2 床組

床組による和室と廊下・洋室等との段差の解消方法は、次のいずれかによる。

イ．□和室の廊下等に面する部分に添え束を設け、大引き及び根太等の上端を調整して、床仕上げ面の段差を解消する。

ロ．□廊下等の和室に面する部分の土台、大引き又ははりなどの横架材と根太の取合い部に、根太掛けを取り付け、根太等の上端を調整して、床仕上げ面の段差を解消する。

ハ．□その他、水平構面の剛性に十分配慮した方法で、特記による。

4.3.3 床板張り

洋室と廊下等との床仕上げ面の取合いは、次による。

イ．開き戸のくつずりには、戸当たりを設けないものとする。

ロ．出入口両側の床仕上材の厚さが異なる場合は、仕上材の下に調整材等を敷いて段差を解消するとともに、取合い部に床見切り枠等を設ける。

4.4 住戸内階段

4.4.1 住戸内階段の勾配

住戸内階段の勾配及び踏み面と蹴上げの寸法は、次のイ、ロ及びハ（ただし、階段の曲がり部分で、その形状が、次の(イ)、(ロ)又は(ハ)に該当する部分については、この限りではない。）による。ただし、ホームエレベーターを設置する場合にあっては、この限りではない。

イ．階段の勾配(R/T)を、22/21以下とする。

ロ．踏み面(T)を195mm以上とする。

ハ．踏み面(T)と蹴上げ(R)の関係を、$550mm \leqq T+2R \leqq 650mm$とする。

〈イ、ロ及びハが緩和される曲がり部分〉

（イ）90°曲がり部分が、下階床から上り3段以内となる場合で、その踏み面の狭いほうの形状が、すべて30°以上となる回り階段の部分

（ロ）90°曲がり部分が、踊り場から上り3段以内となる場合で、その踏み面の狭いほうの形状が、すべて30°以上となる回り階段の部分

（ハ）180°曲がり部分が4段となる場合で、その踏み面の狭いほうの形状が60°、30°、30°及び60°の順となる回り階段の部分

4.4.2 住戸内階段の構造

1. 住戸内階段の形状は、直階段又は折れ階段とし、中間には踊り場を設ける。

2. 住戸内階段の蹴込みは、30mm以内とする。ただし、ホームエレベーターを設置す

る場合にあっては、この限りではない。

4.5 手すり

4.5.1 手すりの設置箇所

1. 住戸内階段は、以下のとおりとする。

イ. 住戸内階段には、手すりを設置する。

ロ. 勾配が45°を超える場合(本章4.4.1(住戸内階段の勾配)のハ(イ)~(ハ)のいずれかに該当する部分を除く。)にあっては、両側に手すりを設置する(ホームエレベーター設置時は、この限りではない。)。 4.4.1 ☞172頁

ハ. 設置高さは、踏み面の先端からの高さ700mmから900mmの位置とする(ホームエレベーター設置時は、この限りではない。)。

ニ. 階段の手すりを片側に設置する場合の設置箇所は、原則として、下階に向かって利用者の利き腕側に設置する。

2. 浴室は、以下のとおりとする。

イ. 浴室には手すりを設置する。

ロ. 日常生活空間内の浴室の手すりの設置は、用途に応じて、次の設置箇所及び種類を標準とする。

(イ) □浴槽出入りのためのものを設置する。

(ロ) □浴槽内における、立ち座り及び姿勢保持のためのL型手すり又は横手すりを、浴槽の側部壁面に設置する。

(ハ) □浴室内外の移動時の歩行安定のための縦手すりを、出入口部の壁面に設置する。

(ニ) □洗い場における立ち座り時の姿勢安定用は、縦手すりとし、洗い場の壁面に設置する。

(ホ) □浴室内移動時の歩行安定用は横手すりとし、出入口から洗い場までの壁面に設置する。

3. 日常生活空間内の便所には、立ち座りのための手すりを設置する。
4. 日常生活空間内の玄関には、上がり框部の昇降及び靴の着脱のための手すりを設置するか、又は設置準備をする。
5. 日常生活空間内の脱衣室には、衣服の着脱のための手すりを設置するか、又は設置準備をする。
6. バルコニーには、転落防止のために、手すりを次のいずれかにより設置する。ただし、外部の地面、床等からの高さが1m以下の範囲、又は開閉できない窓その他転落のおそれのないものについては、この限りではない。

イ. □腰壁その他、足がかりとなるおそれのある部分(以下、本項において「腰壁等」という。)の高さが650mm以上1,100mm未満の場合、床面から1,100mm以上の高さに達するように設置する。

ロ. □腰壁等の高さが300mm以上650mm未満の場合、腰壁等から800mm以上の高さに達するように設置する。

ハ. □腰壁等の高さが300mm未満の場合、床面から1,100mm以上の高さに達するように設置する。

7. 2階以上の窓には、転落防止のための手すりを次のいずれかにより設置する。ただし、外部の地面、床等からの高さが1m以下の範囲、又は開閉できない窓その他転落のおそれのないものについては、この限りではない。

イ. □窓台その他、足がかりとなるおそれのある部分(以下、本項において「窓台等」という。)の高さが650mm以上800mm未満の場合、床面から800mm(3階以上の窓は1,100mm)以上の高さに達するように設置する。

ロ. □窓台等の高さが300mm以上650mm未満の場合、窓台等から800mm以上の高さに達するように設置する。

ハ. □窓台等の高さが300mm未満の場合、床面から1,100mm以上の高さに達す

るように設置する。

8. 廊下及び階段（高さ1m以下の階段を除く。）のうち、片側又は両側が壁となっていない部分には、開放されている側に転落防止のための手すりを次のいずれかにより設置する。ただし、外部の地面、床等からの高さが1m以下の範囲、又は開閉できない窓その他転落のおそれのないものについては、この限りではない。
   イ. □腰壁等の高さが650mm以上800mm未満の場合、床面（階段にあっては踏み面の先端）から800mm以上の高さに達するように設置する。
   ロ. □腰壁等の高さが650mm未満の場合、腰壁等から800mm以上の高さに達するように設置する。
9. 転落防止のための手すりの手すり子で、床面（階段にあっては踏み面の先端）及び腰壁等又は窓台等（腰壁等又は窓台等の高さが650mm未満の場合に限る。）からの高さが、800mm以内の部分に存するものの相互の間隔は、内のり寸法で110mm以下とする。

4.5.2 手すりの取付け等

1. 手すりの形状は、次による。
   イ. 手すりの直径は28～40mmとし、断面形状は原則として円形とする。やむを得ず上部を平たんとする場合は、使用箇所を廊下及び階段に限る。
   ロ. 手すりの端部は、原則として、壁側又は下側に曲げる。
2. 手すりの取付けは、次による。
   イ. 柱に直接取り付けるか、又は補強した受け材等に取り付ける。
   ロ. 適切な支持間隔で取り付ける。
   ハ. 手すりと壁のあき寸法は、30～50mmを標準とする。
   ニ. 持ち替えが生じる位置を除き、連続して手すりを使用するところでは、原則として手すりが途中で切れないように設置する。なお、持ち替えが生じる位置での手すり端部間距離は、400mm以下とする。

4.5.3 手すり取付け下地

1. 手すりの設置又は設置準備のための壁下地の補強方法は、次のいずれかによる。
   イ. □手すり受け材による方法は、断面寸法35mm×105mm以上の受け材を平使いとして、柱等の軸組内に緊結する。
   ロ. □構造用合板による方法は、厚さ12mm以上の構造用合板を柱等の軸組に緊結する。
2. 手すりの設置準備を行う場合の壁下地の補強範囲は、次による。
   イ. 縦手すり設置のための下地補強の場合は、長さ600mm以上の縦手すりの下端を、床面から750mm程度の位置に設置できる範囲とする。
   ロ. 横手すり設置のための下地補強の場合は、床面から600～900mmの範囲で全面行うか、又は横手すり上端を床面から750mmの位置に設置できる範囲を補強し、かつ補強箇所を壁面にピンなどで示す。

4.6 廊下及び出入口の幅員

4.6.1 廊下及び出入口の幅員の確保

1. 日常生活空間内の通路の有効な幅員は、780mm（柱等の箇所にあっては750mm）以上とする。
2. 出入口の幅員については、次による。
   イ. 日常生活空間内（浴室を除く。）の出入口の幅員は、次のいずれかに該当するものとする。
      (イ) □出入口の有効幅員を750mm以上とする。
      (ロ) □やむを得ず将来の改造（構造耐力上主要な部分である柱又は壁の撤去、若しくは改造を要しないものに限る。）により出入口の幅を確保する場合は、開口部枠を取り外した開口の内のり（ラフ開口幅）を750mm以上とする（玄関を除く。）。

ロ. 日常生活空間内の浴室の出入口の有効幅員は、600mm以上とする。

4.6.2 内壁下地

910mmモデュールによる大壁造の廊下において、廊下の有効幅員を780mm以上確保するための廊下両側の内壁の下地は、次のいずれかによる。

イ. □胴縁を用いた内壁下地は、柱と胴縁の面が同一になるように間柱を欠き込み、柱に取り付けた受け材と間柱に胴縁をくぎ打ちし、下地板等を張る。

ロ. □その他の内壁下地は、柱等の軸組に構造用合板等の面材を直接軸組に張り付ける。

4.7 寝室、便所及び浴室

4.7.1 寝室、便所及び浴室の規模

1. 日常生活空間内の浴室は、短辺方向の内のり寸法を1,300mm以上、かつ有効面積(内のり寸法による面積)を2.0m²以上とする。
2. 日常生活空間内の便所は、次のいずれかに掲げるものとし、かつ当該便所の便器を腰掛け式とする。
   イ. □長辺(軽微な改造により確保できる部分の長さを含む。)が内のり寸法で1,300mm以上であること。
   ロ. □便器の前方又は側方について、便器と壁の距離（ドアの開放により確保できる部分又は軽微な改造により確保できる部分の長さを含む。）が500mm以上であること。
3. 特定寝室の面積は、内のり寸法で9m²以上とする。

4.8 その他の配慮

4.8.1 温熱環境

居室、便所、洗面所・脱衣室及び居間・食事室には、暖房設備を設置する。ただし、設置しない場合は、設置できるように専用コンセントを設ける。

4.8.2 設備

1. キッチンシステム及び洗面器の水栓金具は、レバー式とする。
2. 浴室の水栓金具は、レバー付きダイヤル式とし、熱源器が出湯温度抑制型でない場合は、湯温調節式とする。
3. 室内灯のスイッチは、床面より900mmから1,200mmの間の高さとし、特記による。特記がない場合は、1,100mmとする。
4. 各室のコンセント（洗面化粧台等の設備機器用のものを除く。）のうち、抜き差しを繰り返して使用する箇所のものは、床面より400mmの高さとする。
5. 階段の照明は、上下階に複数設置し、三路スイッチとする。
6. ガス調理器具は、立消え安全装置付きとする。
7. 台所には、ガス漏れ検知器又はこれに代わる器具を設置する。
8. 便所及び浴室には、通報装置を設置する。ただし、設置しない場合は、設置できるように器具取付け下地及び配線用空配管をあらかじめ行う。

4.8.3 床・壁等の仕上げ

1. 居室及び廊下の床は、乾燥時において滑りにくい仕上げとし、特記による。
2. 浴室、脱衣室、洗面所、便所及び台所の床は、水に濡れた状態でも滑りにくい仕上げとし、特記による。
3. 居室、廊下、脱衣室、洗面所及び便所の壁は、皮膚面に擦り傷が生じにくい仕上げとし、特記による。

4.8.4 屋外通路の高低差処理

玄関に通じる屋外通路の高低差処理は、傾斜路に本章4.4（住戸内階段）の階段を併設したものとする。

4.4 ☞172頁

5. 耐久性・可変性に関する基準（劣化対策等級3及び維持管理対策等級2など）に係る仕様

5.1 一般事項

5.1.1 総則

1. フラット35Sにおける耐久性・可変性に関する基準（劣化対策等級3及び維持管理対策等級2など）に適合する住宅の仕様は、この項による。
2. 本項において、アンダーライン「＿＿」の付された項目事項は、フラット35Sにおける耐久性・可変性に関する基準（劣化対策等級3及び維持管理対策等級2など）に係る仕様であるため、当該部分の仕様以外とする場合は、住宅金融支援機構の認めたものとする。

5.2 基礎工事

1. 基礎工事において布基礎とする場合は、Ⅱ-3.3.2（布基礎）の2による。 Ⅱ-3.3.2の2 ☞32頁
2. 基礎工事において、べた基礎又は基礎ぐいを用いる場合は、Ⅱ-3.3.3（べた基礎・基礎ぐい）の2による。 Ⅱ-3.3.3の2 ☞33頁

5.3 床下換気

床下換気は、Ⅱ-3.3.11（床下換気）の1による。 Ⅱ-3.3.11の1 ☞35頁

5.4 床下防湿

床下防湿は、Ⅱ-3.3.15（床下防湿）による。 Ⅱ-3.3.15 ☞35頁

5.5 木部の防腐・防蟻措置

5.5.1 土台の防腐・防蟻措置

土台の防腐・防蟻措置は、Ⅱ-4.3.1（土台の防腐・防蟻措置）による。 Ⅱ-4.3.1 ☞40頁

5.5.2 外壁の軸組の防腐・防蟻措置

地面から高さが1m以内の外壁の軸組（土台及び室内側に露出した部分を除く。）の防腐・防蟻措置（北海道及び青森県にあっては防腐措置のみ。）は、次の1又は2による。

1. □次のイ及びロによる。

イ．外壁の構造等は、次のいずれかによる。

（イ）□外壁内に通気層を設け、壁体内通気を可能とする構造とし、特記による。特記のない場合は、Ⅱ-8.4（外壁内通気措置）による。 Ⅱ-8.4 ☞95頁

（ロ）□軒の出を90cm以上とし、かつ、柱が直接外気に接する構造（真壁構造）とする。

ロ．軸組の材料は、次のいずれかによる。

（イ）□軸組は、製材又は集成材等（次表に掲げるものをいう。以下、本項において同じ。）を用い、防腐及び防蟻に有効な薬剤を塗布、加圧注入、浸漬、若しくは吹き付けられたもの又は防腐及び防蟻に有効な接着剤が混入されたものとする。

化粧ばり構造用集成柱	集成材のJASに適合するもの
構造用集成材	集成材のJASに適合するもの
構造用単板積層材	単板積層材のJASに適合するもの
直交集成板	直交集成板のJASに適合するもの

（ロ）□断面寸法135mm×135mm以上の製材又は集成材等を用いる。

（ハ）□スギ、カラマツ、ダフリカカラマツ、クヌギ、ミズナラ、ベイマツ（ダグラスファー）、アピトン、ウェスタンラーチ、カプール、ケンパス、セランガンバツ、サイプレスパイン、ボンゴシ、イペ、ジャラ、タマラック

又はパシフィックコーストイエローシーダーを用いた製材又はこれらにより構成される集成材等で、断面寸法120mm×120mm以上のものを用いる。

(ニ) □ヒノキ、ヒバ、ベイヒ、ベイヒバ、クリ、ケヤキ、ベイスギ、タイワンヒノキ、コウヤマキ、サワラ、ネズコ、イチイ、カヤ、ウェスタンレッドシーダー、インセンスシーダー又はセンペルセコイヤを用いた製材、若しくはこれらの樹種により構成された集成材等を用いる。

2. □JASに定める保存処理性能区分K3以上の防腐・防蟻処理材(JIS K 1570に規定する木材保存剤又はこれと同等の薬剤を用いたK3以上の薬剤の浸潤度及び吸収量を確保する工場処理その他これと同等の性能を有する処理を含む。)を用いる。

5.5.3 外壁下地材の防腐・防蟻措置

地面から高さが1m以内の木質系外壁下地材（室内側に露出した部分を除く。）の防腐・防蟻措置（北海道及び青森県にあっては防腐措置のみ。）は、次の1又は2による。

1. □次のイ及びロによる。

イ. 外壁の構造等は、次のいずれかによる。

(イ) □外壁内に通気層を設け、壁体内通気を可能とする構造とし、特記による。特記のない場合は、Ⅱ-8.4（外壁内通気措置）による。 Ⅱ-8.4 ☞95頁

(ロ) □軒の出を90cm以上とし、かつ、柱が直接外気に接する構造（真壁構造）とする。

ロ. 木質系外壁下地材の材料は、次のいずれかによる。

(イ) □外壁下地材には、製材・集成材等又は構造用合板等（次表に掲げるものをいう。）を用いるとともに、防腐及び防蟻に有効な薬剤を塗布、加圧注入、浸漬、若しくは吹き付けられたもの、又は防腐及び防蟻に有効な接着剤が混入されたものとする。

構造用合板	合板のJASに適合するもの
構造用パネル	構造用パネルのJASに適合するもの
パーティクルボードのPタイプ	JIS A 5908
ミディアムデンシティファイバーボード(MDF)のPタイプ	JIS A 5905

(ロ) □ヒノキ、ヒバ、ベイヒ、ベイヒバ、クリ、ケヤキ、ベイスギ、タイワンヒノキ、コウヤマキ、サワラ、ネズコ、イチイ、カヤ、ウェスタンレッドシーダー、インセンスシーダー又はセンペルセコイヤを用いた製材、若しくはこれらの樹種により構成された集成材等を用いる。

2. □JASに定める保存処理性能区分K3以上の防腐・防蟻処理材(JIS K 1570に規定する木材保存剤又はこれと同等の薬剤を用いたK3以上の薬剤の浸潤度及び吸収量を確保する工場処理その他これと同等の性能を有する処理を含む。)を用いる。

5.6 床下地面の防蟻措置

床下地面の防蟻措置は、Ⅱ-4.4（床下地面の防蟻措置）による。ただし、基礎断熱工法を用いる場合は、Ⅱ-3.4.5（床下防湿・防蟻措置）による。

Ⅱ-4.4 ☞41頁
Ⅱ-3.4.5 ☞36頁

5.7 浴室等の防水措置

1. 浴室の壁の軸組等（木質の下地材・室内側に露出した部分を含む。）、床組（地上2階以上にある場合は下地材を含む。）及び天井は、次のいずれかの防水措置を行う。ただし、1階の浴室まわりをコンクリートブロック造の腰壁又は鉄筋コンクリート造の腰高布基礎とした部分は除く。

イ. □JIS A 4416（住宅用浴室ユニット）に規定する浴室ユニットとする。

ロ. □浴室の壁の軸組等、床組及び天井に対して、防水上有効な仕上げを行う。

ハ. □浴室の壁の軸組等、床組及び天井に対して、本章5.5.2（外壁の軸組の防腐・ 5.5.2 ☞177頁

防蟻措置）の1又は2及び本章5.5.3（外壁下地材の防腐・防蟻措置）の1又は2による防腐・防蟻措置を行う。 5.5.3 ☞178頁

2. 脱衣室の壁の軸組等（木質の下地材・室内側に露出した部分を含む。）及び床組（地上2階以上にある場合は下地材を含む。）は、次のいずれかの防水措置を行う。

イ. □脱衣室の壁の軸組等及び床組に対して、防水紙、ビニル壁紙、シージングせっこうボード、ビニル床シート又は耐水合板（普通合板1類、構造用合板特類又は1類）を用いる。

ロ. □脱衣室の壁の軸組等及び床組に対して、本章5.5.2（外壁の軸組の防腐・防蟻措置）の1又は2及び本章5.5.3（外壁下地材の防腐・防蟻措置）の1又は2による防腐・防蟻措置を行う。 5.5.2 ☞177頁 5.5.3 ☞178頁

5.8 小屋裏換気

小屋裏換気は、Ⅱ-8.9（小屋裏換気）による。 Ⅱ-8.9 ☞97頁

5.9 専用配管

専用配管は、次による。

1. 専用配管は、壁、柱、床、はり及び基礎の立上り部分を貫通する場合を除き、コンクリート内に埋め込まない。
2. 地中に埋設された専用配管の上には、コンクリート（建物の外部に存在する土間床コンクリート及び建物の構造躯体に影響を及ぼさないものは除く。）を打設しない。ただし、法令（条例を含む。）の規定により、凍結のおそれがあるとして配管を地中に埋設する場合は、打設することができる。
3. 専用の排水管（継手及びヘッダーを含む。）の内面が、排水管内の清掃に支障を及ぼさないように凹凸がなく、かつ当該排水管にたわみ、抜け、その他変形が生じないように設置する。

5.10 共用配管等

共同住宅等（共同建て、連続建て又は重ね建ての住宅をいう。以下同じ。）の共用配管等は、次による。

1. 共用配管は、壁、床、柱、はり又は基礎の立上り部分を貫通する場合を除き、コンクリート内に埋め込まない。
2. 地中に埋設された共用配管の上には、コンクリート（建物の外部に存在する土間床コンクリート及び建物の構造躯体に影響を及ぼさないものは除く。）を打設しない。ただし、法令の規定（条例を含む。）により、凍結のおそれがあるとして配管を地中に埋設する場合は、打設することができる。
3. 共用の排水管には、共用立管にあっては最上階又は屋上、最下階及び3階以内おきの中間階又は15m以内ごとに、横主管にあっては15m以内ごと、かつ、管の曲がりが連続すること、管が合流すること等により管の清掃に支障が生じやすい部分がある場合にあっては支障なく清掃が行える位置に、掃除口が設けられていることとする。
4. 専用配管と共用配管の接合部及び共用配管のバルブ、又は排水管の掃除口が仕上材等により隠ぺいされている場合には、それらを点検するために必要な開口又は掃除口による清掃を行うために必要な開口を設ける。
5. 共用の排水管（継手及びヘッダーを含む。）の内面が、排水管内の清掃に支障を及ぼさないように凹凸がなく、かつ当該排水管にたわみ、抜け、その他変形が生じないように設置する。
6. 専用配管は、他の住戸等の専用部分には設置しない。

5.11 更新対策（住戸専用部）

共同住宅等の場合は、次による。

1. 躯体天井高は、2,500mm以上とする。
2. 住戸内の構造躯体の壁又は柱は、間取りの変更の障害とならないように設ける。

〔第Ⅳ章〕 フラット35S(金利Aプラン)工事仕様書

フラット35S(金利Aプラン)の技術基準(※1)

フラット35S(金利Aプラン)をご利用いただく場合は、フラット35の技術基準に加えて、次表の1～4のいずれか1つ以上の基準を満たす住宅であることが必要です。

1 省エネルギー性	次のいずれかの住宅に適合すること ・断熱等性能等級5以上の住宅、かつ、一次エネルギー消費量等級6の住宅 ・認定低炭素住宅(※2) ・性能向上計画認定住宅(※3)
2 耐　震　性	耐震等級(構造躯体の倒壊等防止)3の住宅 または 免震住宅(※4)
3 バリアフリー性	高齢者等配慮対策等級4以上の住宅
4 耐久性・可変性	長期優良住宅(※5)(※6)

※1 各技術基準(長期優良住宅を除く。)は、「住宅の品質確保の促進等に関する法律」に基づく住宅性能表示制度の性能等級と同じです。なお、住宅性能評価書を取得しなくても、所定の物件検査に合格すれば、フラット35S(金利Aプラン)をご利用いただけます。

※2 都市の低炭素化の促進に関する法律(平成24年法律第84号)の規定により低炭素建築物新築等計画が認定された住宅または、同法の規定により集約都市開発事業計画が認定された住宅です。

※3 建築物のエネルギー消費性能の向上に関する法律(平成27年法律第53号)(通称 建築物省エネ法)の規定により建築物エネルギー消費性能向上計画が認定された住宅です。

※4 免震住宅は、評価方法基準第5の1-3に適合しているものを対象とします。

※5 長期優良住宅の普及の促進に関する法律(平成20年法律第87号)の規定により長期優良住宅建築等計画が認定された住宅です。

※6 長期優良住宅の場合は、フラット35S(金利Aプラン)とフラット35維持保全型の基準に適合します。

注) 以下のいずれかに該当する場合は、フラット35S及びフラット35維持保全型を利用できません。
- ・住宅の全部または一部が土砂災害特別警戒区域(通称：レッドゾーン)内に含まれる場合
- ・都市再生特別措置法(平成14年法律第22号)第88条第1項に基づく届出を行った場合において、同条第5項に基づく市町村長による公表の措置を受けたとき

フラット35S工事仕様書の使い方

(1)〔第Ⅱ章〕工事仕様書のフラット35の基準事項に加え、「1. 省エネルギー性に関する基準(断熱等性能等級5かつ一次エネルギー消費量等級6)に係る仕様」、「2. 省エネルギー性に関する基準(認定低炭素住宅)に係る仕様」、「3. 省エネルギー性に関する基準(性能向上計画認定住宅(建築物省エネ法))に係る仕様」、「4. 耐震性に関する基準(耐震等級(構造躯体の倒壊等防止)3)に係る仕様」、「5. 免震住宅に関する基準(地震に対する構造躯体の倒壊等防止及び損傷防止)に係る仕様」、「6. バリアフリー性に関する基準(高齢者等配慮対策等級4)に係る仕様」または「7. 耐久性・可変性に関する基準(長期優良住宅)に係る仕様」によってください。

(2) 本文のアンダーライン「＿＿＿」の部分は、基準に係る項目ですので、訂正するとフラット35Sが利用できない場合があります。
なお、アンダーライン「＿＿＿」以外の仕様については、ご自分の工事内容に合わせて当該仕様部分を適宜添削するなどしてご使用ください。

1. 省エネルギー性に関する基準（断熱等性能等級5かつ一次エネルギー消費量等級6）に係る仕様

フラット35 Sの省エネルギー性（断熱等性能等級5かつ一次エネルギー消費量等級6）に適合する住宅は、「1-1. 省エネルギー性に関する基準①（断熱等性能等級5）に係る仕様」かつ「1-2. 省エネルギー性に関する基準②（一次エネルギー消費量等級6）に係る仕様」であることとする。

1-1. 省エネルギー性に関する基準①（断熱等性能等級5）に係る仕様

1-1.1 一般事項

1-1.1.1 総則

1. フラット35Sにおける省エネルギー性に関する基準のうち、断熱等性能等級5に適合する住宅の仕様は、この項による。
2. 本項におけるアンダーライン「＿＿＿」の付された項目事項は、フラット35Sにおける省エネルギー性に関する基準のうち、断熱等性能等級5に係る仕様であるため、当該部分の仕様以外とする場合は、住宅金融支援機構の認めたものとする。

1-1.1.2 適用

1. 地域の区分は、巻末付録3（地域の区分一覧表）による。　付録3 ☞218頁
2. □断熱等性能等級5に適合する仕様を計算により決定する場合については、Ⅲ-1.1.2（適用）の2による。　Ⅲ-1.1.2の2 ☞145頁
3. □断熱等性能等級5に適合する仕様を仕様により決定する場合については、Ⅲ-1.1.2（適用）の3による。　Ⅲ-1.1.2の3 ☞145頁

1-1.1.3 断熱材

断熱材については、Ⅲ-1.1.3（断熱材）による。　Ⅲ-1.1.3 ☞145頁

1-1.1.4 構造材及び主要な下地材

構造材及び主要な下地材については、Ⅲ-1.1.4（構造材及び主要な下地材）による。　Ⅲ-1.1.4 ☞146頁

1-1.1.5 断熱材の保管・取扱い

断熱材の保管・取扱いについては、Ⅲ-1.1.5（断熱材の保管・取扱い）による。　Ⅲ-1.1.5 ☞146頁

1-1.1.6 養生

養生については、Ⅲ-1.1.6（養生）による。　Ⅲ-1.1.6 ☞146頁

1-1.1.7 注意事項

注意事項については、Ⅲ-1.1.7（注意事項）による。　Ⅲ-1.1.7 ☞146頁

1-1.2 施工部位

施工部位については、Ⅲ-1.2（施工部位）による。　Ⅲ-1.2 ☞146頁

1-1.3 断熱性能

断熱性能については、Ⅲ-1.3（断熱性能）による。　Ⅲ-1.3 ☞147頁

1-1.4 断熱材等の施工

断熱材等の施工については、Ⅲ-1.4（断熱材等の施工）による。　Ⅲ-1.4 ☞153頁

1-1.5 気密工事（充填断熱工法又は繊維系断熱材を用いた外張断熱工法による場合）

気密工事（充填断熱工法又は繊維系断熱材を用いた外張断熱工法による場合）については、Ⅲ-1.5（気密工事（充填断熱工法又は繊維系断熱材を用いた外張断熱工法による場合））による。

Ⅲ-1.5 ☞157頁

1-1.6 気密工事（発泡プラスチック系断熱材を用いた外張断熱工法による場合）

気密工事（発泡プラスチック系断熱材を用いた外張断熱工法による場合）については、Ⅲ-1.6（気密工事（発泡プラスチック系断熱材を用いた外張断熱工法による場合））による。

Ⅲ-1.6 ☞160頁

1-1.7 開口部の断熱性能

開口部の断熱性能については、Ⅲ-1.7（開口部の断熱性能）による。

Ⅲ-1.7 ☞161頁

1-1.8 開口部の日射遮蔽措置

開口部の日射遮蔽措置については、Ⅲ-1.8（開口部の日射遮蔽措置）による。

Ⅲ-1.8 ☞162頁

1-1.9 その他

住宅の壁量、柱の小径、床組等、接合部、横架材及び基礎について、住宅の安全性が確保できるものとし、その仕様は特記による。

1.省エネルギー性に関する基準(断熱等性能等級5かつ一次エネルギー消費量等級6)に係る仕様

フラット35 Sの省エネルギー性(断熱等性能等級5かつ一次エネルギー消費量等級6)に適合する住宅は、「1-1.省エネルギー性に関する基準①(断熱等性能等級5)に係る仕様」かつ「1-2. 省エネルギー性に関する基準②(一次エネルギー消費量等級6)に係る仕様」であることとする。

1-2.省エネルギー性に関する基準②(一次エネルギー消費量等級6)に係る仕様

1-2.1 一般事項

1-2.1.1 総則

1. フラット35Sにおける省エネルギー性に関する基準のうち、一次エネルギー消費量等級6に適合する住宅の仕様は、この項による。
2. 本項におけるアンダーライン「＿＿＿」の付された項目事項は、フラット35Sにおける省エネルギー性に関する基準のうち、一次エネルギー消費量等級6に係る仕様であるため、当該部分の仕様以外とする場合は、住宅金融支援機構の認めたものとする。

1-2.1.2 適用

本項の適用となる住宅は、次の1又は2のいずれかを満たすものとする。

1. □一次エネルギー消費量等級6に適合する仕様を計算により決定する場合、住宅の品質確保の促進等に関する法律(平成11年法律第81号)に基づく評価方法基準(平成13年国土交通省告示第1347号)第5の5-2の一次エネルギー消費量等級6に規定されている対策が講じられていることとし、「住宅に関する省エネルギー基準に準拠したプログラム(https://house.app.lowenergy.jp/)」等を用いて、巻末付録3(地域の区分一覧表)の地域の区分及び床面積等に応じて算定した対象住宅の一次エネルギー消費量が基準一次エネルギー消費量を上回らないことを確認したものとし、その仕様は特記による。 付録3 ☞218頁
2. □一次エネルギー消費量等級6に適合する仕様を仕様により決定する場合、以下のイからヘまでを満たすものとする。
   イ. 基準一次エネルギー消費量及び住宅の一次エネルギー消費量の算出における地域の区分は、巻末付録3(地域の区分一覧表)による。 付録3 ☞218頁
   ロ. 暖房設備は、Ⅲ-2.2(暖房設備)による。 Ⅲ-2.2 ☞163頁
   ハ. 冷房設備は、Ⅲ-2.3(冷房設備)による。 Ⅲ-2.3 ☞164頁
   ニ. 換気設備は、Ⅲ-2.4(換気設備)による。 Ⅲ-2.4 ☞164頁
   ホ. 給湯設備は、Ⅲ-2.5(給湯設備)による。 Ⅲ-2.5 ☞164頁
   ヘ. 照明設備は、Ⅲ-2.6(照明設備)による。 Ⅲ-2.6 ☞164頁

2. 省エネルギー性に関する基準（認定低炭素住宅）に係る仕様

2.1 一般事項

2.1.1 総則

1. フラット35Sにおける省エネルギー性に関する基準（認定低炭素住宅）に適合する住宅の仕様は、この項による。
2. 本項におけるアンダーライン「＿＿＿」の付された項目事項は、フラット35Sにおける省エネルギー性に関する基準「認定低炭素住宅」に係る仕様である。

2.1.2 基本原則

本項の適用となる住宅は、都市の低炭素化の促進に関する法律（平成24年法律第84号）の規定により認定の通知を受けた低炭素建築物新築等計画に基づき建築された住宅等であるものとする。

【低炭素建築物の認定基準に関する留意事項】

認定基準に関する最新情報等については、次のホームページを参照すること。

■ 建築物のエネルギー消費性能に関する技術情報（国立研究開発法人建築研究所）
https://www.kenken.go.jp/becc/index.html

■ 認定申請手続、申請の手引き、Q&A等について（一般社団法人住宅性能評価・表示協会）
https://www.hyoukakyoukai.or.jp/teitanso/index.php

3. 省エネルギー性に関する基準（性能向上計画認定住宅（建築物省エネ法））に係る仕様

3.1 一般事項

3.1.1 総則

1. フラット35 Sにおける省エネルギー性に関する基準（性能向上計画認定住宅（建築物省エネ法））に適合する住宅の仕様は、この項による。
2. 本項におけるアンダーライン「_____」の付された項目事項は、フラット35 Sにおける省エネルギー性に関する基準（性能向上計画認定住宅（建築物省エネ法））に係る仕様である。

3.1.2 適用

<u>本項の適用となる住宅は、建築物のエネルギー消費性能の向上に関する法律（平成27年法律第53号）（通称 建築物省エネ法）の規定により建築物エネルギー消費性能向上計画の認定を受けた住宅であるものとする。</u>

【性能向上計画認定住宅（建築物省エネ法）に関する留意事項】

認定基準に関する最新情報等については、次のホームページを参照すること。

■ 建築物省エネ法のページ（国土交通省）
https://www.mlit.go.jp/jutakukentiku/jutakukentiku_house_tk4_000103.html

■ 建築物のエネルギー消費性能に関する技術情報（国立研究開発法人建築研究所）
https://www.kenken.go.jp/becc/index.html

4.耐震性に関する基準(耐震等級(構造躯体の倒壊等防止)3)に係る仕様

4.1 一般事項

4.1.1 総則

1. フラット35Sにおける耐震性に関する基準(耐震等級(構造躯体の倒壊等防止)3)に適合する住宅の仕様は、この項による。
2. 本項におけるアンダーライン「＿＿＿」の付された項目事項は、フラット35Sにおける耐震性に関する基準(耐震等級(構造躯体の倒壊等防止)3)に係る仕様であるため、当該部分の仕様以外とする場合は、住宅金融支援機構の認めたものとする。

4.1.2 基本原則

限界耐力計算、保有水平耐力計算等、又は階数が2以下の木造の建築物における基準等により、住宅性能表示制度「耐震等級(構造躯体の倒壊等防止)3」以上の耐震性能を確保することとする。

4.1.3 構造計算等

1. 3階建の住宅は、建築基準法および住宅性能表示制度「耐震等級(構造躯体の倒壊等防止)」1-1(3)イ又はロに基づく構造計算により、構造耐力上の安全性を確保したうえで、仕様を決めるものとする。
2. 階数が2以下の住宅は、建築基準法および住宅性能表示制度「耐震等級(構造躯体の倒壊等防止)」1-1(3)イ又はロに基づく構造計算、若しくはホに基づく階数が2以下の木造建築物における壁量計算等により、構造耐力上の安全性を確保したうえで、仕様を決めるものとする。

4.2 基礎

4.2.1 基礎の構造等

基礎の構造等は、Ⅲ-3.2(基礎)による。

Ⅲ-3.2 ☞165頁

4.3 耐力壁及び準耐力壁等

4.3.1 耐力壁

耐力壁は、Ⅲ-3.3.1(耐力壁)による。

Ⅲ-3.3.1 ☞165頁

4.3.2 準耐力壁等

準耐力壁は、Ⅲ-3.3.2(準耐力壁等)による。

Ⅲ-3.3.2 ☞165頁

4.3.3 耐力壁線

耐力壁線は、Ⅲ-3.3.3(耐力壁線)による。

Ⅲ-3.3.3 ☞166頁

4.4 床組等

4.4.1 床組

床組は、Ⅲ-3.4.1(床組)による。

Ⅲ-3.4.1 ☞166頁

4.4.2 屋根面

屋根面は、Ⅲ-3.4.2(屋根面)による。

Ⅲ-3.4.2 ☞167頁

4.4.3 小屋組(小屋床面)

小屋組は、Ⅲ-3.4.3(小屋組(小屋床面))による。

Ⅲ-3.4.3 ☞168頁

4.5 接合部

接合部は、Ⅲ-3.5（接合部）による。

Ⅲ-3.5 ☞168頁

4.6 横架材及び基礎

横架材及び基礎は、Ⅲ-3.6（横架材及び基礎）による。

Ⅲ-3.6 ☞170頁

5. 免震住宅に関する基準（地震に対する構造躯体の倒壊等防止及び損傷防止）に係る仕様

5.1 一般事項

5.1.1 総則

1. フラット35Sにおける免震住宅に関する基準（地震に対する構造躯体の倒壊等防止及び損傷防止）に適合する住宅の仕様は、この項による。
2. 本項におけるアンダーライン「＿＿＿」の付された項目事項は、フラット35Sにおける免震住宅に関する基準（地震に対する構造躯体の倒壊等防止及び損傷防止）に係る仕様であるため、当該部分の仕様以外とする場合は、住宅金融支援機構の認めたものとする。

5.2 基礎

5.2.1 一般事項

1. 基礎の構造は、次のいずれかとする。
   イ. □基礎ぐいを用いた構造
   ロ. □べた基礎
2. 基礎の底部を第一種地盤又は第二種地盤（地震時に液状化するおそれのないものに限る。）に達するものとする。

5.2.2 基礎ぐい

基礎ぐいの構造は、次による。

1. 基礎ぐいは、構造耐力上安全に基礎ぐいの上部を支えるように配置する。
2. 基礎ぐいの構造は、次のいずれかによるか、又はこれらと同等以上の支持力を有するものとする。
   イ. □場所打ちコンクリートぐいとする場合は、次による。
   (イ)主筋として異形鉄筋を6本以上用い、帯筋と緊結する。
   (ロ)主筋の断面積の合計のくい断面積に対する割合を0.4%以上とする。
   ロ. □高強度プレストレストコンクリートぐいとする場合は、JIS A 5337（プレテンション方式遠心力高強度プレストレストコンクリートくい）-1995に適合するものとする。
   ハ. □遠心力鉄筋コンクリートぐいとする場合は、JIS A 5310（遠心力鉄筋コンクリートくい）- 1995に適合するものとする。
   ニ. □鋼管ぐいとする場合は、くいの肉厚は6mm以上とし、かつ、くいの直径の1/100以上とする。

5.2.3 べた基礎

べた基礎の構造は、次による。

1. べた基礎の構造は、一体の鉄筋コンクリート構造（2以上の部材を組み合わせたもので、これらの部材相互を緊結したものを含む。）とする。
2. 基礎の底盤の厚さは、250mm以上とする。
3. 根入れ深さは、150mm以上とし、かつ建設地域の凍結深度よりも深いものとする。
4. 立上り部分の主筋はD13以上とし、立上り部分の上端に1本以上、かつ立上り部分の下部の底盤に2本以上配置し、それぞれ5及び6の補強筋と緊結する。
5. 立上り部分の補強筋は、D10以上のものを縦に配置し、その間隔は300mm以下とする。
6. 底盤の補強筋はD13以上、間隔は縦横に200mm以下とし、複配筋とする。

5.3 免震層

免震層は、次による。

1. 免震層の上下の床版又はこれに類するものの間隔が、免震材料及び配管その他の建築設備の点検上支障ないものとする。
2. 上部構造に作用する荷重及び外力を、免震材料のみによって安全に下部構造に伝える構造とする。ただし、地震に対して安全上支障ないことを確かめた場合にあっては、暴風により生ずる免震層の著しい変位を防止するための措置に必要な部材を設けることができる。
3. 免震材料は、次による。
   イ. 検査及び点検を容易に行うことができる位置に設ける。
   ロ. 上部構造の構造耐力上主要な柱及び耐力壁に対し、つり合いよく配置する。
   ハ. 上部構造の最下階の床版その他これに類する上部構造の構造耐力上主要な部分及びべた基礎の底盤、又は下部構造の上端に設ける床版その他これらに類する下部構造の構造耐力上主要な部分に緊結する。
4. 免震層の設計限界変位は、350mm以上とする。
5. 上部構造の建築面積を支承材の総数で除した数値を15m²以下とする。
6. 次表の建築物の種類に応じて、それぞれ次による。
   イ. 免震層の降伏時に、各免震材料に生ずる水平力(単位：kN)の合計を建築面積で除した数値を、(1)の欄の数値以上、(2)の欄の数値以下とする。
   ロ. 免震層において、免震層の設計限界変位に相当する変位が生じているときに、各免震材料に生ずる水平力（単位：kN）の合計を建築面積で除した数値を、(3)の欄の数値以上、(4)の欄の数値以下とする。

建築物の種類		(1)	(2)	(3)	(4)
木造、鉄骨造その他これらに類する重量の小さな建築物	平屋建	0.22	0.36	0.72	1.09
	2階建	0.29	0.49	0.98	1.47
その他の建築物		0.34	0.58	1.17	1.75

7. 免震層の設計限界変位時の等価粘性減衰定数を20％以上とする。

5.4 上部構造

上部構造は、次による。

1. 上部構造の最下階の構造耐力上主要な部分である柱及び耐力壁の脚部並びに土台は、上部構造の最下階の床版その他これに類する部分に存在応力を伝えるよう緊結する。
2. 平面形状が、長方形その他これに類する整形な形状であり、張り間方向及びけた行方向の長さの数値の大きいほうの数値を小さいほうの数値で除した数値を4以下とする。
3. 立面形状を、長方形その他これに類する安定した形状とする。
4. 倉庫その他これに類する積載荷重の変動の大きな用途には供しない。
5. 上部構造と当該建築物の下部構造及び周囲の構造物その他の物件との水平距離は、上部構造の部分ごとに周囲に人の通行がある場合は、500mm以上とし、その他の場合は400mm以上とする。
6. 上部構造の最下階の床版は、厚さ180mm以上の一体の鉄筋コンクリート造とし、かつ、D13以上の異形鉄筋を縦横に200mm以下の間隔で複配筋として配置する。

5.5 下部構造

下部構造（基礎を除く。）は、次による。

1. 一体の鉄筋コンクリート造とする。
2. 下部構造の上端に鉄筋コンクリート造の床版を設け、本章5.3（免震層）の3のハにより免震材料と緊結する場合は、当該床版の厚さは180mm以上とし、D13以上の異形鉄筋を縦横に200mm以下の間隔で複配筋として配置し、その周囲の構造耐力 5.3の3 ☞191頁上主要な部分に、存在応力を伝えるよう緊結する。
3. 階を設ける場合は、土圧がその全周にわたり一様に作用するようにする。
4. 免震建築物の周囲に、安全上支障のある空隙を生じさせないものとする。
5. 出入口その他の見やすい場所に、免震建築物であることその他必要な事項を表示する。
6. 暴風により生ずる免震層の著しい変位を防止するための措置を講じた場合は、構造耐力上安全であることを確かめる。
7. 必要がある場合は、積雪時に免震建築物の変位を妨げないような措置を講ずる。
8. 必要に応じて免震材料の交換を行うことができる構造とする。
9. 免震層に浸水するおそれのある場合は、基礎の底盤に排水口を設けるなど、免震材料の冠水を防止するための措置を講ずる。

5.6 維持管理等に関する事項

免震建築物の維持管理に関し、イ及びロについて明示することとし、特記による。

イ．免震材料等の維持管理に関する計画

ロ．実況に応じた敷地の管理に関する計画

6.バリアフリー性に関する基準(高齢者等配慮対策等級4)に係る仕様

第Ⅳ章

6.1 一般事項

6.1.1 総則

1. フラット35Sにおけるバリアフリー性に関する基準(高齢者等配慮対策等級4)に適合する住宅の仕様は、この項による。
2. 本項におけるアンダーライン「＿＿＿」の付された項目事項は、フラット35Sにおけるバリアフリー性に関する基準(高齢者等配慮対策等級4)に係る仕様であるため、当該部分の仕様以外とする場合は、住宅金融支援機構の認めたものとする。
3. 「日常生活空間」とは、高齢者等の利用を想定する一の主たる玄関、便所、浴室、脱衣室、洗面所、寝室(以下「特定寝室」という。)、食事室及び特定寝室の存する階(接地階を除く。)にあるバルコニー、特定寝室の存する階にあるすべての居室並びにこれらを結ぶ一の主たる経路をいう。

6.2 部屋の配置

6.2.1 部屋の配置

部屋の配置は、次の1又は2のいずれかによる。

1. 特定寝室がある階には、便所及び浴室を配置する。
2. 次のイ又はロに適合するホームエレベーターを設置し、かつ特定寝室がある階に便所を配置する。
   - イ. 出入口の有効幅員を750mm以上とする。
   - ロ. 通路等から直進して入ることができるよう設置し、出入口の有効幅員を650mm以上とする。

6.3 住戸内の段差の解消

6.3.1 段差の解消

1. 日常生活空間内の床を、段差のない構造(仕上がりで5mm以下の段差が生じるものを含む。以下本項において同じ。)とする。ただし、次のイ～ハに掲げる段差にあっては、この限りではない。
   - イ. 玄関の出入口の段差で、くつずりと玄関外側の高低差を20mm以下とし、かつ、くつずりと玄関土間の高低差を5mm以下としたもの
   - ロ. 勝手口その他屋外に面する開口(玄関を除く。以下、本項において「勝手口等」という。)の出入口及び上がり框の段差
   - ハ. 浴室の出入口の段差で、20mm以下の単純段差
2. 日常生活空間内の玄関の上がり框については、1にかかわらず、次のイ～ニまでに掲げる段差を設けることができるものとする。踏み段を設ける場合、踏み段は1段とし、奥行は300mm以上、幅は600mm以上とする。
   - イ. 当該玄関が接地階以外にある場合の玄関の上がり框の段差で、110mm(踏み段を設ける場合は360mm)以下としたもの。
   - ロ. 当該玄関が接地階にある場合の玄関の上がり框の段差で、180mm(踏み段を設ける場合は360mm)以下としたもの。
   - ハ. 当該玄関が接地階以外にあり、踏み段を設ける場合、土間と踏み段との段差及び踏み段と上がり框の段差で、110mm以下としたもの。
   - ニ. 当該玄関が接地階にあり、踏み段を設ける場合、土間と踏み段との段差及び踏み段と上がり框の段差で、180mm以下としたもの。
3. 日常生活空間内の居室の部分の床のうち、次のイ～ホのすべてに適合するものとその他の部分の床との間には、1にかかわらず、300mm以上450mm以下の段差を設けることができるものとする。
   - イ. 介助用車いすの移動の妨げとならない位置であること

6 バリアフリー性

ロ．面積が$3m^2$以上$9m^2$（当該居室の面積が$18m^2$以下の場合、当該面積の1/2）未満であること

ハ．当該部分の面積の合計が、当該居室の面積の1/2未満であること

ニ．間口（工事を伴わない撤去等により確保できる部分の長さを含む。）が1,500mm以上であること

ホ．その他の部分の床より高い位置にあること

4. 接地階を有する住宅の日常生活空間内のバルコニーの出入口には、次のイ～ホに掲げる段差を設けることができるものとする。踏み段を設ける場合、踏み段は1段とし、奥行は300mm以上、幅は600mm以上、かつ、当該踏み段とバルコニーの端との距離を1,200mm以上とする（以下、本項において踏み段については同じ。）。

イ．180mm以下の単純段差

ロ．250mm以下の単純段差（手すりを設置した場合に限る。）

ハ．踏み段を設ける場合、360mm以下の単純段差とし、バルコニーと踏み段との段差及び踏み段と框との段差を、180mm以下の単純段差としたもの

ニ．屋内側及び屋外側の高さが、180mm以下のまたぎ段差（手すりを設置した場合に限る。）

ホ．踏み段を設ける場合、屋内側の高さが180mm以下で、屋外側の高さが360mm以下のまたぎ段差とし、バルコニーと踏み段との段差及び踏み段と框との段差を、180mm以下の単純段差としたもの（手すりを設置した場合に限る。）

5. 接地階を有しない住宅の日常生活空間内のバルコニーの出入口には、次のイ又はロに掲げる段差を設けることができるものとする。

イ．180mm以下の単純段差

ロ．踏み段を設ける場合、360mm以下の単純段差とし、バルコニーと踏み段との段差及び踏み段と框との段差を、180mm以下の単純段差としたもの

6. 日常生活空間外の床を、段差のない構造とする。ただし、次のイ～ヘに掲げる段差にあっては、この限りではない。

イ．玄関の出入口の段差

ロ．玄関の上がり框の段差

ハ．勝手口等の出入口及び上がり框の段差

ニ．バルコニーの出入口の段差

ホ．浴室の出入口の段差

ヘ．室内又は室の部分の床とその他の部分の床の90mm以上の段差

6.3.2 床組

床組は、Ⅲ-4.3.2（床組）による。

Ⅲ-4.3.2 ☞172頁

6.3.3 床板張り

床板張りは、Ⅲ-4.3.3（床板張り）による。

Ⅲ-4.3.3 ☞172頁

6.4 住戸内階段

6.4.1 住戸内階段の勾配

1. 日常生活空間内の住戸内階段の勾配及び踏み面と蹴上げの寸法は、次のイ及びロによる。ただし、ホームエレベーターが設置されている場合は、2による。

イ．階段の勾配（R/T）を、6/7以下とする。

ロ．踏み面（T）と蹴上げ（R）の関係を、550mm≦T+2R≦650mmとする。

2. 日常生活空間外の住戸内階段及び日常生活空間内の住戸内階段（ホームエレベーターが設置されている場合に限る。）の勾配及び踏み面と蹴上げの寸法は、次のイ～ハによる。ただし、階段の曲がり部分について、その形状が、Ⅲ-4.4.1（住戸内階段の勾配）のハ（イ）、（ロ）又は（ハ）に該当する場合は、この限りではない。

Ⅲ-4.4.1 ☞172頁

イ．階段の勾配（R/T）を、22/21以下とする。

ロ．踏み面(T)を195mm以上とする。
ハ．踏み面(T)と蹴上げ(R)の関係を、550mm≦T+2R≦650mmとする。

6.4.2 住戸内階段の構造

1. 住戸内階段の形状は、直階段又は折れ階段とし、中間には踊り場を設ける。
2. 日常生活空間内の住戸内階段は、回り階段等、安全上問題があると考えられる形式とせず、かつ最上段の通路等へのくい込み部分及び最下段の通路等への突出部分を設けない。ただし、ホームエレベーターが設置されている場合にあっては、この限りではない。
3. 住戸内階段の蹴込みは、次のイ及びロによる。ただし、ホームエレベーターが設置されている場合にあっては、この限りではない。
   イ．日常生活空間内の住戸内階段の蹴込みは30mm以下とし、蹴込み板を設ける。
   ロ．日常生活空間外の住戸内階段の蹴込みは、30mm以下とする。

6.5 手すり

6.5.1 手すりの設置箇所

1. 住戸内階段については、次のイ～ハによる。
   イ．住戸内階段には、手すりを設置する。
   ロ．勾配が45°を超える場合にあっては、両側に手すりを設置する（ホームエレベーターが設けられており、又は当該階段が日常生活空間外にあり、かつ、Ⅲ-4.4.1(住戸内階段の勾配)のイ～ハ及びⅢ-4.4.2(住戸内階段の構造)の2に掲げる基準に適合している場合を除く。)。
   Ⅲ-4.4.1 ☞172頁
   Ⅲ-4.4.2 ☞172頁
   ハ．設置高さは、踏み面の先端からの高さを700mmから900mmの位置とする。
2. 日常生活空間内の浴室には、浴槽出入りのための手すりを設置する。
3. 日常生活空間内の便所には、立ち座りのための手すりを設置する。
4. 日常生活空間内の玄関には、上がり框部の昇降及び靴の着脱のための手すりを設置する。
5. 日常生活空間内の脱衣室には、衣服の着脱のための手すりを設置する。
6. バルコニーには、転落防止のための手すりを、次のイ～ハのいずれかにより設置する。ただし、外部の地面、床等からの高さが1m以下の範囲又は開閉できない窓、その他転落のおそれのないものについては、この限りではない。
   イ．□腰壁その他足がかりとなるおそれのある部分（以下、本項において「腰壁等」という。）の高さが、650mm以上1,100mm未満の場合、床面から1,100mm以上の高さに達するように設置する。
   ロ．□腰壁等の高さが300mm以上650mm未満の場合、腰壁等から800mm以上の高さに達するように設置する。
   ハ．□腰壁等の高さが300mm未満の場合、床面から1,100mm以上の高さに達するように設置する。
7. 2階以上の窓には、転落防止のための手すりを、次のイ～ハのいずれかにより設置する。ただし、外部の地面、床等からの高さが1m以下の範囲又は開閉できない窓、その他転落のおそれのないものについては、この限りではない。
   イ．□窓台その他足がかりとなるおそれのある部分（以下、本項において「窓台等」という。）の高さが、650mm以上800mm未満の場合、床面から800mm（3階以上の窓は1,100mm）以上の高さに達するように設置する。
   ロ．□窓台等の高さが300mm以上650mm未満の場合、窓台等から800mm以上の高さに達するように設置する。
   ハ．□窓台等の高さが300mm未満の場合、床面から1,100mm以上の高さに達するように設置する。
8. 廊下及び階段（高さ1m以下の階段を除く。）のうち、片側又は両側が壁となっていない部分には、開放されている側に転落防止のための手すりを、次のイ又はロのいずれかにより設置する。ただし、外部の地面、床等からの高さが1m以下の範囲又は開閉できない窓、その他転落のおそれのないものについては、この限りではない。

イ. □腰壁等の高さが650mm以上800mm未満の場合、床面（階段にあっては踏み面の先端）から800mm以上の高さに達するように設置する。

ロ. □腰壁等の高さが650mm未満の場合、腰壁等から800mm以上の高さに達するように設置する。

9. 転落防止のための手すりの手すり子で、床面（階段にあっては踏み面の先端）及び腰壁等又は窓台等（腰壁等又は窓台等の高さが、650mm未満の場合に限る。）からの高さが、800mm以内の部分に存するものの相互の間隔は、内のり寸法で110mm以下とする。

6.5.2 手すりの取付け等

手すりの取付け等は、Ⅲ-4.5.2（手すりの取付け等）による。 Ⅲ-4.5.2 ☞174頁

6.5.3 手すりの取付け下地

手すりの取付け下地は、Ⅲ-4.5.3（手すり取付け下地）による。 Ⅲ-4.5.3 ☞174頁

6.6 廊下及び出入口の幅員

6.6.1 廊下及び出入口の幅員の確保

1. 日常生活空間内の通路の有効な幅員は、780mm（柱等の箇所にあっては750mm）以上とする。
2. ホームエレベーター（出入口の有効幅員が750mm以上（通路等から直進して入ることができる場合は、650mm以上）のものに限る。）を設置する場合にあっては、当該ホームエレベーターと日常生活空間とを結ぶ経路内の通路の有効な幅員は、780mm（柱等の箇所にあっては750mm）以上とする。
3. 出入口の幅員については、次による。

イ. 浴室を除く日常生活空間内の出入口の有効幅員（玄関以外の出入口については、工事を伴わない撤去等により確保できる部分の長さを含む。）は、750mm以上とする。

ロ. 日常生活空間内の浴室の出入口の有効幅員は、650mm以上とする。

6.6.2 内壁下地

内壁下地は、Ⅲ-4.6.2（内壁下地）による。 Ⅲ-4.6.2 ☞175頁

6.7 寝室、便所及び浴室

6.7.1 寝室、便所及び浴室の規模

1. 特定寝室の面積は、内のり寸法で12m^{2}以上とする。
2. 日常生活空間内の便所は腰掛け式とし、その規模は、次のイ又はロのいずれかによる。

イ. □短辺（軽微な改造により確保できる部分の長さを含む。）を、内のり寸法で1,100mm以上とし、長辺（軽微な改造により確保できる部分の長さを含む。）を内のり寸法で1,300mm以上とする。

ロ. □便器の前方及び側方について、便器と壁との距離（ドアの開放により確保できる部分又は軽微な改造により確保できる部分の長さを含む。）を500mm以上とする。

3. 日常生活空間内の浴室は、短辺を内のり寸法で1,400mm以上とし、面積を内のり寸法で2.5m^{2}以上とする。

6.8 その他の配慮

6.8.1 温熱環境

温熱環境については、Ⅲ-4.8.1（温熱環境）による。 Ⅲ-4.8.1 ☞175頁

6.8.2 設備

設備については、Ⅲ-4.8.2（設備）による。

Ⅲ-4.8.2 ☞175頁

6.8.3 床・壁等の仕上げ

床・壁等の仕上げについては、Ⅲ-4.8.3（床・壁等の仕上げ）による。

Ⅲ-4.8.3 ☞175頁

6.8.4 屋外通路の高低差処理

屋外通路の高低差処理については、Ⅲ-4.8.4（屋外通路の高低差処理）による。

Ⅲ-4.8.4 ☞176頁

7. 耐久性・可変性に関する基準（長期優良住宅）の仕様

7.1 一般事項

7.1.1 総則

1. フラット35Sにおける耐久性・可変性に関する基準（長期優良住宅）に適合する住宅の仕様は、この項による。
2. 本項において、アンダーライン「＿＿＿」が付された項目事項は、フラット35Sにおける耐久性・可変性に関する基準に係る仕様であるため、当該部分の仕様以外とする場合は、長期優良住宅の認定を取得できる仕様とする。

7.1.2 適用

1. 本項の適用となる住宅は、長期優良住宅の普及の促進に関する法律（平成20年法律第87号）第7条の規定により認定の通知を受けた長期優良住宅建築等計画に基づき建築された住宅であるものとする。
2. 構造躯体等の劣化対策は、本章7.2（構造躯体等の劣化対策）による。 7.2 ☞198頁
3. 耐震性は、本章7.3.2.1（基本原則）及び本章7.3.2.2（構造計算等）、又は本章7.3.3（免震）による。 7.3.2.1 ☞199頁 7.3.2.2 ☞199頁 7.3.3 ☞200頁
4. 可変性は、本章7.4（可変性）による。 7.4 ☞200頁
5. 維持管理・更新の容易性は、本章7.5（維持管理・更新の容易性）による。 7.5 ☞200頁
6. 省エネルギー対策は、本章7.6（省エネルギー対策）による。 7.6 ☞202頁
7. 維持保全計画等については、本章7.7（その他）による。 7.7 ☞202頁

7.2 構造躯体等の劣化対策

7.2.1 基礎工事

1. 基礎工事において布基礎とする場合は、Ⅱ-3.3.2（布基礎）の2による。 Ⅱ-3.3.2の2 ☞32頁
2. 基礎工事において、べた基礎又は基礎ぐいを用いる場合は、Ⅱ-3.3.3（べた基礎・基礎ぐい）の2による。 Ⅱ-3.3.3の2 ☞33頁

7.2.2 床下地面の防蟻措置

床下地面の防蟻措置は、Ⅱ-4.4（床下地面の防蟻措置）による。ただし、基礎断熱工法を用いる場合は、Ⅱ-3.4.5（床下防湿・防蟻措置）による。 Ⅱ-4.4 ☞41頁 Ⅱ-3.4.5 ☞36頁

7.2.3 床下換気

床下換気は、Ⅱ-3.3.11（床下換気）の1による。 Ⅱ-3.3.11の1 ☞35頁

7.2.4 床下防湿

床下防湿は、Ⅱ-3.3.15（床下防湿）による。 Ⅱ-3.3.15 ☞35頁

7.2.5 点検口の設置

1. 区分された床下空間（人通口等により接続されている場合は、接続されている床下空間を一の部分とみなす。）ごとに点検口を設ける。
2. 区分された小屋裏空間（人通口等により接続されている場合は、接続されている小屋裏空間を一の小屋裏空間とみなす。）ごとに点検口を設ける。

7.2.6 床下空間高さ

床下空間の有効高さを330mm以上とする。ただし、浴室の床下等当該床下空間の有効高さを、330mm未満とすることがやむを得ないと認められる部分で、当該部分の点検を行うことができ、かつ当該部分以外の床下空間の点検に支障をきたさない場合にあっては、この限りでない。

7.2.7 木部の防腐・防蟻措置

7.2.7.1 土台の防腐・防蟻措置

土台の防腐・防蟻措置は、Ⅱ-4.3.1（土台の防腐・防蟻措置）による。 Ⅱ-4.3.1 ☞40頁

7.2.7.2 外壁の軸組の防腐・防蟻措置

地面から高さが1m以内の外壁の軸組（土台及び室内側に露出した部分を除く。）の防腐・防蟻措置（北海道及び青森県にあっては防腐措置のみ。）は、Ⅲ-5.5.2（外壁の軸組の防腐・防蟻措置）による。 Ⅲ-5.5.2 ☞177頁

7.2.7.3 外壁下地材の防腐・防蟻措置

地面から高さが1m以内の木質系外壁下地材（土台及び室内側に露出した部分を除く。）の防腐・防蟻措置（北海道及び青森県にあっては防腐措置のみ。）は、Ⅲ-5.5.3（外壁下地材の防腐・防蟻措置）による。 Ⅲ-5.5.3 ☞178頁

7.2.8 浴室等の防水措置

浴室及び脱衣室の壁の軸組等（室内に露出した部分を含む。）及び床組（浴室又は脱衣室が地上2階以上の階にある場合は、下地材を含む。）並びに浴室の天井の防水措置については、Ⅲ-5.7（浴室等の防水措置）による。 Ⅲ-5.7 ☞178頁

7.2.9 小屋裏換気

小屋裏換気は、Ⅱ-8.9（小屋裏換気）による。 Ⅱ-8.9 ☞97頁

7.3 耐震性

7.3.1 一般事項

耐震性に関する仕様は、本章7.3.2（耐震）又は本章7.3.3（免震）のいずれかによる。 7.3.2 ☞199頁 7.3.3 ☞200頁

7.3.2 耐震

7.3.2.1 基本原則

階数が2以下の木造の建築物における基準、保有水平耐力計算等又は限界耐力計算等により、住宅性能表示制度「耐震等級（構造躯体の倒壊等防止）2」以上（階数が2以下の木造の建築物の基準（壁量規定等）の場合は「耐震等級（構造躯体の倒壊等防止）」3）の耐震性能を確保することとする。ただし、限界耐力計算による場合は、次のいずれかによる。

イ. □限界耐力計算の基準に適合していること。ただし、地上部分の各階の安全限界変形（建築基準法施行令第82条の5第5号イに規定する安全限界変形をいう。以下同じ。）の当該階の高さに対する割合が、木造である階にあっては、それぞれ1/40以下とすること。

ロ. □木造の建築物にあっては、各階の変形（平成12年建設省告示第1457号第9の建築物に生じる水平力と当該水平力により建築物に生ずる変位の関係を満たすものとする。）について、各階の安全限界変形をそれぞれ75%以下とした変形を当該各階の安全限界変形と読み替えて、限界耐力計算の基準に適合すること。

ハ. □住宅性能表示制度「耐震等級（構造躯体の倒壊等防止）2又は3」の基準に適合すること。ただし、建築基準法施行令第82条の5第5号ハの表に規定するGsの数値（大地震時の地盤増幅）については、平成12年建設省告示第1457号第10第1項の規定により計算し、地上部分の各階の安全限界変形の当該階の高さに対する割合が、木造である階にあっては、それぞれ1/30以下とすること。

7.3.2.2 構造計算等

1. 3階建の住宅は、建築基準法及び住宅性能表示制度「耐震等級（構造躯体の倒壊等防止）」1-1（3）イ又はロに基づく構造計算により、構造耐力上の安全性を確保したうえで、仕様を決めるものとする。
2. 階数が2以下の住宅は、建築基準法及び住宅性能表示制度「耐震等級（構造躯体の倒壊等防止）」1-1（3）イ又はロに基づく構造計算、若しくはホに基づく階数が2以下の木造建築物における壁量計算等により、構造耐力上の安全性を確保したうえで、仕

様を決めるものとする。なお、屋根を金属板、石板、木板等の軽い材料でふいた階数が2以下の木造建築物における壁量計算等において、住宅で屋根に太陽光発電設備又は太陽熱利用給湯設備等を設ける場合は、仕様にかかわらず重い屋根(建築基準法施行令第43条第1項の表の(一)又は(三)に掲げる建築物の項)とみなす。

7.3.2.3 基礎の構造等

基礎の構造等は、Ⅲ-3.2（基礎）による。 Ⅲ-3.2 ☞165頁

7.3.2.4 耐力壁及び準耐力壁等

1. 耐力壁は、Ⅲ-3.3.1（耐力壁）による。 Ⅲ-3.3.1 ☞165頁
2. 準耐力壁は、Ⅲ-3.3.2（準耐力壁等）による。 Ⅲ-3.3.2 ☞165頁
3. 耐力壁線は、Ⅲ-3.3.3（耐力壁線）による。 Ⅲ-3.3.3 ☞166頁

7.3.2.5 床組等

1. 床組は、Ⅲ-3.4.1（床組）による。 Ⅲ-3.4.1 ☞166頁
2. 屋根面は、Ⅲ-3.4.2（屋根面）による。 Ⅲ-3.4.2 ☞167頁
3. 小屋組は、Ⅲ-3.4.3（小屋組(小屋床面)）による。 Ⅲ-3.4.3 ☞168頁

7.3.2.6 接合部

接合部は、Ⅲ-3.5（接合部）による。 Ⅲ-3.5 ☞168頁

7.3.2.7 横架材及び基礎

横架材及び基礎は、Ⅲ-3.6（横架材及び基礎）による。 Ⅲ-3.6 ☞170頁

7.3.3 免震

7.3.3.1 基礎の構造

基礎の構造は、本章5.2.1（一般事項）による。 5.2.1 ☞190頁

7.3.3.2 基礎ぐい

基礎ぐいは、本章5.2.2（基礎ぐい）による。 5.2.2 ☞190頁

7.3.3.3 べた基礎

べた基礎は、本章5.2.3（べた基礎）による。 5.2.3 ☞190頁

7.3.3.4 免震層

免震層は、本章5.3（免震層）による。 5.3 ☞191頁

7.3.3.5 上部構造

上部構造は、本章5.4（上部構造）による。 5.4 ☞191頁

7.3.3.6 下部構造

下部構造は、本章5.5（下部構造）による。 5.5 ☞191頁

7.3.3.7 維持管理等に関する事項

免震建築物の維持管理等に関する事項は、本章5.6（維持管理等に関する事項）による。 5.6 ☞192頁

7.4 可変性

7.4.1 躯体天井高

連続建て及び重ね建ての躯体天井高は、2,650mm以上とする。

7.5 維持管理・更新の容易性

7.5.1 適用

本章7.5.3（共用配管（ガス管を除く））及び本章7.5.4（共用排水管）は、共同住宅等に適用する。 7.5.3 ☞201頁 7.5.4 ☞201頁

7.5.2 専用配管(ガス管を除く)

専用配管は、次による。

1. 専用配管は、壁、柱、床、はり及び基礎の立上り部分を貫通する場合を除き、コンクリート内に埋め込まない。
2. 地中に埋設された専用配管の上には、コンクリート(建物の外部に存する土間床コンクリート及び建物の構造躯体に影響を及ぼさないものは除く。)を打設しない。ただ

し、法令（条例を含む。）の規定により、凍結のおそれがあるとして配管を地中に埋設する場合は、打設することができる。

3. 専用の排水管（継手及びヘッダーを含む。）の内面が、排水管内の清掃に支障を及ぼさないように凹凸がなく、かつ当該排水管にたわみ、抜けその他変形が生じないように設置する。
4. 専用の排水管には、掃除口を設置するか、又は清掃が可能な措置を講じたトラップを設置すること。ただし、便所の排水管が当該便所に隣接する排水ます又は共用立管に接続する場合は、この限りでない。
5. 設備機器と専用配管の接合部並びに専用配管のバルブ及びヘッダー（以下「主要接合部等」という。）、又は排水管の掃除口を仕上材等により隠ぺいする場合には、主要接合部等を点検するために必要な開口、又は清掃を行うために必要な開口を当該仕上材等に設ける。
6. 共同住宅等にあっては、住戸の専用配管を他住戸等の専用部分に設置しない。

7.5.3 共用配管（ガス管を除く）

共同住宅等の共用配管等は、次による。

1. 共用配管は、壁、柱、床、はり又は基礎の立上り部分を貫通する場合を除き、コンクリート内に埋め込まない。
2. 地中に埋設された共用配管の上には、コンクリート（建物の外部に存する土間床コンクリート及び建物の構造躯体に影響を及ばさないものは除く。）を打設しない。ただし、法令（条例を含む。）の規定により、凍結のおそれがあるとして配管を地中に埋設する場合は、打設することができる。
3. 共用の排水管には、共用立管にあっては最上階又は屋上、最下階及び3階以内おきの中間階又は15m以内ごとに、横主管にあっては15m以内ごと、かつ、管の曲がりが連続すること、管が合流すること等により管の清掃に支障が生じやすい部分がある場合にあっては支障なく清掃が行える位置に、清掃口が設けられていることとする。
4. 専用配管と共用配管の接合部及び共用配管のバルブ（以下「主要接合部等」という。）、又は排水管の掃除口を仕上材等で隠ぺいする場合には、主要接合部等を点検するために必要な開口、又は掃除口による清掃を行うために必要な開口を設ける。
5. 共用の排水管（継手及びヘッダーを含む。）の内面が、排水管内の清掃に支障を及ぼさないように凹凸がなく、かつ当該排水管にたわみ、抜けその他変形が生じないように設置する。
6. 横主管を設置する場合においては、当該配管はピット若しくは1階床下空間内、又はピロティ等の共用部分に設け、かつ人通口その他当該配管に人が到達できる経路（専用部分に立ち入らないで到達できるものとする。）を設ける。
7. 共用配管の設置は、次のいずれかとする。
   イ. □専用部分に立ち入らないで補修できる位置（共用部分、住棟外周部、バルコニーその他これに類する部分をいう。）に露出して設ける。
   ロ. □専用部分に立ち入らないで補修が行える開口を持つパイプスペース内に設ける。
   ハ. □区画された竪穴であるパイプスペース内に設置し、維持管理の円滑な実施のために必要な措置を講じる。

7.5.4 共用排水管

共同住宅等の共用排水管は、次による。

1. 共用排水管は、壁、柱、床、はり又は基礎の立上り部分を貫通する場合を除き、コンクリート内に埋め込まない。
2. 地中に埋設された共用排水管の上には、コンクリート（建物の外部に存在する土間床コンクリート及び建物に影響を及ばさないものは除く。）を打設しない。ただし、法令（条例を含む。）の規定により、凍結のおそれがあるとして配管を地中に埋設する場合は、打設することができる。

3. 横主管を設置する場合においては、当該排水管はピット若しくは1階床下空間内、又はピロティ等の共用部分に設け、かつ人通口その他当該配管に人が到達できる経路（専用部分に立ち入らないで到達できるものに限り、共用部分の仕上材等の軽微な除去を伴い到達できるものを含む。）を設ける。

4. 共用排水管の設置は、次のいずれかとする。

イ. □専用部分に立ち入らないで更新できる位置（共用部分、住棟外周部、バルコニー、その他これに類するものをいう。）に露出して設ける。

ロ. □専用部分に立ち入らないで更新が行えるよう、パイプスペース内に設ける（共用部分の仕上材等の軽微な除去を伴い、更新できる場合を含む。）。

ハ. □パイプスペース（間仕切り等で独立した区画となっているもの。）内に設置し、維持管理の円滑な実施のために必要な措置を講じる。

5. 共用排水管は、次のイ又はロのいずれかの更新措置を講じたものとする。

イ. □将来、既存の位置に新たな排水管を設置する場合の措置は、次による。

（イ）共用排水管の切断工事を軽減する措置を講じ、かつ共用排水管がコンクリートの床等を貫通する部分に、共用排水管の撤去の際のはつり工事を軽減する措置を講じる。

（ロ）排水管の接続替えを容易に行うための措置を講じる。

（ハ）共用排水管の撤去、接続替えその他更新のための空間を確保する。

ロ. □将来、新たな共用排水管を設置する場合の措置は、次による。

（イ）共用排水管の近傍等に、別に新たな共用排水管を設置することができる空間、スリーブ等を設ける。

（ロ）イの(ロ)及び(ハ)による。

7.6 省エネルギー対策

省エネルギー対策は、Ⅲ-1（省エネルギー性に関する基準（断熱等性能等級5）に係る仕様）及びⅢ-2（省エネルギー性に関する基準（一次エネルギー消費量等級6）に係る仕様）による。

Ⅲ-1 ☞145頁
Ⅲ-2 ☞163頁

7.7 その他

7.7.1 維持保全の期間

建築後の住宅の維持保全の期間は、30年以上とする。

7.7.2 維持保全計画

長期優良住宅建築等計画には、次の事項が定められていること。

イ. 構造耐力上主要な部分、雨水の浸入を防止する部分及び給水又は排水の設備について、点検の対象となる部分の仕様に応じた点検の項目及び時期を定める。

ロ. イの点検の時期が、それぞれ住宅の建築の完了又は直近の点検、修繕若しくは改良から10年を超えないものとする。

ハ. 点検の結果を踏まえ、必要に応じて、調査、修繕又は改良を行うこと。

ニ. 地震時及び台風時に、臨時点検を実施すること。

ホ. 住宅の劣化状況に応じて、維持保全の方法について見直しを行うこと。

ヘ. 長期優良住宅建築等計画の変更があった場合に、必要に応じて維持保全の方法を変更すること。

7.7.3 まちなみ・景観への配慮

良好な景観の形成その他の地域における居住環境の維持及び向上に配慮するものとする。なお、地区計画、景観計画、条例等によるまちなみ等の計画、建築協定、景観協定等の区域内にある場合は、これらの内容に適合させることとする。

7.7.4 住戸床面積

1. 住戸床面積は、次による。
   - イ. 一戸建住宅は、床面積の合計を75m^{2}以上とする。ただし、国土交通省令に基づき所管行政庁が55m^{2}を下回らない範囲内で別に面積を定める場合には、その面積以上とする。
   - ロ. 共同住宅等は、一戸の床面積の合計を40m^{2}以上とする。ただし、国土交通省令に基づき所管行政庁が40m^{2}を下回らない範囲内で別に面積を定める場合には、その面積以上とする。
2. 住戸床面積は、住戸の少なくとも一の階の床面積が、40m^{2}以上(階段部分の面積を除く。)であるものとする。

〔第Ⅴ章〕 フラット35S(ZEH)工事仕様書

フラット35S（ZEH）の技術基準

フラット35S（ZEH）をご利用いただく場合は、フラット35の技術基準に加えて、次に掲げる建て方に応じて次表のいずれかの区分の基準及び適用条件を満たす住宅であることが必要です。

■一戸建ての住宅の場合の基準

	区　分	断熱等性能	一次エネルギー消費量（対省エネ基準※1）		適用条件
			再生可能エネルギーを除く※2	再生可能エネルギーを含む※3	
一戸建ての住宅	『ZEH』	強化外皮基準【断熱等性能等級5】相当※4	▲20％以上	▲100％以上	－
	Nearly ZEH			▲75％以上▲100％未満	寒冷地 低日射地域 多雪地域
	ZEH Oriented			（再生可能エネルギーの導入は必要ない）	都市部狭小地※5 多雪地域

※1 省エネ基準とは、建築物のエネルギー消費性能の向上に関する法律（平成27年法律第53号）（通称 建築物省エネ法）第2条第3号に定める建築物エネルギー消費性能基準を表します。
※2 コージェネレーション設備による発電分のうち自家消費分は含めることができます。
※3 発電設備における余剰売電分も含めることができます。
※4 本仕様書のⅢ-1.1.2（適用）の2のイの基準を満たす必要があります。
※5 都市部狭小地の場合であっても、Nearly ZEHの断熱等性能及び一次エネルギー消費量の基準に適合するときは、Nearly ZEHの対象になります。

■一戸建ての住宅以外（共同建て、重ね建てまたは連続建て）の場合の基準

	区　分	断熱等性能	一次エネルギー消費量（対省エネ基準※1）		適用条件（住宅用途の階層数）
		全住戸で以下を達成	共用部を含む住棟全体で以下を達成		
			再生可能エネルギーを除く※2	再生可能エネルギーを含む※3	
一戸建ての住宅以外	『ZEH-M』	強化外皮基準【断熱等性能等級5】相当※4	▲20％以上	▲100％以上	－
	Nearly ZEH-M			▲75％以上▲100％未満	
	ZEH-M Ready			▲50％以上▲75％未満	4層以上
	ZEH-M Oriented			（再生可能エネルギーの導入は必要ない）	6層以上

※1 省エネ基準とは、建築物のエネルギー消費性能の向上に関する法律（平成27年法律第53号）（通称 建築物省エネ法）第2条第3号に定める建築物エネルギー消費性能基準を表します。
※2 コージェネレーション設備による発電分のうち自家消費分は含めることができます。
※3 発電設備における余剰売電分も含めることができます。
※4 本仕様書のⅢ-1.1.2（適用）の2のイの基準を満たす必要があります。

■適用条件

寒冷地	地域区分[※1]が1または2の地域の住宅
低日射地域	年間の日射地域区分[※2]がA1またはA2の地域の住宅
多雪地域	建築基準法施行令第86条第1項に規定する垂直積雪量が100cm以上に該当する地域の住宅
都市部狭小地	北側斜線制限の対象となる用途地域等（第一種及び第二種低層住居専用地域、第一種及び第二種中高層住居専用地域並びに地方自治体の条例において北側斜線制限が定められている地域）であって、敷地面積が85m²未満の土地にある住宅（住宅が平屋建ての場合を除く。）
住宅用途の階層数	住宅用途部分が床面積の半分以上を占める階層の数（地階を含む。）

※1 付録3に定める地域区分
※2 一次エネルギー消費量の計算において用いられる、水平面全天日射量の年間積算値を指標として日本全国を日射の少ない地域から多い地域まで5地域に分類した地域区分

注）以下のいずれかに該当する場合は、フラット35S及びフラット35維持保全型を利用できません。
・住宅の全部または一部が土砂災害特別警戒区域（通称：レッドゾーン）内に含まれる場合
・都市再生特別措置法（平成14年法律第22号）第88条第1項に基づく届出を行った場合において、同条第5項に基づく市町村長による公表の措置を受けたとき

フラット35S工事仕様書の使い方

(1)〔第Ⅱ章〕工事仕様書のフラット35の基準事項に加え、「1. 省エネルギー性に関する基準（ZEH）に係る仕様」によってください。

(2) 本文のアンダーライン「_____」の部分は、基準に係る項目ですので、訂正するとフラット35Sが利用できない場合があります。
なお、アンダーライン「_____」以外の仕様については、ご自分の工事内容に合わせて当該仕様部分を適宜添削するなどしてご使用ください。

1.省エネルギー性に関する基準(ZEH)に係る仕様

1.1 一般事項

1.1.1 総則

1. フラット35Sにおける省エネルギー性に関する基準(ZEH)に適合する住宅の仕様は、この項による。
2. 本項におけるアンダーライン「＿＿」の付された項目事項は、フラット35Sにおける省エネルギー性に関する基準(ZEH)に係る仕様であるため、当該部分の仕様以外とする場合は、住宅金融支援機構の認めたものとする。

1.1.2 適用

1. 本項の適用となる住宅は、一戸建ての住宅の場合は次による。

イ. □『ZEH』とする場合は、以下の(イ)から(ニ)のすべてを満たすものとする。

(イ) 外皮平均熱貫流率及び平均日射熱取得率が巻末付録3(地域の区分一覧表)の地域の区分に応じて、次表に定める数値以下であること。 付録3 ☞218頁

	地域の区分							
	1	2	3	4	5	6	7	8
外皮平均熱貫流率 (W/(m²·K))	0.4	0.4	0.5	0.6	0.6	0.6	0.6	—
平均日射熱取得率	—	—	—	—	3.0	2.8	2.7	6.7

(ロ) 再生可能エネルギー等を除き、巻末付録3(地域の区分一覧表)の地域の区分及び床面積等に応じて算定した対象住宅の基準一次エネルギー消費量から20%以上の一次エネルギー消費量が削減されることを「住宅に関する省エネルギー基準に準拠したプログラム(https://house.app.lowenergy.jp/)」等を用いて確認したものであること。 付録3 ☞218頁

(ハ) 再生可能エネルギーを導入した住宅であること。

(ニ) 再生可能エネルギー等を加えて、巻末付録3(地域の区分一覧表)の地域の区分及び床面積等に応じて算定した対象住宅の基準一次エネルギー消費量から100%以上の一次エネルギー消費量が削減されることを「住宅に関する省エネルギー基準に準拠したプログラム(https://house.app.lowenergy.jp/)」等を用いて確認したものであること。 付録3 ☞218頁

ロ. □Nearly ZEHとする場合は、以下の(イ)及び(ロ)のすべてを満たすものとする。

(イ) イの(イ)から(ハ)のすべてを満たすこと。

(ロ) 再生可能エネルギー等を加えて、巻末付録3(地域の区分一覧表)の地域の区分及び床面積等に応じて算定した対象住宅の基準一次エネルギー消費量から75%以上100%未満の一次エネルギー消費量が削減されることを「住宅に関する省エネルギー基準に準拠したプログラム(https://house.app.lowenergy.jp/)」等を用いて確認したものであること。 付録3 ☞218頁

ハ. □ZEH Orientedとする場合は、イの(イ)及び(ロ)を満たしたものであること。

2. 本項の適用となる住宅は、一戸建て以外の住宅の場合は次による。

イ. □『ZEH-M』とする場合は、以下の(イ)から(ニ)のすべてを満たすものとする。

(イ) すべての住戸について、外皮平均熱貫流率及び平均日射熱取得率が巻末付録3(地域の区分一覧表)の地域の区分に応じて、次表に定める数値以下であること。 付録3 ☞218頁

	地域の区分							
	1	2	3	4	5	6	7	8
外皮平均熱貫流率 (W/(m²·K))	0.4	0.4	0.5	0.6	0.6	0.6	0.6	—
平均日射熱取得率	—	—	—	—	3.0	2.8	2.7	6.7

(ロ) 再生可能エネルギー等を除き、共用部を含む当該住棟全体で、巻末付録3（地域の区分一覧表）の地域の区分及び床面積等に応じて算定した対象住宅の基準一次エネルギー消費量から20％以上の一次エネルギー消費量が削減されることを「住宅に関する省エネルギー基準に準拠したプログラム（https://house.app.lowenergy.jp/）」等を用いて確認したものであること。 付録3 ☞218頁

(ハ) 再生可能エネルギーを導入した住宅であること。

(ニ) 再生可能エネルギー等を加えて、共用部を含む当該住棟全体で、巻末付録3（地域の区分一覧表）の地域の区分及び床面積等に応じて算定した対象住宅の基準一次エネルギー消費量から100％以上の一次エネルギー消費量が削減されることを「住宅に関する省エネルギー基準に準拠したプログラム（https://house.app.lowenergy.jp/）」等を用いて確認したものであること。 付録3 ☞218頁

ロ. □ Nearly ZEH-Mとする場合は(イ)及び(ロ)のすべてを満たすものとする。

(イ) イの(イ)から(ハ)のすべてを満たすこと。

(ロ) 再生可能エネルギー等を加えて、共用部を含む当該住棟全体で、巻末付録3（地域の区分一覧表）の地域の区分及び床面積等に応じて算定した対象住宅の基準一次エネルギー消費量から75％以上100％未満の一次エネルギー消費量が削減されることを「住宅に関する省エネルギー基準に準拠したプログラム（https://house.app.lowenergy.jp/）」等を用いて確認したものであること。 付録3 ☞218頁

3. 1又は2を満たす仕様は、特記による。

4. 住宅の壁量、柱の小径、床組等、接合部、横架材及び基礎について、住宅の安全性が確保できるものとし、その仕様は特記による。

付　録

付録1　都道府県市町村別の基準風速一覧表

平成12年建設省告示第1454号より抜粋（表中の市町村名は平成12年建設省告示第1454号が制定された時のものです。）

都道府県	基準風速 V_0(m/s)	市　町　村
全都道府県	30	下記以外の地方
北海道	32	札幌市　小樽市　網走市　留萌市　稚内市　江別市　紋別市　名寄市　千歳市　恵庭市　北広島市　石狩市　石狩郡　厚田郡　浜益郡　空知郡のうち南幌町　夕張郡のうち由仁町及び長沼町　上川郡のうち風連町及び下川町　中川郡のうち美深町、音威子府村及び中川町　増毛郡　留萌郡　苫前郡　天塩郡　宗谷郡　枝幸郡　礼文郡　利尻郡　網走郡のうち東藻琴村、女満別町及び美幌町　斜里郡のうち清里町及び小清水町　常呂郡のうち端野町、佐呂間町及び常呂町　紋別郡のうち上湧別町、湧別町、興部町、西興部村及び雄武町　勇払郡のうち追分町及び穂別町　沙流郡のうち平取町　新冠郡　静内郡　三石郡　浦河郡　様似郡　幌泉郡　厚岸郡のうち厚岸町　川上郡
	34	函館市　室蘭市　苫小牧市　根室市　登別市　伊達市　松前郡　上磯郡　亀田郡　茅部郡　斜里郡のうち斜里町　虻田郡　岩内郡のうち共和町　積丹郡　古平郡　余市郡　有珠郡　白老郡　勇払郡のうち早来町、厚真町及び鵡川町　沙流郡のうち門別町　厚岸郡のうち浜中町　野付郡　標津郡　目梨郡
	36	山越郡　桧山郡　爾志郡　久遠郡　奥尻郡　瀬棚郡　島牧郡　寿都郡　岩内郡のうち岩内町　磯谷郡　古宇郡
青森県	34	全域
岩手県	32	久慈市　岩手郡のうち葛巻町　下閉伊郡のうち田野畑村及び普代村　九戸郡のうち野田村及び山形村　二戸郡
	34	二戸市　九戸郡のうち軽米町、種市町、大野村及び九戸村
宮城県	30	全域
秋田県	32	秋田市　大館市　本荘市　鹿角市　鹿角郡　北秋田郡のうち鷹巣町、比内町、合川町及び上小阿仁村　南秋田郡のうち五城目町、昭和町、八郎潟町、飯田川町、天王町及び井川町　由利郡のうち仁賀保町、金浦町、象潟町、岩城町及び西目町
	34	能代市　男鹿市　北秋田郡のうち田代町　山本郡　南秋田郡のうち若美町及び大潟村
山形県	32	鶴岡市　酒田市　西田川郡　飽海郡のうち遊佐町
福島県	30	全域
茨城県	32	水戸市　下妻市　ひたちなか市　東茨城郡のうち内原町　西茨城郡のうち友部町及び岩間町　新治郡のうち八郷町　真壁郡のうち明野町及び真壁町　結城郡　猿島郡のうち五霞町、猿島町及び境町
	34	土浦市　石岡市　龍ヶ崎市　水海道市　取手市　岩井市　牛久市　つくば市　東茨城郡のうち茨城町、小川町、美野里町及び大洗町　鹿島郡のうち旭村、鉾田町及び大洋村　行方郡のうち麻生町、北浦町及び玉造町　稲敷郡　新治郡のうち霞ヶ浦町、玉里村、千代田町及び新治村　筑波郡　北相馬郡
	36	鹿嶋市　鹿島郡のうち神栖町及び波崎町　行方郡のうち牛堀町及び潮来町
栃木県	30	全域
群馬県	30	全域
埼玉県	32	川越市　大宮市　所沢市　狭山市　上尾市　与野市　入間市　桶川市　久喜市　富士見市　上福岡市　蓮田市　幸手市　北足立郡のうち伊奈町　入間郡のうち大井町及び三芳町　南埼玉郡　北葛飾郡のうち栗橋町、鷲宮町及び杉戸町
	34	川口市　浦和市　岩槻市　春日部市　草加市　越谷市　蕨市　戸田市　鳩ヶ谷市　朝霞市　志木市　和光市　新座市　八潮市　三郷市　吉川市　北葛飾郡のうち松伏町及び庄和町
千葉県	34	市川市　船橋市　松戸市　野田市　柏市　流山市　八千代市　我孫子市　鎌ヶ谷市　浦安市　印西市　東葛飾郡　印旛郡のうち白井町
	36	千葉市　佐原市　成田市　佐倉市　習志野市　四街道市　八街市　印旛郡のうち酒々井町、富里町、印旛村、本埜村及び栄町　香取郡　山武郡のうち山武町及び芝山町
	38	銚子市　館山市　木更津市　茂原市　東金市　八日市場市　旭市　勝浦市　市原市　鴨川市　君津市　富津市　袖ヶ浦市　海上郡　匝瑳郡　山武郡のうち大網白里町、九十九里町、成東町、蓮沼村、松尾町及び横芝町　長生郡　夷隅郡　安房郡
東京都	32	八王子市　立川市　昭島市　日野市　東村山市　福生市　東大和市　武蔵村山市　羽村市　あきる野市　西多摩郡のうち瑞穂町
	34	23区　武蔵野市　三鷹市　府中市　調布市　町田市　小金井市　小平市　国分寺市　国立市　田無市　保谷市　狛江市　清瀬市　東久留米市　多摩市　稲城市
	38	大島町　利島村　新島村　神津島村　三宅村　御蔵島村
	42	八丈町　青ヶ島村　小笠原村

都道府県	基準風速 V_0(m/s)	市　町　村
神奈川県	32	足柄上郡のうち山北町　津久井郡のうち津久井町、相模湖町及び藤野町
	34	横浜市　川崎市　平塚市　鎌倉市　藤沢市　小田原市　茅ヶ崎市　相模原市　秦野市　厚木市　大和市　伊勢原市　海老名市　座間市　南足柄市　綾瀬市　高座郡中郡　足柄上郡のうち中井町、大井町、松田町及び開成町　足柄下郡　愛甲郡　津久井郡のうち城山町
	36	横須賀市　逗子市　三浦市　三浦郡
新潟県	32	両津市　佐渡郡　岩船郡のうち山北町及び粟島浦村
富山県	30	全域
石川県	30	全域
福井県	32	敦賀市　小浜市　三方郡　遠敷郡　大飯郡
山梨県	32	富士吉田市　南巨摩郡のうち南部町及び富沢町　南都留郡のうち秋山村、道志村、忍野村、山中湖村及び鳴沢村
長野県	30	全域
岐阜県	32	多治見市　関市　美濃市　美濃加茂市　各務原市　可児市　揖斐郡のうち藤橋村及び坂内村　本巣郡のうち根尾村　山県郡　武儀郡のうち洞戸村及び武芸川町　加茂郡のうち坂祝町及び富加町
	34	岐阜市　大垣市　羽島市　羽島郡　海津郡　養老郡　不破郡　安八郡　揖斐郡のうち揖斐川町、谷汲村、大野町、池田町、春日村及び久瀬村　本巣郡のうち北方町、本巣町、穂積町、巣南町、真正町及び糸貫町
静岡県	32	静岡市　浜松市　清水市　富士宮市　島田市　磐田市　焼津市　掛川市　藤枝市　袋井市　湖西市　富士郡　庵原郡　志太郡　榛原郡のうち御前崎町、相良町、榛原町、吉田町及び金谷町　小笠郡　磐田郡のうち浅羽町、福田町、竜洋町及び豊田町　浜名郡　引佐郡のうち細江町及び三ヶ日町
	34	沼津市　熱海市　三島市　富士市　御殿場市　裾野市　賀茂郡のうち松崎町、西伊豆町及び賀茂村　田方郡　駿東郡
	36	伊東市　下田市　賀茂郡のうち東伊豆町、河津町及び南伊豆町
愛知県	32	豊橋市　瀬戸市　春日井市　豊川市　豊田市　小牧市　犬山市　尾張旭市　日進市　愛知郡　丹羽郡　額田郡のうち額田町　宝飯郡　西加茂郡のうち三好町
	34	名古屋市　岡崎市　一宮市　半田市　津島市　碧南市　刈谷市　安城市　西尾市　蒲郡市　常滑市　江南市　尾西市　稲沢市　東海市　大府市　知多市　知立市　高浜市　岩倉市　豊明市　西春日井郡　葉栗郡　中島郡　海部郡　知多郡　幡豆郡　額田郡のうち幸田町　渥美郡
三重県	34	全域
滋賀県	32	大津市　草津市　守山市　滋賀郡　栗太郡　伊香郡　高島郡
	34	彦根市　長浜市　近江八幡市　八日市市　野洲郡　甲賀郡　蒲生郡　神崎郡　愛知郡　犬上郡　坂田郡　東浅井郡
京都府	32	全域
大阪府	32	高槻市　枚方市　八尾市　寝屋川市　大東市　柏原市　東大阪市　四條畷市　交野市　三島郡　南河内郡のうち太子町、河南町及び千早赤阪村
	34	大阪市　堺市　岸和田市　豊中市　池田市　吹田市　泉大津市　貝塚市　守口市　茨木市　泉佐野市　富田林市　河内長野市　松原市　和泉市　箕面市　羽曳野市　門真市　摂津市　高石市　藤井寺市　泉南市　大阪狭山市　阪南市　豊能郡　泉北郡　泉南郡　南河内郡のうち美原町
兵庫県	32	姫路市　相生市　豊岡市　龍野市　赤穂市　西脇市　加西市　篠山市　多可郡　飾磨郡　神崎郡　揖保郡　赤穂郡　宍粟郡　城崎郡　出石郡　美方郡　養父郡　朝来郡　氷上郡
	34	神戸市　尼崎市　明石市　西宮市　洲本市　芦屋市　伊丹市　加古川市　宝塚市　三木市　高砂市　川西市　小野市　三田市　川辺郡　美嚢郡　加東郡　加古郡　津名郡　三原郡
奈良県	32	奈良市　大和高田市　大和郡山市　天理市　橿原市　桜井市　御所市　生駒市　香芝市　添上郡　山辺郡　生駒郡　磯城郡　宇陀郡のうち大宇陀町、菟田野町、榛原町及び室生村　高市郡　北葛城郡
	34	五條市　吉野郡　宇陀郡のうち曽爾村及び御杖村
和歌山県	34	全域
鳥取県	32	鳥取市　岩美郡　八頭郡のうち郡家町、船岡町、八東町及び若桜町
島根県	32	益田市　美濃郡のうち匹見町　鹿足郡のうち日原町　隠岐郡
	34	鹿足郡のうち津和野町、柿木村及び六日市町
岡山県	32	岡山市　倉敷市　玉野市　笠岡市　備前市　和気郡のうち日生町　邑久郡　児島郡　都窪郡　浅口郡
広島県	32	広島市　竹原市　三原市　尾道市　福山市　東広島市　安芸郡のうち府中町　佐伯郡のうち湯来町及び吉和村　山県郡のうち筒賀村　賀茂郡のうち河内町　豊田郡のうち本郷町　御調郡のうち向島町　沼隈郡
	34	呉市　因島市　大竹市　廿日市市　安芸郡のうち海田町、熊野町、坂町、江田島町、音戸町、倉橋町、下蒲刈町及び蒲刈町　佐伯郡のうち大野町、佐伯町、宮島町、能美町、沖美町及び大柿町　賀茂郡のうち黒瀬町　豊田郡のうち安芸津町、安浦町、川尻町、豊浜町、豊町、大崎町、東野町、木江町及び瀬戸田町

都道府県	基準風速 V_0(m/s)	市　　町　　村
山口県	34	全域
徳島県	34	三好郡のうち三野町、三好町、池田町及び山城町
	36	徳島市　鳴門市　小松島市　阿南市　勝浦郡　名東郡　名西郡　那賀郡のうち那賀川町及び羽ノ浦町　板野郡　阿波郡　麻植郡　美馬郡　三好郡のうち井川町、三加茂町、東祖谷山村及び西祖谷山村
	38	那賀郡のうち鷲敷町、相生町、上那賀町、木沢村及び木頭村　海部郡
香川県	34	全域
愛媛県	34	全域
高知県	34	土佐郡のうち大川村及び本川村　吾川郡のうち池川町
	36	宿毛市　長岡郡　土佐郡のうち鏡村、土佐山村及び土佐町　吾川郡のうち伊野町、吾川村及び吾北村　高岡郡のうち佐川町、越知町、檮原町、大野見村、東津野村、葉山村、仁淀村及び日高村　幡多郡のうち大正町、大月町、十和村、西土佐村及び三原村
	38	高知市　安芸市　南国市　土佐市　須崎市　中村市　土佐清水市　安芸郡のうち馬路村及び芸西村　香美郡　吾川郡のうち春野町　高岡郡のうち中土佐町及び窪川町　幡多郡のうち佐賀町及び大方町
	40	室戸市　安芸郡のうち東洋町、奈半利町、田野町、安田町及び北川村
福岡県	32	山田市　甘木市　八女市　豊前市　小郡市　嘉穂郡のうち桂川町、稲築町、碓井町及び嘉穂町　朝倉郡　浮羽郡　三井郡　八女郡　田川郡のうち添田町、川崎町、大任町及び赤村　京都郡のうち犀川町　築上郡
	34	北九州市　福岡市　大牟田市　久留米市　直方市　飯塚市　田川市　柳川市　筑後市　大川市　行橋市　中間市　筑紫野市　春日市　大野城市　宗像市　太宰府市　前原市　古賀市　筑紫郡　糟屋郡　宗像郡　遠賀郡　鞍手郡　嘉穂郡のうち筑穂町、穂波町、庄内町及び頴田町　糸島郡　三潴郡　山門郡　三池郡　田川郡のうち香春町、金田町、糸田町、赤池町及び方城町　京都郡のうち苅田町、勝山町及び豊津町
佐賀県	34	全域
長崎県	34	長崎市　佐世保市　島原市　諫早市　大村市　平戸市　松浦市　西彼杵郡　東彼杵郡　北高来郡　南高来郡　北松浦郡　南松浦郡のうち若松町、上五島町、新魚目町、有川町及び奈良尾町　壱岐郡　下県郡　上県郡
	36	福江市　南松浦郡のうち富江町、玉之浦町、三井楽町、岐宿町及び奈留町
熊本県	32	山鹿市　菊池市　玉名郡のうち菊水町、三加和町及び南関町　鹿本郡　菊池郡　阿蘇郡のうち一の宮町、阿蘇町、産山村、波野村、蘇陽町、高森町、白水村、久木野村、長陽村及び西原村
	34	熊本市　八代市　人吉市　荒尾市　水俣市　玉名市　本渡市　牛深市　宇土市　宇土郡　下益城郡　玉名郡のうち岱明町、横島町、天水町、玉東町及び長洲町　上益城郡　八代郡　葦北郡　球磨郡　天草郡
大分県	32	大分市　別府市　中津市　日田市　佐伯市　臼杵市　津久見市　竹田市　豊後高田市　杵築市　宇佐市　西国東郡　東国東郡　速見郡　大分郡のうち野津原町、挾間町及び庄内町　北海部郡　南海部郡　大野郡　直入郡　下毛郡　宇佐郡
宮崎県	32	西臼杵郡のうち高千穂町及び日之影町　東臼杵郡のうち北川町
	34	延岡市　日向市　西都市　西諸県郡のうち須木村　児湯郡　東臼杵郡のうち門川町、東郷町、南郷村、西郷村、北郷村、北方町、北浦町、諸塚村及び椎葉村　西臼杵郡のうち五ヶ瀬町
	36	宮崎市　都城市　日南市　小林市　串間市　えびの市　宮崎郡　南那珂郡　北諸県郡　西諸県郡のうち高原町及び野尻町　東諸県郡
鹿児島県	36	川内市　阿久根市　出水市　大口市　国分市　鹿児島郡のうち吉田町　薩摩郡のうち樋脇町、入来町、東郷町、宮之城町、鶴田町、薩摩町及び祁答院町　出水郡　伊佐郡　姶良郡　曽於郡
	38	鹿児島市　鹿屋市　串木野市　垂水市　鹿児島郡のうち桜島町　肝属郡のうち串良町、東串良町、高山町、吾平町、内之浦町及び大根占町　日置郡のうち市来町、東市来町、伊集院町、松元町、郡山町、日吉町及び吹上町
	40	枕崎市　指宿市　加世田市　西之表市　揖宿郡　川辺郡　日置郡のうち金峰町　薩摩郡のうち里村、上甑村、下甑村及び鹿島村　肝属郡のうち根占町、田代町及び佐多町
	42	熊毛郡のうち中種子町及び南種子町
	44	鹿児島郡のうち三島村　熊毛郡のうち上屋久町及び屋久町
	46	名瀬市　鹿児島郡のうち十島村　大島郡
沖縄県	46	全域

付録2　基準風速等に応じた木造小屋組の接合方法について

近年の台風や強風により、戸建住宅の屋根に大きな被害が発生した事例が確認されている。こうした事態を踏まえ、国土交通省では、「屋根ふき材、外装材及び屋外に面する帳壁の構造方法」(昭和46年建設省告示第109号)を改正した。

また、耐風性能に配慮した小屋組の接合方法については、建築基準法ほか関係法令を補完する目的で、基準風速等に応じた木造小屋組の接合方法が、公益財団法人日本住宅・木材技術センターにより示された。基準風速や金物の種類等に応じた接合方法を次表に示したので、参考にされたい。

なお、地域ごとの基準風速は告示によって定められており、付録1に示した。

〈表の見方〉

① 標準仕様

建設地が沿岸部(目安として、海岸線から200mまでの範囲)以外の場合に、記載している仕様の種類を選択する。

② 強風の実況に配慮した仕様

建設地が沿岸部や局地的な地形の影響を受けて風速が割増されるおそれのある建設地(斜面上の立地など)の場合に、記載している仕様の種類を選択する。

③ 強風の実況に配慮した仕様(吹込みあり)

強風や飛散物によって開口部が破壊し、開口部から屋内に吹き込む強風によって、小屋組に対する屋内側からの風圧力が増加することが想定される場合に、記載している仕様の種類を選択する。

なお、開口部にシャッター等を設けることや、強風時に有効なガラスを採用すること等、吹込みへの対策を講じている場合は、②の仕様を選択することも可能である。

また、吹込みへの対策を講じることが難しい場合は、③の仕様を選択する。

表より、建設地の基準風速、さらに、①標準仕様、②強風の実況に配慮した仕様、③強風の実況に配慮した仕様(吹込みあり)、のいずれかを選択することで、耐風性能を向上させた小屋組の適切な接合仕様を読み取ることができる。

〈表の留意点〉

表から適切な接合仕様を読み取る際、使用する部材の樹種、たる木・母屋の間隔、軒の出等によって接合部の耐力が異なるので注意が必要で、表に示す条件と異なる場合には、構造計算によって安全性の確認を行う必要がある。

詳細については、「木造軸組構法住宅の構造計画　耐震・耐風性向上のための壁量計算等の基礎的な解説・演習から告示の最新情報まで」(発行：公益財団法人日本住宅・木材技術センター)を参照すること。

表　基準風速等に応じた小屋組の接合方法

基準風速(m/s)					30			32			34		
標準仕様／強風の実況に配慮した仕様					標準仕様	強風の実況に配慮した仕様		標準仕様	強風の実況に配慮した仕様		標準仕様	強風の実況に配慮した仕様	
							吹込みあり			吹込みあり			吹込みあり
接合部位※1	接合の種類	金物姿図該当頁	樹種(以上)	許容耐力(kN)※2	適用の可否			適用の可否			適用の可否		
たる木-軒げた接合(軒の出0.6m以下)	ひねり金物ST-9,ST-12	–	J3	1.1	○	○	×	○	×	×	○	×	×
			J2	2.0	○	○	○	○	○	○	○	○	○
	ひねり金物ST-15	–	J3	2.2	○	○	○	○	○	○	○	○	○
			J2	2.4	○	○	○	○	○	○	○	○	○
	四角穴付きタッピンねじSTS6.5·F　脳天打ち	–	J3	2.5	○	○	○	○	○	○	○	○	○
			J2	3.1	○	○	○	○	○	○	○	○	○
	くら金物SS	–	J3	4.4	○	○	○	○	○	○	○	○	○
たる木-軒げた接合(軒の出0.9m以下)	ひねり金物ST-9,ST-12	–	J3	1.1	○	×	×	×	×	×	×	×	×
			J2	2.0	○	○	○	○	○	×	○	×	×
	ひねり金物ST-15	–	J3	2.2	○	○	○	○	○	○	○	○	×
			J2	2.4	○	○	○	○	○	○	○	○	○
	四角穴付きタッピンねじSTS6.5·F　脳天打ち	–	J3	2.5	○	○	○	○	○	○	○	○	○
			J2	3.1	○	○	○	○	○	○	○	○	○
	くら金物SS	–	J3	4.4	○	○	○	○	○	○	○	○	○
たる木-母屋(むな木)接合	鉄丸くぎ2-N75　2本斜め打ち	–	J3	0.6	○	○	×	○	○	×	○	×	×
			たる木J3、母屋J1	1.0	○	○	○	○	○	○	○	○	×
	ひねり金物ST-9,ST-12	–	J3	1.1	○	○	○	○	○	○	○	○	○
			J2	2.0	○	○	○	○	○	○	○	○	○
	ひねり金物ST-15	–	J3	2.2	○	○	○	○	○	○	○	○	○
	四角穴付きタッピンねじSTS6.5·F　脳天打ち	–	J3	2.5	○	○	○	○	○	○	○	○	○
			J2	3.1	○	○	○	○	○	○	○	○	○
	くら金物SS	–	J3	4.4	○	○	○	○	○	○	○	○	○
小屋束-小屋ばり接合 小屋束-母屋(むな木)接合※3	かすがいC　両面打ち	–	J3	2.2	○	×	×	○	×	×	○	×	×
	ひら金物SM-12	–	J3	2.1	○	×	×	○	×	×	○	×	×
			J2	3.7	○	○	○	○	○	○	○	○	×
	長ほぞ割くさび	–	J3	3.5	○	○	○	○	○	○	○	○	×
	長ほぞくぎN90-2本平打ち	–	J3	3.5	○	○	○	○	○	○	○	○	×
	長ほぞ込み栓	–	J3	3.7	○	○	○	○	○	○	○	○	×
	ひら金物SM-15S	–	J3	4.5	○	○	○	○	○	○	○	○	○
			J2	5.2	○	○	○	○	○	○	○	○	○
	かど金物CP·T、山形プレートVP、VP2	–	J3	5.6	○	○	○	○	○	○	○	○	○
			J2	6.4	○	○	○	○	○	○	○	○	○
	コーナー金物CP·ZS	–	J3	10.5	○	○	○	○	○	○	○	○	○
野地板-たる木接合※4	鉄丸くぎ　平打ち N38@150	–	J3	0.11	○	○	×	○	○	×	○	○	×
			J2	0.16	○	○	○	○	○	○	○	○	×
	鉄丸くぎ　平打ち N50@150	–	J3	0.21	○	○	○	○	○	○	○	○	○
			J2	0.30	○	○	○	○	○	○	○	○	○

※1　たる木間隔は455mm以下、母屋間隔は910mm以下とする。
※2　小屋束-小屋ばり(母屋、むな木)接合は5%下限値×1.1倍、それ以外の接合は50%下限値相当で算出している。
※3　たる木とのおさまりに注意して適切な接合方法を選択すること。
※4　野地板-たる木接合は建築基準法施行令第47条には該当しない。許容耐力はくぎ1本当たりの数値。
野地板はJAS構造用合板、特類2級以上とする。

付録2

36			38			40			42			44			46		
標準仕様	強風の実況に配慮した仕様		標準仕様	強風の実況に配慮した仕様		標準仕様	強風の実況に配慮した仕様		標準仕様	強風の実況に配慮した仕様		標準仕様	強風の実況に配慮した仕様		標準仕様	強風の実況に配慮した仕様	
		吹込みあり			吹込みあり			吹込みあり			吹込みあり			吹込みあり			吹込みあり
適用の可否			適用の可否			適用の可否			適用の可否			適用の可否			適用の可否		
○	×	×	○	×	×	×	×	×	×	×	×	×	×	×	×	×	×
○	○	○	○	○	○	○	○	×	○	×	×	○	×	×	○	×	×
○	○	○	○	○	○	○	○	○	○	○	×	○	×	×	○	×	×
○	○	○	○	○	○	○	○	○	○	○	×	○	○	×	○	×	×
○	○	○	○	○	○	○	○	○	○	○	○	○	○	×	○	×	×
○	○	○	○	○	○	○	○	○	○	○	○	○	○	○	○	○	○
○	○	○	○	○	○	○	○	○	○	○	○	○	○	○	○	○	○
×	×	×	×	×	×	×	×	×	×	×	×	×	×	×	×	×	×
○	×	×	○	×	×	○	×	×	×	×	×	×	×	×	×	×	×
○	×	×	○	×	×	○	×	×	○	×	×	×	×	×	×	×	×
○	○	×	○	×	×	○	×	×	○	×	×	○	×	×	×	×	×
○	○	×	○	×	×	○	×	×	○	×	×	○	×	×	○	×	×
○	○	○	○	○	○	○	○	×	○	×	×	○	×	×	○	×	×
○	○	○	○	○	○	○	○	○	○	○	○	○	○	○	○	○	○
○	×	×	○	×	×	○	×	×	○	×	×	×	×	×	×	×	×
○	○	×	○	○	×	○	○	×	○	○	×	○	×	×	○	×	×
○	○	×	○	○	×	○	○	×	○	○	×	○	○	×	○	×	×
○	○	○	○	○	○	○	○	○	○	○	○	○	○	○	○	○	○
○	○	○	○	○	○	○	○	○	○	○	○	○	○	○	○	○	○
○	○	○	○	○	○	○	○	○	○	○	○	○	○	○	○	○	○
○	○	○	○	○	○	○	○	○	○	○	○	○	○	○	○	○	○
○	○	○	○	○	○	○	○	○	○	○	○	○	○	○	○	○	○
○	×	×	×	×	×	×	×	×	×	×	×	×	×	×	×	×	×
×	×	×	×	×	×	×	×	×	×	×	×	×	×	×	×	×	×
○	○	×	○	×	×	○	×	×	○	×	×	○	×	×	○	×	×
○	○	×	○	×	×	○	×	×	○	×	×	○	×	×	×	×	×
○	○	×	○	×	×	○	×	×	○	×	×	○	×	×	×	×	×
○	○	×	○	×	×	○	×	×	○	×	×	○	×	×	○	×	×
○	○	○	○	○	×	○	○	×	○	×	×	○	×	×	○	×	×
○	○	○	○	○	○	○	○	×	○	○	×	○	○	×	○	×	×
○	○	○	○	○	○	○	○	○	○	○	×	○	○	×	○	×	×
○	○	○	○	○	○	○	○	○	○	○	○	○	○	×	○	○	×
○	○	○	○	○	○	○	○	○	○	○	○	○	○	○	○	○	○
○	×	×	○	×	×	○	×	×	○	×	×	○	×	×	×	×	×
○	○	×	○	○	×	○	○	×	○	○	×	○	×	×	○	×	×
○	○	○	○	○	○	○	○	×	○	○	×	○	○	×	○	○	×
○	○	○	○	○	○	○	○	○	○	○	○	○	○	○	○	○	○

J1	ベイマツ、クロマツ、アカマツ、カラマツ、ツガ等（密度が0.50g/cm³程度のもの）
J2	ベイヒ、ベイツガ、ヒバ、ヒノキ、モミ等（密度が0.44g/cm³程度のもの）
J3	トドマツ、エゾマツ、ベニマツ、スプルース、スギ、ベイスギ等（密度が0.38g/cm³程度のもの）

付録3　地域の区分一覧表

地域の区分は、断熱等性能等級、一次エネルギー消費量等級、認定低炭素住宅、性能向上計画認定住宅に共通。

地域の区分	都道府県名	市　町　村
1	北海道	夕張市、士別市、名寄市、伊達市（旧大滝村に限る。）、留寿都村、喜茂別町、愛別町、上川町、美瑛町、南富良野町、占冠村、下川町、美深町、音威子府村、中川町、幌加内町、猿払村、浜頓別町、中頓別町、枝幸町（旧歌登町に限る。）、津別町、訓子府町、置戸町、佐呂間町、遠軽町、滝上町、興部町、西興部村、雄武町、上士幌町、中札内村、更別村、幕別町（旧忠類村に限る。）、大樹町、豊頃町、足寄町、陸別町、標茶町、弟子屈町、鶴居村、別海町、中標津町
2	北海道	札幌市、小樽市、旭川市、釧路市、帯広市、北見市、岩見沢市、網走市、留萌市、苫小牧市、稚内市、美唄市、芦別市、江別市、赤平市、紋別市、三笠市、根室市、千歳市、滝川市、砂川市、歌志内市、深川市、富良野市、登別市、恵庭市、伊達市（旧伊達市に限る。）、北広島市、石狩市、北斗市、当別町、新篠津村、木古内町、七飯町、鹿部町、森町、八雲町（旧八雲町に限る。）、長万部町、今金町、せたな町、島牧村、寿都町、黒松内町、蘭越町、ニセコ町、真狩村、京極町、倶知安町、共和町、岩内町、泊村、神恵内村、積丹町、古平町、仁木町、余市町、赤井川村、南幌町、奈井江町、上砂川町、由仁町、長沼町、栗山町、月形町、浦臼町、新十津川町、妹背牛町、秩父別町、雨竜町、北竜町、沼田町、鷹栖町、東神楽町、当麻町、比布町、東川町、上富良野町、中富良野町、和寒町、剣淵町、増毛町、小平町、苫前町、羽幌町、初山別村、遠別町、天塩町、枝幸町（旧枝幸町に限る。）、豊富町、礼文町、利尻町、利尻富士町、幌延町、美幌町、斜里町、清里町、小清水町、湧別町、大空町、豊浦町、壮瞥町、白老町、厚真町、洞爺湖町、安平町、むかわ町、日高町、平取町、新冠町、浦河町、様似町、えりも町、新ひだか町、音更町、士幌町、鹿追町、新得町、清水町、芽室町、広尾町、幕別町（旧幕別町に限る。）、池田町、本別町、浦幌町、釧路町、厚岸町、浜中町、白糠町、標津町、羅臼町
	青森県	平川市（旧碇ヶ関村に限る。）
	岩手県	八幡平市（旧安代町に限る。）、葛巻町、岩手町、西和賀町、九戸村
	秋田県	小坂町
	福島県	檜枝岐村、南会津町（旧舘岩村、旧伊南村、旧南郷村に限る。）
	栃木県	日光市（旧栗山村に限る。）
	群馬県	嬬恋村、草津町、片品村
	長野県	塩尻市（旧楢川村に限る。）、川上村、南牧村、南相木村、北相木村、軽井沢町、木祖村、木曽町（旧開田村に限る。）
3	北海道	函館市、室蘭市、松前町、福島町、知内町、八雲町（旧熊石町に限る。）、江差町、上ノ国町、厚沢部町、乙部町、奥尻町
	青森県	青森市、弘前市、八戸市、黒石市、五所川原市、十和田市、三沢市、むつ市、つがる市、平川市（旧尾上町、旧平賀町に限る。）、平内町、今別町、蓬田村、外ヶ浜町、西目屋村、藤崎町、大鰐町、田舎館村、板柳町、鶴田町、中泊町、野辺地町、七戸町、六戸町、横浜町、東北町、六ヶ所村、おいらせ町、大間町、東通村、風間浦村、佐井村、三戸町、五戸町、田子町、南部町、階上町、新郷村
	岩手県	盛岡市、花巻市、久慈市、遠野市、二戸市、八幡平市（旧西根町、旧松尾村に限る。）、一関市（旧大東町、旧藤沢町、旧千厩町、旧東山町、旧室根村に限る。）、滝沢市、雫石町、紫波町、矢巾町、住田町、岩泉町、田野畑村、普代村、軽米町、野田村、洋野町、一戸町
	宮城県	七ヶ宿町
	秋田県	能代市（旧二ツ井町に限る。）、横手市、大館市、湯沢市、鹿角市、大仙市、北秋田市、仙北市、上小阿仁村、藤里町、美郷町、羽後町、東成瀬村
	山形県	新庄市、長井市、尾花沢市、南陽市、西川町、朝日町、大江町、大石田町、金山町、最上町、舟形町、真室川町、鮭川村、戸沢村、高畠町、川西町、小国町、飯豊町
	福島県	二本松市（旧東和町に限る。）、下郷町、只見町、南会津町（旧田島町に限る。）、北塩原村、磐梯町、猪苗代町、柳津町、三島町、金山町、昭和村、鮫川村、平田村、小野町、川内村、葛尾村、飯舘村
	栃木県	日光市（旧足尾町に限る。）
	群馬県	上野村、長野原町、高山村、川場村
	石川県	白山市（旧白峰村に限る。）
	山梨県	北杜市（旧小淵沢町に限る。）、笛吹市（旧芦川村に限る。）、忍野村、山中湖村、鳴沢村、小菅村、丹波山村
	長野県	上田市（旧真田町、旧武石村に限る。）、岡谷市、小諸市、大町市、茅野市、佐久市、小海町、佐久穂町、御代田町、立科町、長和町、富士見町、原村、辰野町、平谷村、売木村、上松町、王滝村、木曽町（旧木曽福島町、旧日義村、旧三岳村に限る。）、麻績村、生坂村、朝日村、筑北村、白馬村、小谷村、高山村、山ノ内町、野沢温泉村、信濃町、小川村、飯綱町
	岐阜県	飛騨市、郡上市（旧高鷲村に限る。）、下呂市（旧小坂町、旧馬瀬村に限る。）、白川村
	奈良県	野迫川村
	広島県	廿日市市（旧吉和村に限る。）

地域の区分	都道府県名	市　町　村
4	青森県	鰺ヶ沢町、深浦町
	岩手県	宮古市、大船渡市、北上市、一関市(旧一関市、旧花泉町、旧川崎村に限る。)、陸前高田市、釜石市、奥州市、金ケ崎町、平泉町、大槌町、山田町
	宮城県	石巻市、塩竈市、気仙沼市、白石市、名取市、角田市、岩沼市、登米市、栗原市、東松島市、大崎市、蔵王町、大河原町、村田町、柴田町、川崎町、丸森町、亘理町、松島町、七ヶ浜町、利府町、大和町、大郷町、富谷市、大衡村、色麻町、加美町、涌谷町、美里町、女川町、南三陸町
	秋田県	秋田市、能代市(旧能代市に限る。)、男鹿市、由利本荘市、潟上市、三種町、八峰町、五城目町、八郎潟町、井川町、大潟村
	山形県	山形市、米沢市、鶴岡市、酒田市(旧八幡町、旧松山町、旧平田町に限る。)、寒河江市、上山市、村山市、天童市、東根市、山辺町、中山町、河北町、大蔵村、白鷹町、三川町、庄内町、遊佐町
	福島県	会津若松市、白河市、須賀川市、喜多方市、二本松市(旧二本松市、旧安達町、旧岩代町に限る。)、田村市、伊達市、本宮市、桑折町、国見町、川俣町、大玉村、鏡石町、天栄村、西会津町、会津坂下町、湯川村、会津美里町、西郷村、泉崎村、中島村、矢吹町、棚倉町、矢祭町、塙町、石川町、玉川村、浅川町、古殿町、三春町
	茨城県	城里町(旧七会村に限る。)、大子町
	栃木県	日光市(旧日光市、旧今市市、旧藤原町に限る。)、那須塩原市、塩谷町、那須町
	群馬県	高崎市(旧倉渕村に限る。)、桐生市(旧黒保根村に限る。)、沼田市、神流町、南牧村、中之条町、東吾妻町、昭和村、みなかみ町
	埼玉県	秩父市(旧大滝村に限る。)
	東京都	檜原村、奥多摩町
	新潟県	小千谷市、十日町市、村上市、魚沼市、南魚沼市、阿賀町、湯沢町、津南町、関川村
	石川県	白山市(旧河内村、旧吉野谷村、旧鳥越村、旧尾口村に限る。)
	福井県	池田町
	山梨県	甲府市(旧上九一色村に限る。)、富士吉田市、北杜市(旧明野村、旧須玉町、旧高根町、旧長坂町、旧大泉村、旧白州町に限る。)、甲州市(旧大和村に限る。)、道志村、西桂町、富士河口湖町
	長野県	長野市、松本市、上田市(旧上田市、旧丸子町に限る。)、諏訪市、須坂市、伊那市、駒ヶ根市、中野市、飯山市、塩尻市(旧塩尻市に限る。)、千曲市、東御市、安曇野市、青木村、下諏訪町、箕輪町、飯島町、南箕輪村、中川村、宮田村、松川町、高森町、阿南町、阿智村、根羽村、下條村、天龍村、泰阜村、豊丘村、大鹿村、南木曽町、大桑村、山形村、池田町、松川村、坂城町、小布施町、木島平村、栄村
	岐阜県	高山市、中津川市(旧長野県木曽郡山口村、旧坂下町、旧川上村、旧加子母村、旧付知町、旧福岡町、旧蛭川村に限る。)、本巣市(旧根尾村に限る。)、郡上市(旧八幡町、旧大和町、旧白鳥町、旧明宝村、旧和良村に限る。)、下呂市(旧萩原町、旧下呂町、旧金山町に限る。)、東白川村
	愛知県	豊田市(旧稲武町に限る。)、設楽町(旧津具村に限る。)、豊根村
	兵庫県	香美町(旧村岡町、旧美方町に限る。)
	奈良県	奈良市(旧都祁村に限る。)、五條市(旧大塔村に限る。)、曽爾村、御杖村、黒滝村、天川村、川上村
	和歌山県	高野町
	鳥取県	若桜町、日南町、日野町
	島根県	飯南町、吉賀町
	岡山県	津山市(旧阿波村に限る。)、真庭市(旧湯原町、旧美甘村、旧川上村、旧八束村、旧中和村に限る。)、新庄村、西粟倉村、吉備中央町
	広島県	庄原市(旧総領町、旧西城町、旧東城町、旧口和町、旧高野町、旧比和町に限る。)、安芸太田町、世羅町、神石高原町
	愛媛県	新居浜市(旧別子山村に限る。)、久万高原町
	高知県	いの町(旧本川村に限る。)、梼原町
5	宮城県	仙台市、多賀城市、山元町
	秋田県	にかほ市
	山形県	酒田市(旧酒田市に限る。)
	福島県	福島市、郡山市、いわき市、相馬市、南相馬市、広野町、楢葉町、富岡町、大熊町、双葉町、浪江町、新地町
	茨城県	水戸市、土浦市(旧新治村に限る。)、石岡市、結城市、下妻市、常総市、常陸太田市、高萩市、北茨城市、笠間市、取手市、牛久市、つくば市、ひたちなか市、常陸大宮市、那珂市、筑西市、坂東市、稲敷市、かすみがうら市、桜川市、行方市、鉾田市、つくばみらい市、小美玉市、茨城町、大洗町、城里町(旧常北町、旧桂村に限る。)、東海村、美浦村、阿見町、河内町、八千代町、五霞町、境町、利根町

地域の区分	都道府県名	市　　町　　村
5	栃木県	宇都宮市、栃木市、鹿沼市、小山市、真岡市、大田原市、矢板市、さくら市、那須烏山市、下野市、上三川町、益子町、茂木町、市貝町、芳賀町、壬生町、野木町、高根沢町、那珂川町
	群馬県	桐生市(旧新里村に限る。)、渋川市、富岡市、安中市、みどり市、榛東村、吉岡町、下仁田町、甘楽町、板倉町
	埼玉県	秩父市(旧秩父市、旧吉田町、旧荒川村に限る。)、飯能市、日高市、毛呂山町、越生町、滑川町、嵐山町、小川町、川島町、吉見町、鳩山町、ときがわ町、横瀬町、皆野町、長瀞町、小鹿野町、東秩父村、美里町、神川町、寄居町
	千葉県	印西市、富里市、栄町、神崎町
	東京都	青梅市、羽村市、あきる野市、瑞穂町、日の出町
	神奈川県	山北町、愛川町、清川村
	新潟県	新潟市、長岡市、三条市、柏崎市、新発田市、加茂市、見附市、燕市、糸魚川市、妙高市、五泉市、上越市、阿賀野市、佐渡市、胎内市、聖籠町、弥彦村、田上町、出雲崎町、刈羽村、粟島浦村
	富山県	富山市、高岡市、魚津市、氷見市、滑川市、黒部市、砺波市、小矢部市、南砺市、射水市、舟橋村、上市町、立山町、入善町、朝日町
	石川県	七尾市、輪島市、珠洲市、加賀市、羽咋市、かほく市、白山市(旧美川町、旧鶴来町に限る。)、能美市、川北町、津幡町、内灘町、志賀町、宝達志水町、中能登町、穴水町、能登町
	福井県	大野市、勝山市、あわら市、坂井市、永平寺町、南越前町、若狭町
	山梨県	甲府市(旧中道町に限る。)、都留市、山梨市、大月市、韮崎市、南アルプス市、北杜市(旧武川村に限る。)、甲斐市、笛吹市(旧春日居町、旧石和町、旧御坂町、旧一宮町、旧八代町、旧境川村に限る。)、上野原市、甲州市(旧塩山市、旧勝沼町に限る。)、中央市、市川三郷町、早川町、身延町、富士川町
	長野県	飯田市、喬木村
	岐阜県	大垣市(旧上石津町に限る。)、中津川市(旧中津川市に限る。)、美濃市、瑞浪市、恵那市、郡上市(旧美並村に限る。)、土岐市、関ケ原町、坂祝町、富加町、川辺町、七宗町、八百津町、白川町、御嵩町
	静岡県	御殿場市、小山町、川根本町
	愛知県	設楽町(旧設楽町に限る。)、東栄町
	三重県	津市(旧美杉村に限る。)、名張市、いなべ市(旧北勢町、旧藤原町に限る。)、伊賀市
	滋賀県	大津市、彦根市、長浜市、栗東市、甲賀市、野洲市、湖南市、高島市、東近江市、米原市、日野町、竜王町、愛荘町、豊郷町、甲良町、多賀町
	京都府	福知山市、綾部市、宮津市、亀岡市、京丹後市、南丹市、宇治田原町、笠置町、和束町、南山城村、京丹波町、与謝野町
	大阪府	豊能町、能勢町
	兵庫県	豊岡市、西脇市、三田市、加西市、丹波篠山市、養父市、丹波市、朝来市、宍粟市、加東市、猪名川町、多可町、市川町、神河町、上郡町、佐用町、新温泉町(旧温泉町に限る。)
	奈良県	生駒市、宇陀市、山添村、平群町、吉野町、大淀町、下市町、十津川村、下北山村、上北山村、東吉野村
	和歌山県	田辺市(旧龍神村に限る。)、かつらぎ町(旧花園村に限る。)、日高川町(旧美山村に限る。)
	鳥取県	倉吉市、智頭町、八頭町、三朝町、南部町、江府町
	島根県	益田市(旧美都町、旧匹見町に限る。)、雲南市、奥出雲町、川本町、美郷町、邑南町、津和野町
	岡山県	津山市(旧津山市、旧加茂町、旧勝北町、旧久米町に限る。)、高梁市、新見市、備前市、真庭市(旧北房町、旧勝山町、旧落合町、旧久世町に限る。)、美作市、和気町、鏡野町、勝央町、奈義町、久米南町、美咲町
	広島県	府中市、三次市、庄原市(旧庄原市に限る。)、東広島市、廿日市市(旧佐伯町に限る。)、安芸高田市、熊野町、北広島町
	山口県	下関市(旧豊田町に限る。)、萩市(旧むつみ村、旧福栄村に限る。)、美祢市
	徳島県	三好市、上勝町
	愛媛県	大洲市(旧肱川町、旧河辺村に限る。)、内子町(旧小田町に限る。)
	高知県	本山町、大豊町、土佐町、大川村、いの町(旧吾北村に限る。)、仁淀川町
	福岡県	東峰村
	熊本県	八代市(旧泉村に限る。)、阿蘇市、南小国町、小国町、産山村、高森町、南阿蘇村、山都町、水上村、五木村
	大分県	佐伯市(旧宇目町に限る。)、由布市(旧湯布院町に限る。)、九重町、玖珠町
	宮崎県	椎葉村、五ヶ瀬町
6	茨城県	日立市、土浦市(旧新治村を除く。)、古河市、龍ケ崎市、鹿嶋市、潮来市、守谷市、神栖市
	栃木県	足利市、佐野市
	群馬県	前橋市、高崎市(旧倉渕村を除く。)、桐生市(旧桐生市に限る。)、伊勢崎市、太田市、館林市、藤岡市、玉村町、明和町、千代田町、大泉町、邑楽町

地域の区分	都道府県名	市　町　村
6	埼玉県	さいたま市、川越市、熊谷市、川口市、行田市、所沢市、加須市、本庄市、東松山市、春日部市、狭山市、羽生市、鴻巣市、深谷市、上尾市、草加市、越谷市、蕨市、戸田市、入間市、朝霞市、志木市、和光市、新座市、桶川市、久喜市、北本市、八潮市、富士見市、三郷市、蓮田市、坂戸市、幸手市、鶴ヶ島市、吉川市、ふじみ野市、白岡市、伊奈町、三芳町、上里町、宮代町、杉戸町、松伏町
	千葉県	千葉市、銚子市、市川市、船橋市、木更津市、松戸市、野田市、茂原市、成田市、佐倉市、東金市、旭市、習志野市、柏市、市原市、流山市、八千代市、我孫子市、鴨川市、鎌ケ谷市、君津市、富津市、浦安市、四街道市、袖ケ浦市、八街市、白井市、南房総市、匝瑳市、香取市、山武市、いすみ市、大網白里市、酒々井町、多古町、東庄町、九十九里町、芝山町、横芝光町、一宮町、睦沢町、長生村、白子町、長柄町、長南町、大多喜町、御宿町、鋸南町
	東京都	東京23区、八王子市、立川市、武蔵野市、三鷹市、府中市、昭島市、調布市、町田市、小金井市、小平市、日野市、東村山市、国分寺市、国立市、福生市、狛江市、東大和市、清瀬市、東久留米市、武蔵村山市、多摩市、稲城市、西東京市
	神奈川県	横浜市、川崎市、相模原市、平塚市、鎌倉市、小田原市、茅ヶ崎市、逗子市、秦野市、厚木市、大和市、伊勢原市、海老名市、座間市、南足柄市、綾瀬市、葉山町、寒川町、大磯町、二宮町、中井町、大井町、松田町、開成町、箱根町、真鶴町、湯河原町
	石川県	金沢市、白山市(旧松任市に限る。)、小松市、野々市市
	福井県	福井市、敦賀市、小浜市、鯖江市、越前市、越前町、美浜町、高浜町、おおい町
	山梨県	甲府市(旧甲府市に限る。)、南部町、昭和町
	岐阜県	岐阜市、大垣市(旧大垣市、旧墨俣町に限る。)、多治見市、関市、羽島市、美濃加茂市、各務原市、可児市、山県市、瑞穂市、本巣市(旧本巣町、旧真正町、旧糸貫町に限る。)、海津市、岐南町、笠松町、養老町、垂井町、神戸町、輪之内町、安八町、揖斐川町、大野町、池田町、北方町
	静岡県	浜松市、熱海市、三島市、富士宮市、島田市、掛川市、袋井市、裾野市、湖西市、伊豆市、菊川市、伊豆の国市、西伊豆町、函南町、長泉町、森町
	愛知県	名古屋市、岡崎市、一宮市、瀬戸市、半田市、春日井市、豊川市、津島市、碧南市、刈谷市、豊田市(旧稲武町を除く。)、安城市、西尾市、蒲郡市、犬山市、常滑市、江南市、小牧市、稲沢市、新城市、東海市、大府市、知多市、知立市、尾張旭市、高浜市、岩倉市、豊明市、日進市、田原市、愛西市、清須市、北名古屋市、弥富市、みよし市、あま市、長久手市、東郷町、豊山町、大口町、扶桑町、大治町、蟹江町、飛島村、阿久比町、東浦町、南知多町、美浜町、武豊町、幸田町
	三重県	津市(旧津市、旧久居市、旧河芸町、旧芸濃町、旧美里村、旧安濃町、旧香良洲町、旧一志町、旧白山町に限る。)、四日市市、伊勢市、松阪市、桑名市、鈴鹿市、尾鷲市、亀山市、鳥羽市、いなべ市(旧員弁町、旧大安町に限る。)、志摩市、木曽岬町、東員町、菰野町、朝日町、川越町、多気町、明和町、大台町、玉城町、度会町、大紀町、南伊勢町、紀北町
	滋賀県	近江八幡市、草津市、守山市
	京都府	京都市、舞鶴市、宇治市、城陽市、向日市、長岡京市、八幡市、京田辺市、木津川市、大山崎町、久御山町、井手町、精華町、伊根町
	大阪府	大阪市、堺市、岸和田市、豊中市、池田市、吹田市、泉大津市、高槻市、貝塚市、守口市、枚方市、茨木市、八尾市、泉佐野市、富田林市、寝屋川市、河内長野市、松原市、大東市、和泉市、箕面市、柏原市、羽曳野市、門真市、摂津市、高石市、藤井寺市、東大阪市、泉南市、四條畷市、交野市、大阪狭山市、阪南市、島本町、忠岡町、熊取町、田尻町、太子町、河南町、千早赤阪村
	兵庫県	神戸市、姫路市、尼崎市、明石市、西宮市、洲本市、芦屋市、伊丹市、相生市、加古川市、赤穂市、宝塚市、三木市、高砂市、川西市、小野市、南あわじ市、淡路市、たつの市、稲美町、播磨町、福崎町、太子町、香美町(旧村岡町、旧美方町を除く。)、新温泉町(旧浜坂町に限る。)
	奈良県	奈良市(旧都祁村を除く。)、大和高田市、大和郡山市、天理市、橿原市、桜井市、五條市(旧大塔村を除く。)、御所市、香芝市、葛城市、三郷町、斑鳩町、安堵町、川西町、三宅町、田原本町、高取町、明日香村、上牧町、王寺町、広陵町、河合町
	和歌山県	海南市、橋本市、有田市、田辺市(旧本宮町に限る。)、紀の川市、岩出市、紀美野町、かつらぎ町(旧花園村を除く。)、九度山町、湯浅町、広川町、有田川町、日高町、由良町、日高川町(旧川辺町、旧中津村に限る。)、上富田町、北山村
	鳥取県	鳥取市、米子市、境港市、岩美町、湯梨浜町、琴浦町、北栄町、日吉津村、大山町、伯耆町
	島根県	松江市、浜田市、出雲市、益田市(旧益田市に限る。)、大田市、安来市、江津市、海士町、西ノ島町、知夫村、隠岐の島町
	岡山県	岡山市、倉敷市、玉野市、笠岡市、井原市、総社市、瀬戸内市、赤磐市、浅口市、早島町、里庄町、矢掛町
	広島県	広島市、呉市、竹原市、三原市、尾道市、福山市、大竹市、廿日市市(旧佐伯町、旧吉和村を除く。)、江田島市、府中町、海田町、坂町、大崎上島町
	山口県	宇部市、山口市、萩市(旧萩市、旧川上村、旧田万川町、旧須佐町、旧旭村に限る。)、防府市、下松市、岩国市、光市、長門市、柳井市、周南市、山陽小野田市、周防大島町、和木町、上関町、田布施町、平生町、阿武町

地域の区分	都道府県名	市　　町　　村
6	徳島県	徳島市、鳴門市、吉野川市、阿波市、美馬市、勝浦町、佐那河内村、石井町、神山町、那賀町、牟岐町、松茂町、北島町、藍住町、板野町、上板町、つるぎ町、東みよし町
	香川県	全ての市町
	愛媛県	今治市、八幡浜市、西条市、大洲市(旧大洲市、旧長浜町に限る。)、伊予市、四国中央市、西予市、東温市、上島町、砥部町、内子町(旧内子町、旧五十崎町に限る。)、伊方町、松野町、鬼北町
	高知県	香美市、馬路村、いの町(旧伊野町に限る。)、佐川町、越知町、日高村、津野町、四万十町、三原村、黒潮町
	福岡県	北九州市、大牟田市、久留米市、直方市、飯塚市、田川市、柳川市、八女市、筑後市、大川市、行橋市、豊前市、中間市、小郡市、筑紫野市、春日市、大野城市、宗像市、太宰府市、古賀市、福津市、うきは市、宮若市、嘉麻市、朝倉市、みやま市、糸島市、那珂川市、宇美町、篠栗町、須恵町、久山町、水巻町、岡垣町、遠賀町、小竹町、鞍手町、桂川町、筑前町、大刀洗町、大木町、広川町、香春町、添田町、糸田町、川崎町、大任町、赤村、福智町、苅田町、みやこ町、吉富町、上毛町、築上町
	佐賀県	全ての市町
	長崎県	佐世保市、松浦市、対馬市、雲仙市(旧小浜町に限る。)、東彼杵町、川棚町、波佐見町、佐々町
	熊本県	八代市(旧坂本村、旧東陽村に限る。)、人吉市、荒尾市、玉名市、山鹿市、菊池市、合志市、美里町、玉東町、南関町、和水町、大津町、菊陽町、西原村、御船町、益城町、甲佐町、錦町、多良木町、湯前町、相良村、山江村、球磨村、あさぎり町
	大分県	大分市(旧野津原町に限る。)、別府市、中津市、日田市、臼杵市、津久見市、竹田市、豊後高田市、杵築市、宇佐市、豊後大野市、由布市(旧挾間町、旧庄内町に限る。)、国東市、姫島村、日出町
	宮崎県	小林市、えびの市、高原町、西米良村、諸塚村、美郷町、高千穂町、日之影町
	鹿児島県	伊佐市、湧水町
7	千葉県	館山市、勝浦市
	東京都	大島町、利島村、新島村、神津島村、三宅村、御蔵島村、八丈町、青ヶ島村
	神奈川県	横須賀市、藤沢市、三浦市
	静岡県	静岡市、沼津市、伊東市、富士市、磐田市、焼津市、藤枝市、下田市、御前崎市、牧之原市、東伊豆町、河津町、南伊豆町、松崎町、清水町、吉田町
	愛知県	豊橋市
	三重県	熊野市、御浜町、紀宝町
	大阪府	岬町
	和歌山県	和歌山市、御坊市、田辺市(旧龍神村、旧本宮町を除く。)、新宮市、美浜町、印南町、みなべ町、白浜町、すさみ町、那智勝浦町、太地町、古座川町、串本町
	山口県	下関市(旧豊田町を除く。)
	徳島県	小松島市、阿南市、美波町、海陽町
	愛媛県	松山市、宇和島市、新居浜市(旧新居浜市に限る。)、松前町、愛南町
	高知県	高知市、室戸市、安芸市、南国市、土佐市、須崎市、宿毛市、土佐清水市、四万十市、香南市、東洋町、奈半利町、田野町、安田町、北川村、芸西村、中土佐町、大月町
	福岡県	福岡市、志免町、新宮町、粕屋町、芦屋町
	長崎県	長崎市、島原市、諫早市、大村市、平戸市、壱岐市、五島市、西海市、雲仙市(旧小浜町を除く。)、南島原市、長与町、時津町、小値賀町、新上五島町
	熊本県	熊本市、八代市(旧八代市、旧千丁町、旧鏡町に限る。)、水俣市、宇土市、上天草市、宇城市、天草市、長洲町、嘉島町、氷川町、芦北町、津奈木町、苓北町
	大分県	大分市(旧野津原町を除く。)、佐伯市(旧宇目町を除く。)
	宮崎県	宮崎市、都城市、延岡市、日南市、日向市、串間市、西都市、三股町、国富町、綾町、高鍋町、新富町、木城町、川南町、都農町、門川町
	鹿児島県	鹿児島市、鹿屋市、枕崎市、阿久根市、出水市、指宿市、西之表市、垂水市、薩摩川内市、日置市、曽於市、霧島市、いちき串木野市、南さつま市、志布志市、南九州市、姶良市、三島村、十島村、さつま町、長島町、大崎町、東串良町、錦江町、南大隅町、肝付町、中種子町、南種子町、屋久島町
8	東京都	小笠原村
	鹿児島県	奄美市、大和村、宇検村、瀬戸内町、龍郷町、喜界町、徳之島町、天城町、伊仙町、和泊町、知名町、与論町
	沖縄県	全ての市町村

注）この表に掲げる区域は、令和元年5月1日における行政区画によって表示されたものとする。
　　ただし、括弧内に記載する区域は、平成13年8月1日における旧行政区画によって表示されたものとする。